国家出版基金项目
NATIONAL PUBLICATION FOUNDATION

"十三五"国家重点图书出版规划项目

中国教科书理论研究丛书（第一辑）

石　鸥／主　编

教科书概论

石　鸥／著

SPM 南方传媒
全国优秀出版社
全国百佳图书出版单位
广东教育出版社
·广　州·

图书在版编目（CIP）数据

教科书概论 / 石鸥著. —广州：广东教育出版社，2019.11（2024.4重印）
（中国教科书理论研究丛书 / 石鸥主编. 第一辑）
ISBN 978-7-5548-3236-3

Ⅰ. ①教… Ⅱ. ①石… Ⅲ. ①教材—概论 Ⅳ. ①G423.3

中国版本图书馆CIP数据核字（2019）第287736号

责任编辑：林　蔺
责任技编：杨启承
装帧设计：陈宇丹

教科书概论
JIAOKESHU GAILUN

广 东 教 育 出 版 社 出 版 发 行
（广州市环市东路472号12–15楼）
邮政编码：510075
网址：http://www.gjs.cn
广东新华发行集团股份有限公司经销
广州市岭美文化科技有限公司印刷
（广州市荔湾区花地大道南海南工商贸易区A幢）
787毫米×1092毫米　16开本　20.5印张　428 000字
2019年11月第1版　2024年4月第2次印刷
ISBN 978-7-5548-3236-3
定价：98.00元
质量监督电话：020-87613102　邮箱：gjs-quality@nfcb.com.cn
购书咨询电话：020-87615809

序一

没有人会怀疑“书籍是人类进步的阶梯”，而这个阶梯中最基础、最坚实的那一部分便是教科书。与高头典章相比，孩童们手捧的小课本似乎是微不足道的。但小课本，大启蒙、大学问。课本虽小，意义重大。习近平总书记指出：要大力“培养能够担当民族复兴大任的时代新人”，而教科书正是培养时代新人过程中最重要、最直接，影响最深远的工具。它体现国家意志，承载优秀文化；它传播科学知识，打开每个人心灵的窗口；它于无声处、凝心聚力，培育代代新人，为民族复兴注入持久而深沉的力量。一定程度上可以说，有什么样的教科书，就有什么样的年轻人，也就有什么样的国家未来、民族未来。同样，我们想要什么样的年轻人，想要什么样的国家未来、民族未来，就要建设什么样的教科书。教科书是“小课本”，但关于“小课本”的事却是“国家大事”。正因为教科书的重要性，早在2007年，教科书研究就被石鸥教授称为“最不该忽视的研究”①，这是对于教科书重要性的清晰认识，也同样是对于教科书研究的热切呼吁。

石鸥教授从20世纪90年代起就对教科书产生了浓厚兴趣，他边收藏边研究，执着地走到今天，所藏教科书已具博物馆规模，研究成果不断推出，

① 石鸥．最不该忽视的研究：关于教科书研究的几点思考[J]．湖南师范大学学报（教育科学版），2007（5）：5－9.

研究团队日益壮大。2015 年，鉴于教科书研究的重要性，也鉴于石鸥教授领衔团队在教科书研究上的成果和优势，我所在的单位“教育部基础教育课程教材发展中心”与首都师范大学合作，联合成立了“中国基础教育教科书研究与评价中心”，致力于研究基础教育教科书发展和评价中的理论与现实问题。多年来，首都师范大学教科书研究成果丰硕，影响力日益扩大。

摆在读者面前的这套“中国教科书理论研究丛书”，既是石鸥教授团队的又一重要成果，更是理论研究对教科书实践的积极回应，是教科书建设的“及时雨”。确实，很多在教育实践中发现的教科书问题都在提醒我们理论研究的不足，都在倒逼理论研究，都需要扎实的研究为实践提供坚实的理论服务。如何通过教科书传播中华优秀传统文化，培养出德智体美劳全面发展的社会主义建设者和接班人？如何提高教科书质量，满足人民群众对于更高水平、更加优质教育的期盼，让教科书在教学过程中尽可能满足学生多样化发展的需要？如何在教科书中处理好本土化与国际化、政治性与科学性、传承与创新的关系？怎么来评判一本教科书？这些都需要科学的理论支撑。

“中国教科书理论研究丛书”的面世，说明石鸥教授团队对教科书实践的关注。该丛书分为两辑，本次出版的是第一辑，既有对教科书本质、功能和价值等基本理论问题的论述，也包含了从生态学、语言学、美学视角对教科书的专业理论透视和分析，还有专门对教科书研究方法的系统阐述和总结。通过该丛书分领域、专门化地剖析和解读，我们能更清楚地认识教科书这一看似简单实则内涵丰富的文本。该丛书不仅把教科书理论推上一个新的高度，同时也为该领域的一些现实关切和争议问题提供了专业的、科学的解答思路。该丛书的问世对于推动我国教科书研究的科学化进程具有重要意义。

该丛书的第二辑也很值得期待。在第二辑中，各领域的专家将从哲学、伦理学、政治学、心理学、传播学、教科书评价等理论视角和专题领域切入，进一步丰富教科书理论体系。我们有理由相信，这一套“中国教科书理论研究丛书”必将填补我国在教科书研究领域的多项空白，推动我国教科书研究迈上一个新的台阶。恩格斯曾言：“一个民族要想站在科学的最高峰，就一刻也不能没有理论思维。”[①] 经过近几十年的辛勤耕耘，我国教科书研究领域已开辟出一片新天地。祝贺“中国教科书理论研究丛书”的面世，期待以中国话语叙说教科书内容的具有中国特色、中国气派的“教科书学”早日形成。

田慧生　教育部教材局局长

2019 年 10 月

① 马克思，恩格斯. 马克思恩格斯选集：第 3 卷[M]. 北京：人民出版社，1999：497.

序二

一

每一个人，都是在阅读，准确地说是在长时间精读教科书中成长起来的。今天我们绝大多数中国人，一生中至少有12年时间与教科书密切相伴，相当于一生的六分之一（据统计，2015年，中国人人均寿命为73岁，2018年全国高中阶段毛入学率达88.8%）。

教科书是对人类知识浓缩提炼的文本，对读者的影响较为深远和持久。莫言对此感受深刻："让我收益最大的是上个世纪（20世纪）50年代末、60年代初期，我大哥家中留下很多中学语文教材，每逢雨天无法下地，我便躲到磨房里去读这些课本……这些教材虽然很薄，但它们打开了农村少年的眼界……对中学语文教材的阅读还是让我受益终生（身）。"

美国学者多伦曾感叹道："这个国家若没有教科书是难以想象的……教科书是基础或根基的东西。"[①] 著名学者托马斯·库恩认为"任何一门科学中第

① 瞿葆奎. 教育学文集·课程与教材：下册[M]. 北京：人民教育出版社，1993：113.

一个范式兴起的附带现象，就是对教科书的依赖”。[①] 实际上，不仅学科发展离不开教科书，个人发展更与教科书息息相关。每个人的大部分科学知识、人文社会知识都离不开教科书，我们的世界观、人生观、价值观的获得也直接受教科书的影响。

大量优良的教科书培养了我们的良知，唤醒了我们的渴望，引导着我们向善向上。如果我们读过更好的教科书，一定会成长得比现在更善良、更聪慧，我们的社会一定比现在更和谐、更光明。

对于教科书这一特殊的文本，有人批评，有人肯定，有人紧张，有人害怕，有国家外交抗议，有国家内部查禁……但都非常重视。

确实，一个社会如果不看重教科书，怎么会看重学校？怎么会看重教师？继而怎么可能令学术兴盛、道德兴盛、民族兴盛？

教科书是重要的，但教科书也是复杂的——它传承、保护甚至挽救文化，它让人意识到自由对生命的重要。同时，它也可能欺骗、控制和篡改真相。

因此，必须加强教科书研究，尤其当教科书被公众重视到几近过敏以后。

重视教科书研究，是为了提升教科书质量，其终极意义是通过这一特殊文本使读者有更良善、更光明的发展。教科书对学生们的影响是最直接、最深远的。所以，我们必须擦亮眼睛！将要发生的未来取决于此时此刻我们的孩子们正在读什么教科书；明天我们不想收割的作物，请不要在今天的教科书中播种！

重视教科书研究，是为了促进教科书这一独特文本家族的繁荣。真正的教科书文本繁荣，应有强大的学术评论或学术批评支撑。我国教科书文化长时期的不发达，与教科书评论的缺席或教科书研究的弱势息息相关。我们必须承认，目前的教科书研究进展还是比较缓慢的，它在独立、自律、自成系统方面并未取得突破性进展，没有产生有突破意义的新方法，还不能圆满回答教科书实践中的许多重要问题。这或许可以归因于我们关注得太晚，努力不够，研究角度不恰当，又或许因为教科书太过复杂，涉及的学科太多。所

---

① 库恩. 科学革命的结构[M]. 金吾伦，胡新和，译. 北京：北京大学出版社，2003：85.

幸聚焦教科书文本的研究越来越多。

重视教科书研究，就是要打造一个关于教科书、教科书史、教科书作者、教科书读者、教科书理论、教科书实践的对话场域，进而构建教科书批评体系，或直白地说——构建教科书学。教科书学的构建是一项相对独立的研究活动，在中国，这是一处几近空白的学术领域。好在十余年来，有一批同道学者不离不弃地在这块领域辛勤耕作，收获季节稳步到来。教科书学的构建具备了基础条件，时机逐渐成熟。

教科书学时机趋于成熟有几个标志：一是基本完成了严格意义的中国教科书发展历史的清理，基本搭建了教科书主要理论视野的分支框架；二是逐步实现了教科书研究从编书经验、教书经验向教科书理论的转换，使教科书研究从教材编写论、教师备课论中走了出来，逐渐独立门户；三是形成相对系统的知识话语体系和相对稳定的学科结构形态；四是初步实现教科书理论的专业化转变，有稳定的研究领域、实体对象、结构规模、品牌作品，广泛的社会、学术、教育和意识形态效应，具有其他学科所不可替代的价值。当然，最重要的基础性标志是教科书成为高度重视的研究对象，教科书研究成为越来越热门的学术领域。

从教育科学的学术发展轨迹看，进入21世纪以后，时代的变革与学术视野的拓宽，尤其是基础教育课程改革的推进，成就了课程教学论研究的空前繁荣。学校课程及其主要载体教科书的研究，由学术的边缘向学术中心开始移动。近年来，教科书研究迅速红火起来，成为整个教育学领域生长最快、最受关注的热点之一。

这一现象反映了教育科学学术共同体的变化轨迹。

教科书研究逐渐成为新时期教育科学研究寻觅到的一片新的研究天地，这意味着今日对于教科书文本作为学生成长最重要材料的普遍认同，是对教什么、学什么，对知识本身重视程度全面提升的突出表现，是对“什么知识最有价值”（进而是对“谁的知识最有价值”）的具体化操作。过去，教科书文本只有编写经验的传播和只能执行落实的备课体会，没有真正意义的研究可言，而教科书研究让学界视野与思维得以扩大，也是教育科学学术共同体的一大进步与发展。

当然，对教科书的研究，很难完全归入教育学现有学科领域，虽然教育学在这里起了主力的作用。对教科书这个客体的研究，肯定主要涉及教育学，但也必然涉及历史学、政治学、语言文字学，涉及物理、化学、地理学，甚至心理学、伦理学、出版学、传播学、管理学、美学、音乐、美术、体育学等各个学科。我们高兴地发现历史学家、科学史专家、文学家，甚至有美术学院的专家，都表现出对教科书研究的高度兴趣。这样的跨学科研究是21世纪以来中国社会科学知识，特别是教育学知识增长的最令人瞩目的特点。由此构建的松散而有效的教科书研究学术共同体，也是一个值得学界高度关注的学术现象。

教科书研究是无尽的，永远都有该研究的地方。教科书研究进入学术殿堂并成为严谨的省思决断对象，是学术界可圈可点的事。虽然以前有零散的重要研究，但教科书真正系统的、有规模意义的研究，还是21世纪以来的事。不那么谦虚地说，我们团队在推动这一研究方面发挥了积极的引领作用。我们和全国同仁一道，兢兢业业，不彷徨，不犹豫，执着地往前走，终于走出了可喜的局面——近年来，教科书研究领域已日渐开辟出了一片新天地。教科书研究的中国特色日渐凸显，以中国话语说中国故事，具有中国特色、中国气派、中国风格的教科书学的新时代正在到来。

二

教科书是有使命的！从事教科书研究也是有使命，有担当的。因为有什么样的教科书，在一定意义上就有什么样的年轻人，什么样的国家和民族的未来。

教科书学是有责任的！从某种意义上来说，它是经世之学，不是书斋里的学问，不是象牙塔中的学问。它必须为每时、每日发生在课堂上的学生的学习承担责任。这种责任基于最重要的两种考虑：一是为了学生的未来，也是民族和人类的未来；二是为了学生的当下，每天的自觉学习和身心成长。

基于这一使命和担当，也基于构建教科书学的目的，多年来，我们借助于丰富的藏品，对教科书的近现代发展史进行了系统而卓有成效的梳理，同时一刻也没有停歇地把精力转向对教科书现实问题的系统探究，旨在为教科书的重大现实问题提供理论解析，同时为教科书学的建构构建基本的分支理论体系和奠定重要的学术基础。

本丛书站在新的学术起点上，通过加强教科书研究共同体建设来深化教科书研究，借鉴政治学、经济学、社会学、历史学、文化学、美学、哲学、管理学、传播学、生态学、语言学等学科理论精华，打破不同理论的界限，自觉构建教科书研究的本体论、认识论、方法论体系，力求从基础上推动教科书研究的发展和创新，为教科书学的建立构建基本框架。

该理论丛书分两辑，第一辑包含教科书概论、教科书语言学、教科书美学、教科书生态学和教科书研究方法。

《教科书概论》涉及整个与教科书有关的学问。它首先充分、高度地肯定了教科书的重要性，把教科书看成是一种经典文化。它在人类文明的发展中产生与发展，又反过来作用于人类文明的发展；它传承文化，也创新文化，使文化经典化。为了让文化能够持久、持续，为了文化的更新、创新，为了守护我们人性中最具文化性的一面，教科书的存在必不可少。多亏了教科书，我们明白了人类常常会思考的大部分存在谜题。一本好的教科书，应该具有特定的内容与形式、结构与功能，以及有意义的类型与秩序；一本好的教科书必须处理好，或至少相对平衡若干基本关系；一本好的教科书应该制造期待，并力求满足它们，它应该激起学生打开它并期望一读到底、一阅到底、一翻到底的冲动。在作者看来，教科书研究或教科书学问自身是相对独立的，不是其他学科的附庸，也不是教科书本身的附属形式。研究本身就是一种创造，具有从它所研究的文本中独立出来的特性。教科书研究当然是研究教科书，但其作用却是教科书自身所无法取代的。教科书研究的任务就是要揭示教科书编写和教学使用中的真相与规律。

语言文字是一种特殊的符号系统。语言学理论包罗万象，并且是不断发展的。因此，聚焦文本内容，从语言角度剖析教科书，是一项复杂又艰巨的任务。《教科书语言学》主要借助语用学，特别是系统功能语言学理论进行语篇分析。在说明语言概念的基础上，对教科书语音、识字、词汇、意义、结构、功能、文类特征等方面进行客观描述和阐释，力求揭示教科书语言的特色或规律，从而为教科书内容分析提供新的研究思路。

教科书引领学生向美，激发学生终生向往并创造美好的事物。教科书本身也应当是美的。美的教科书更能给学生以潜移默化、耳濡目染的深度教育。《教科书美学》是关于教科书美的学问，它以美学视角来审视教科书，既是美学在教科书领域的应用，又是教科书研究向美学的升华。在美学的视野中，教科书文本是一种审美对象的存在，教科书的编写是一种审美创造的过程。教师与学生对教科书的阅读、使用则是一种审美创造和审美接受交叉融合的过程。因而，《教科书美学》一书着重探讨“什么样的教科书是美的”“如何对教科书进行审美使用”“如何建设美的教科书”等一系列问题，旨在促进美的教科书的建设。

生态学是自然科学与社会科学的交汇点，它广泛运用于各学科的研究，并逐渐成为一种学术时尚。《教科书生态学》一书就是一种生态学运用的尝试。它运用生态学的原理和方法，结合教科书的研究和实践，描述了教科书生态系统的定义和特征，重点剖析了教科书生态系统的构成要素、环境因子，深入分析了教科书生态系统的一般结构、组织结构，从生态、教育、社会三个层面系统地介绍了教科书生态系统的功能，探讨了教科书生态系统的调控机制及危机应对方法，初步构建了教科书生态系统的理论框架，并从生态学视角提出了教科书可持续发展的策略。

《教科书研究方法》在借鉴和吸收国内外教科书研究成果的基础上，通过吸收新兴的哲学、社会学、语言学、心理学，学习科学方法，引入大数据分析、话语分析、符号分析、设计实验等新概念和新范畴，对教科书研究的方法论和教科书研究的基本方法进行了较全面的论述。它着重探讨了教科书研究的四种主要方法：教科书内容分析法、教科书话语分析法、教科书实验研究法、教科书调查研究法，并分别对这四种研究方法的理论来源、主要类型、实施步骤和应用案例进行了深入探讨。

我们这套书主要提供给这样的读者——他（她）对本丛书的意图以及丛书本身怀有足够多的同情心和道义上的支持，进而不苛求它们的片面或一定程度的肤浅。我先在这里感谢他们的宽容，毕竟这套书中有不少是填补空白的研究，许多系统探索在国内尚属首次，片面和肤浅是不可避免的。我相信，如果我们要等一批高水平的、没有瑕疵的教科书研究的理论著作，我们将会等待很长时间，但我们不能等。

我们的研究犹如手电筒，只能照亮黑暗中的一部分，我们没有办法看到整个黑暗中的所有事物与事件。我们知道，一套放之四海而皆准的教科书研究通则或分析模式并不存在。没有固定不变的教科书研究模式，也没有如终极真理般的教科书理论体系。真正具有生命力的教科书研究是随着实践和思维的不断推进而发展的，那是一种进行着的研究。

这是相对原创性的学术探讨，各书作者都有自己的研究思路，我只对形式方面做了一些统一规整，没有对内容进行全面校考。希望读者能够理解。

这套丛书由广东教育出版社出版是有缘由的。广东教育出版社原社长应中伟先生及社领导班子曾经以高度的敏感性和惊人的魄力，与我们研究团队签订了框架协议，我们的研究成果优先在该社出版。这以后，我们的成果源源不绝地由该社推出并获得良好的社会反响：《新中国教科书图文史》（六卷本，2015）荣获全国教育科学成果一等奖、中华优秀读物奖；《红色星火·中国革命根据地教科书》为根据地教科书的研究奠定了重要的文献基础。

这套教科书理论研究丛书的顺利出版，首先要感谢广东教育出版社的陶己社长、李朝明副社长、程煜副社长、卞晓琰副总编辑的大力支持，感谢原来负责这套书的王际兵先生的看重。在他们的努力下，这套书成功立项为“十三五”国家重点图书和国家出版基金图书。

我尤其要感谢现在的责任编辑林蔺，她的敬业精神令人感动，她的沟通能力让一切困难迎刃而解，没有她的精心呵护，很难想象这套书目前的进展。感谢博士生张学鹏为本丛书的操劳与奉献。

最后，我要特别感谢首都师范大学孟繁华校长和教育部教材局田慧生局长的支持和关心。孟繁华教授不论是在首都师范大学教育学院院长任上，还是今天作为大学的一校之长，都对我的教科书研究给予了全面的支持。而作为我国改革开放四十多年里最早引领教科书研究的专家之一，身为全国教科书的高级管理者，田慧生局长在繁忙的公务之余，欣然应允为本丛书撰写序言，既表明他对教科书研究的高度重视，更显示出他对教科书研究的独特眼光，同时也是对我个人一如既往的支持。我把他们的支持，看成是特别的鼓励与期望。

石鸥

2019 年 10 月，于北京童书阁

目录

第一章

教科书概述

教科书是一种能够使还不能识字、刚开始识字、正逐步识更多的字的学生理解、感兴趣并被感染、被引导的文本。教科书研究则是关于这种文本的学问。一想到这样的任务，就知道它何其艰难。

但不管多么难，我们必须迎难而上。因为人才培养的第一要义就是有高质量的教科书，这是立国根基。向青年一代灌输何种思想理念、使学生学到什么东西、引领学生往什么方向发展，最终将影响一个国家的方方面面。对教科书的关注就是一场对孩子们的未来的关注，也是对我们自己的未来的关注，其本质涉及对祖国的未来的塑造。

第一节　教科书

如果没有教科书，我们这个社会肯定不会像今天这样充满智慧。

如果不关注教科书，我们的教育也肯定聪明不到哪里去。——不关注教师在教什么、学生在学什么，只关注教学方式的改进，只关注有效教学，只关注自主学习，未来社会将只会充满口齿伶俐、反应灵敏，却没有信念、没有敬畏、我行我素的人。有效教学、自主学习确实是当今教育极为重要的改革方向和发展目标，但这显然不够。教学的有效性不一定与内容的真理性相关，自主学习不一定学习的是最有价值的东西。有效的教与学可以使谬误在一段时期里让人信服。有效教学，既可以有效地教、学人类文明精华，也可以有效地教、学价值不大的知识甚至准“垃圾”知识，既可以有效地让学生认识人生而平等、生命至高无上，也可以有效地让学生相信日耳曼民族是世上最优秀的民族、犹太族是劣等民族。只关注如何教、学，不关注应该教、学什么，就如在大沙漠中迷路的人，只关注逃生的速度，而不关注逃生的方向一样冒莫大风险。[①]

教科书就是教、学什么的文本。关注教科书，就是关注教、学什么——教师教什么，学生学什么。一个人如果想了解这个国家的政治、文化、教育与儿童的话，他最好甚至必须关注这个国家的教科书在说些什么以及怎么说。

世界各国政府与学者都看重教科书的重要意义，“教科书是支配性的教室资源，甚至决定该学科 80%的课程内容”“教科书是学校教育的心脏，没有教科书就没有学校”。[②]美国教材专家享波利斯认为，“教材决定了全国中小学校教学内容和教学活动的75%~90%”。[③]舍瓦尔（Sewall，1992）认为，“不使用教科书的情况是教学质量低下的一个标志”。[④]美国学者多伦（Doren，1967）曾说道：“这个国家若没有教科书是难以想象的，……教科书是基础或根基的东西。”[⑤]全美教育研究会1989届年刊以“美国教科书和学校教育”为主题，提出的重要观点是教科书是学校教育的心脏，没有教科书就没有学校。最基本的事实是，“教科书使得大规模的公共教育成为可能”。[⑥]

法国学者加斯东·米亚拉雷等人认为，教科书作为一种令人赞赏的教育工具和一种富有生命力的书本形式，应当被看成是所有教学手段的中心。他们坚决反对新教育家弗雷内提出的“抛弃教科书”的过激主张。[⑦]

---

① 石鸥，廖巍. 教科书内容的确立与有效教学的风险［J］. 湖南师范大学教育科学学报，2015，14（2）：36–42.

② 欧用生，洪孟珠. 社会领域教科书审查历程分析［M］//台湾教育资料馆. 教育资料集刊：第二十九辑（教育评鉴专辑）. 台北：台湾教育资料馆，2004：225–246.

③ CHAMBLISS M J. Textbook for learning：nurturing children’s mind［M］. Malden：Blackwell Publishers Ltd.，1998：1.

④ MIKK J. Textbook：research and writing［M］. Frankfurt am Main：Peter Lang Publishing Inc.，2000：16.

⑤ 瞿葆奎. 教育学文集·课程与教材：下册［M］. 北京：人民教育出版社，1993：113.

⑥ 施拉姆，波特. 传播学概论［M］. 陈亮，周立方，李启，译. 北京：新华出版社，1984：18.

⑦ 米亚拉雷，维亚尔. 世界教育史［M］. 上海：上海译文出版社，1991：175–186.

日本学者唐泽富太郎更是提出“教科书塑造了日本人”。[①]

我国学者汪家熔把教科书看成“民族魂”。[②]陆费逵认为，“立国根本，在乎教育。教育根本，实在教科书”。[③]葛兆光教授更是非常具体地谈到，从1894年到1911年间，我国知识分子和整个社会最重要的变化之一是“形成了另外一套知识生产的系统，推动了中国从封建帝国向共和的转变，其中以改变了中国人整个知识结构的教科书影响最大”。[④]

鉴于教科书的重大意义，联合国教科文组织也发起教科书研究，曾多次召开世界范围内关于教科书研究的研讨会、双边和多边咨询会议，以通过对教科书的研究和改革来增进国际了解，提升教育质量。其中1991 年在澳大利亚布里斯班召开的国际会议，制定和精细化课程和教材的标准，决定由联合国教科文组织出面建立国际性、区域性和国家级网络以促进国际教科书研究，最后整合形成了Georg Eckert（乔治·埃克特）国际教科书研究机构——该机构是1951年由Georg Eckert创办的德国国际教科书研究所，其创建了国际教科书研究网络，致力于全球范围内的教科书研究。[⑤]1976年5月，日本财团法人教科书研究中心成立，该研究中心是一个由日本国内70家出版社联合成立的民间研究机构，具体目标在于“有鉴于教科书及其相关教材影响学校教育极其深远，因此负责举办各种有关教科书、教材之基础性及综合性调查研究，提供调查结果及研究成果，并公布之于附属之教科书图书馆，以提升教科书之品质”。[⑥]1989年，一向被认为不重视教科书的美国，也成立了教科书委员会（American Textbook Council），其性质是独立的国家研究机构，主要任务是研究公立学校中历史和社会科学类相关教科书

---

① 张仲民，章可. 近代中国的知识生产与文化政治　以教科书为中心［M］. 上海：复旦大学出版社，2014：153.

② 汪家熔. 民族魂：教科书变迁［M］. 北京：商务印书馆，2008.

③ 陆费逵. 中华书局宣言书［J］. 中华教育界，1912（1）.

④ 葛兆光. 为了“立国根本”：写在中华书局百年之际［N］. 光明日报，2012-3-21（1）.

⑤ 该机构全称为Georg Eckert Institute for International Textbook Research，网址为http://www.gei.de，其主页有德文和英文两种版本。该机构建立了相应教科书研究的网上图书馆，并且在德国有实体图书馆提供图书借阅服务，还有来自世界各国的教科书研究专家汇集于此进行跨区域、跨国界的教科书研究。该机构网上图书馆提供相应资源下载服务。

⑥ 台湾编译馆. 教育大辞书（2）［M］. 台北：文景书局有限公司，2000：401-402.

的编写和使用，[①]我国台湾也成立有教科书研究中心，出版《教科书研究》刊物。

很显然，教科书具有重要意义与价值，它是为孩子们的学习和发展服务的，是为人才培养服务的，是为文化传承与创新服务的，也是为社会发展与人类进步服务的。特别简单而又重要的是，教科书是读者最多、最被读者看重的书本。尽管许多学者在批评教科书，但他们往往会因自己的作品入选教科书而自豪。教科书实际上是令作品不朽的一种重要载体。

"教科书到底具有什么意义"这一问题似乎没有探讨的必要，我们不谈论教科书本身，我们只关注教科书上的东西，即它的内容。最奇特的地方在于，教科书成了"真理"，赢得了"神话"的地位。以看待神话的态度看世界、看教科书，人们就不会再有任何质疑，一切都天经地义。我们中绝大多数人谁也不会去怀疑教科书上的东西，根本不会意识到教科书所提供的特殊视角，甚至连"教科书内容究竟有何意义"这个问题也被丢到九霄云外了。"教科书也可以被质疑"简直是一个奇怪的命题，就像人们问"耳朵和眼睛究竟有何意义"一样。

但这个特别的文本确实是需要被研究，需要被询问的。

概括地说，教科书作为一种教育工具和教育资料，是课程的重要组成部分，也是课程实施的载体，在整个学校教育中具有不可替代的地位与作用。教科书作为国家意志、民族文化、社会进步和科学发展的集中体现，是实现培养目标的最直接的载体，[②]是教学、考试的重要依据。稍有风吹草动，教科书就会引发现象级的社会风波。当某教科书试图用"姥姥"取代"外婆"时，它几乎就如同捅了

---

① 该机构的简称为ATC，该机构的网站主页中对其成立宗旨、主要研究内容、研究成果都做了较为详细的介绍，具体可参见：http：//www.historytextbooks.org/index.htm.

② 石鸥，石玉.论教科书的基本特征［J］.教育研究，2012（4）：92-97.

一个马蜂窝。[①]当某教科书试图不再把岳飞看作“民族英雄”时，更是几乎发展到一个无法收场的局面。没有哪一种文本能够有这样的“待遇”。

一、教科书的内涵

从内容上讲，教科书主体上就是一套广义的知识体系，或智识体系，往往采取和运用多种形式来建构，如文字、图画、音符、表格、案例、实验、练习形式等。这一知识体系从广义上来说，主要涉及知识、能力和观念等要素，涉及智慧、情感、审美等领域。

“教科书”是人们日常生活中使用频率极高的一个词语。《中国大百科全书·教育卷》认为“教科书是根据教学大纲（或课程标准）编订的、系统地反映学科内容的教学用书。又称课本”[②]。《辞海·教育心理分册》认为“教科书也

---

① 2018年6月20日，有微博网友爆料称，上海小学二年级语文课文第24课《打碗碗花》（李天芳著）原文中的“外婆”全部改成了“姥姥”。据说，2017年就有网友向上海教育委员会（简称上海教委）反映过这件事。有网友找出当时上海市教委的答复：根据《现代汉语词典》（第六版），“姥姥”指“外祖母”，姥姥、姥爷一般是在口语中使用较多，而“外婆、外公”属于方言。消息一出来，全网沸腾，据不完全统计，到6月25日，有近50个网络平台报道了此事，而且几乎是一边倒地持反对意见。面对汹涌而来的指责、批评与调侃，该教科书的出版单位上海教育出版社于6月21日深夜在官网发表声明并解释，沪教版小学二年级第二学期语文教材把“外婆”改成“姥姥”是为了落实该学段识字教学任务，并表示“我社在今后的教材编写和修订过程中将予以高度关注，并防止再次出现类似情况”。最终，上海市教委6月23日公布关于小学语文教科书“外婆”改“姥姥”一事的处理意见，责成上海市教委教研室会同上海教育出版社迅速整改，向作者和社会各界致歉，并与作者沟通，将文中“姥姥”一词恢复为原文的“外婆”一词，同时依法保障作者权益。同日，上海市教委教研室、上海教育出版社也就上海小学语文教材将“外婆”改“姥姥”一事致歉：“我们认识到，在收录该课文时未与作者沟通；在修改课文时只考虑了识字教学的因素，未征求作者意见，没有充分意识到地方用语习惯，确实存在不当之处。为此，我们向社会各界及作者本人表达诚挚歉意。我们尽快改正，并在今后的教材编写、出版工作中吸取教训，充分尊重作者原文原意，依法切实维护作者正当权益；进一步加强对教材编制的管理与引导，提高教材审读能力，提升教材质量。”

是“姥姥”还是“外婆”，竟然引发如此澎湃的舆论，仅仅因为这个词是出现在教科书中，如果它出现在任何其他文本中，都不可能引起如此大的关注，甚至可能没有人关注。可见教科书的意义与价值（可参见：石鸥. 教科书的记忆：1978—2018（下）［M］.长沙：湖南教育出版社，2019：183-191）。

② 中国大百科全书编辑部. 中国大百科全书·教育卷［M］. 北京：中国大百科全书出版社，1976：145.

叫‘课本’。教材之一。指按照教学大纲编选的教学用书”[①]。

（一）课本

一般情况下，教科书也叫课本。课本，乃课程之本、课业之本、课堂之本、课室之本、一课之本、教课和教学之本，其重要性可见一斑。

课本是中国文化中的固有词汇，近代之后多指学校教学用书，而“教科书”一词是19世纪70年代后传入中国的，显然比“课本”使用得晚，“教科书”与“课本”在使用过程中存在一定的语言转换，逐渐等同并通用。但一般认为，不同时期“教科书”和“课本”的使用还是有所侧重的，“课本”更具日常意义，“教科书”更具正规性、学术性，所指的范围更窄。

“课本”是一个合成词。“课”的解释为“凡定有程式而实验稽核之，皆曰课，如考课、功课”，[②]而“本”的解释为“凡事之根源为本”，[③]组合为“课本”，即是功课的根源或学校教学过程的根源之意。[④]唐代赵蕤的《长短经》中“课”和“本”连在一起出现，“凡都县考课有六：一曰以教课治，则官慎德；二曰以清课本，则官慎行……”。[⑤]此处“课本”指的是考察官员的本职工作，虽然连用，但还不是一个合成词。宋代李心传《建炎以来朝野杂记》中写道：“绍兴七年，诏江浙金银坑冶并依熙丰法召百姓采取，自备物料烹炼。十分为率，官收二分。然民间得不偿课本，州县多责取于民以备上用。”[⑥]此处“课本”指国家规定的正税，“这一词义成为古代‘课本’一词最主要的含义，甚至到了近代也如此使用”[⑦]。如魏源《筹鹾篇》中记载：“此又不知私盐课轻而费重，关津规例多于课本，故遇官盐减价之年，邻私立阻而不行。”[⑧]

---

① 辞海编辑委员会. 辞海·教育心理分册［M］. 上海：上海辞书出版社，1985：5.

② 方毅，傅运森. 辞源正续编合订本［M］. 上海：商务印书馆，1940：1383.

③ 方毅，傅运森. 辞源正续编合订本［M］. 上海：商务印书馆，1940：735.

④ 商务印书馆编审部. 辞源（改编本）［M］. 香港：商务印书馆香港分馆，1951：735.（但在今天我国的《辞源》中，没有“课本”一词。）

⑤ 赵蕤. 长短经：第1册［M］. 上海：中华书局，1985：33.

⑥ 李心传. 建炎以来朝野杂记：甲集卷十六　金银坑冶.［M］//冯天瑜. 人文论丛　CSSCI收录集刊：2012年卷. 北京：中国社会科学出版社，2012：334.

⑦ 彭雷霆，谷秀青. “教科书”译名的近代厘定［M］//冯天瑜. 人文论丛　CSSCI收录集刊：2012年卷. 北京：中国社会科学出版社，2012：334.

⑧ 魏源. 魏源全集：第12册［M］. 长沙：岳麓书社，2004：408.

“课本”一词在中国古代也有供学习、教学用的书本的含义。元代刘将孙《黄公诲诗序》中写道：“于是常料格外，不敢别写物色，轻愁浅笑，不复可道性情。至散语则匍匐而仿课本小引之断续，卷舌而谱杂拟诸题之礫裂，类以为诗人当尔。”[①]这里“课本”的词义已与近代教科书的意思比较接近了，只是不常用。直至清嘉庆、道光年间，以此义使用“课本”的现象才逐渐多了起来，且多与“家塾”“书塾”等连用。如“惟圣天子金声玉振，悬彝训为轨范司衡，诸臣奉圣训为玉尺，故承学之士莫不争自磨厉，模范先哲抒其心声，文风所以日上，文运所以愈隆也。读既竣掇其最精者为家塾课本”[②]。

鸦片战争之后，“课本”一词开始普及，并越来越集中地指代教学用书，在传教士、洋务学堂及中国各类官私文献中广泛使用。1889年，林乐知等翻译的《列国陆军制》中有“大考，考其读熟课本流转自如，译英文便捷无讹，至读波斯与印度文之印度司坦尼稿声音清朗。能速译无讹，与主试或印度人晤谈流转自如，言明且清”“如此教法费时需日，不如吾美国用课书将武备院大班分小班，详考其课本为便也”。[③]“先时教习只以讲论令学者笔记存问。自一千八百七十一年以来，改用新法以课本问答”。[④]1897年，张元济在《通艺学堂章程》中“课程”的第三条最后也写道：“课本专书，如学堂款充，设有印书之所，即付刊印。”[⑤]

戊戌变法前后，朝野对于教育改革讨论的一大热点就是学堂教学用书问题，但各种论述没有统一术语，出现有“课本”“功课”“读本”“功课书”“课本书”“授读之书”“课程之书”等类似的指代词。如1897年梁启超在《大同译书局叙例》中写道：“译学堂各种功课，以便诵读。”[⑥]1898年，康有为在《请仿

---

① 刘将孙. 黄公诲诗序［M］//陶秋英. 宋金元文论选. 北京：人民文学出版社，1984：555.

② 潘奕隽. 墨准二刻序［M］//《续修四库全书》编纂委员会. 续修四库全书：一四六一·集部·别集类. 上海：上海古籍出版社，2002：71.

③ 欧泼登. 列国陆军制［M］. 林乐知，翟昂来，译. 上海：古籍出版社，2002：9，45.

④ 欧泼登. 列国陆军制［M］. 林乐知，翟昂来，译. 上海：古籍出版社，2002：64.

⑤ 张元济. 通艺学堂章程［M］//朱有瓛. 中国近代学制史料：第1辑下册. 上海：华东师范大学出版社，1986：716.

⑥ 梁启超. 大同译书局叙例［M］//下河边半五郎. 饮冰室文集类编奥附. 东京：帝国印刷株式会社，1904：741.

各省改书院淫祠为学堂折》中讨论了“中学小学所读之书”。[①]同年，盛宣怀在《筹集商捐开办南洋公学折》中提及“日本学校规则及授读之书”。[②]同年，总理衙门在《奏请京师编译局归并举人梁启超主持片》中表示希望“多译西国学堂功课书”，并称梁启超在湖南时务学堂编有各种“课程之书”。[③]同年，孙家鼐在《有关京师大学堂附设编译局诸奏疏》中称“西国学堂”皆有一定“功课书”，“有小学堂读本，有中学堂读本”。[④]同年，光绪皇帝在《书院改学校》的上谕中写道：“所有中学小学应读之书，乃遵前谕，由官设局编译中外西书颁发遵行。”[⑤]1901年，张謇在《变法平议》中主张设师范学堂，“习小学堂师范课本书”[⑥]“学堂教育章程及课本书与官学同，考试给凭出身亦同”[⑦]。此时，仍然没有大量出现“教科书”一词，但市面上已经有冠以“教科书”之名的书籍流通了。[⑧]

1900年后，在清末新政的教育改革讨论中，“课本”一词逐渐取代其他各种说法。张謇、张之洞、张百熙、盛宣怀、袁世凯频频使用“课本”一词，管学大臣张百熙提出了“学堂又以编辑课本为第一要事”的观点。[⑨] 1902年，张百熙在《奏筹办京师大学堂情形疏》中提出附设译局：

---

① 康有为. 请饬各省改书院淫祠为学堂折［M］// 汤志钧，陈祖恩. 中国近代教育史资料汇编（戊戌时期教育）. 上海：上海教育出版社，1993：54.

② 盛宣怀. 筹集商捐开办南洋公学折［M］// 舒新城. 中国近代教育史资料：上册. 北京：人民教育出版社，1981：153.

③ 奏请京师编译局归并举人梁启超主持片［M］// 张静庐. 中国近代出版史料二编（4卷）. 上海：群联出版社，1954：9 .

④ 孙家鼐. 有关京师大学堂附设编译局诸奏疏［M］// 张静庐. 中国近代出版史料二编. 上海：群联出版社，1954：11 .

⑤ 上谕：书院改学校［M］// 汤志均，陈祖恩. 中国近代教育史资料汇编（戊戌时期教育）. 上海：上海教育出版社，1993：56 .

⑥ 张謇. 变法平议［M］// 朱有瓛. 中国近代学制史料：第1辑下册. 上海：华东师范大学出版社，1986：127.

⑦ 张謇. 变法平议［M］// 朱有瓛. 中国近代学制史料：第2辑上册. 上海：华东师范大学出版社，1987：10.

⑧ 笔者收藏的教科书实物中，有1896年出版的《最新动物学教科书》，乐群书局出版，马良编撰。

⑨ 张百熙. 奏筹办京师大学堂情形疏［M］// 朱有瓛. 中国近代学制史料：第2辑上册. 上海：华东师范大学出版社，1987：835.

然译局非徒翻译一切书籍，又须翻译一切课本。泰西各国学校，无论蒙学、普通学、专门学，皆有国家编定之本，按时卒业，皆有定程。今学堂既须考究西政西译，自应翻译此类课本，以为肄习西学之需。惟其中有与中国风气不同，及牵涉宗教之处，亦应增删润色，损益得中，方为尽善。至中国“四书”“五经”，为人人必读之书，自应分年计月，垂为定课。此外百家之书，浩如烟海，亦宜编为简要课本，按时计日，分授诸生。……故学堂又以编辑课本为第一要事。现各处学堂皆急待国家编定，方有教法。上海南洋公学，江、鄂新设学堂，即自编课本以教生徒，亦不得已之举也。臣维国家所以变法求才，端在一道德而同风俗，诚恐人自为学，家自为教，不特无以收风气开通之效，且转以生学术凌杂之虞。应请由臣慎选学问淹通、心术纯正之才，从事编辑，假以岁月，俾得成书。书成之后，请颁发各省府州县学堂应用，使学者因途径而可登堂奥，于详备而先得条流，事半功倍，莫切于此。①

1902年，两江总督刘坤一在《奏办江南省各学堂大略情形折》中，使用的也是“课本”一词，如“而小学必须课本，课本尤资师范，此一定不易之理”②。可见，20世纪初，“课本”一词日益成为新式学堂教学用书的基本指称词，被民间及官方普遍使用。此时，“教科书”一词出现的次数逐渐增加，但显然没有取得压倒性优势。当时使用“课本”名称且影响比较大的教学用书主要有以下几种：

南洋公学《蒙学课本》一册（1897年初版）；商务印书馆编译《华英亚洲课本》四册（1900年初版）；朱树人编《（新订）蒙学课本》三编（1901年，南洋公学初版）；诵芬室主人编《普通珠算课本》一册（1902年，商务印书馆初版）等。

1902年8月，清政府颁布学堂章程，使用的是“课本”一词。③“课本”成

① 张百熙. 奏筹办京师大学堂情形疏［M］// 朱有瓛. 中国近代学制史料：第2辑上册. 上海：华东师范大学出版社，1987：835.

② 刘坤一. 奏办江南省各学堂大略情形折［M］// 璩鑫圭，唐良炎. 中国近代教育史资料汇编（学制演变）. 上海：上海教育出版社，1991：71.

③ 《钦定蒙学堂章程》中出现“课程”“功课”“学科”“教习”等词汇。《钦定小学堂章程》中出现“课程”“功课”“学科”“教科”“教习”等词汇。《钦定中学堂章程》中出现“课程”“功课”“学科”“教科”“教习”等词汇。

为学堂“教学用书”的官方术语。如《钦定蒙学堂章程》写道：“各项课本，须按照《高等学堂章程》第一章第十二节办理。”《钦定小学堂章程》写道：“小学堂各项课本，均按照《高等学堂章程》之第一章第十二节办理。”《钦定中学堂章程》写道：“中学堂各项课本，均按照《高等学堂章程》之第一章第十二节办理。”在《钦定高等学堂章程》第一章“全学纲领”的第十二节中，关于“课本”的规定写道：“凡各项课本，须遵照京师大学堂编译奏定之本，不得歧异。其有自编课本者，须咨送京师大学堂审定，然后准其通用。京师编译局未经出书之前，准由教习按照此次课程所列门目，择程度相当之书暂时应用，出书之后即行停止。”[①]“课本”一词流行开来。

除了“课本”一词以外，中国教学用书在当时还有“读本”“启蒙”“指南”等名称。如南洋公学《格致读本》（1902年，伍光建等译）、无锡三等公学堂《蒙学读本》（1902年）、《蒙学历史读本》（1904年，作新社）等。近代传教士翻译引进的科技书系列常常叫作“启蒙”“须知”等，如《数学启蒙》（1898年）、《格致质学启蒙》（1898年）、《天文启蒙》（1898年）、《气学须知》、《声学须知》等。

（二）教材

“课本”“读本”“功课书”“教科书”等都属于“教材”（teaching material）。“教材”是西方术语，是“舶来品”，意指所有教学材料。

教材是教科书的上位概念。教科书是教材的一种，教材包含教科书，但不等于教科书，教材还要包括其他一些供教学参考用的各种材料，比如教师用书、学生练习册等。教科书是狭义的教材，教材是广义的教科书。中国学校教育中的《三字经》《百家姓》《千字文》，以及“四书”“五经”等均属于教材，但不是教科书，当时不存在现代学校所用的现代意义上的教科书。只有到了鸦片战争之后，伴随着西式学校教育的出现，“教科书”一词才由国外引进并被广泛使用。

一般认为，现代意义上的或狭义的、严格意义上的“教科书”应该满足如下条件：

---

① 钦定高等学堂章程［M］// 朱有瓛. 中国近代学制史料：第2辑上册. 上海：华东师范大学出版社，1987：158，164，375，560.

第一，根据学制，依学年学期分级编写出版使用；

第二，整体上有与之配套的教授书（教授法、教学法）或教师教学参考书，教授书内容主要涉及教学建议，包括教学目标、教学时间建议等；

第三，依据教学计划或课程方案规定的学科（课程）分门别类地编写出版和使用，也即分科编写。[①]

依此标准，不论是《三字经》《百家姓》，还是“四书”“五经”，都不是严格意义上的教科书。因为它们在内容上是笼统而不分科的（基本上把语文、政治、历史、地理等都包含其中），在程度上是模糊而不分级的（很难说《三字经》《百家姓》以及“四书”“五经”究竟在几年级学习是恰当的），在分量上是主观而不分课时的（究竟一个内容学习多长时间，几乎完全由教授者自己判断），在教学方法上是完全随意的（没有教授书可以参考，目标、重点、难点都由教授者自己把握）。正是在这个意义上，我们说它们是教材，但不是现代意义上的教科书。我们的研究，一般锁定在狭义的、严格意义上的教科书上，其普遍采用“教科书”这一术语，个别情况下使用“教材”“课本”等。

（三）教科书

“教科书”的英文表达是“textbook”，这是一个含义非常广泛的词语，它可以指特别为学生学习准备的书、教师选定的学校用书等；也指“在教学中使用的教材”，即“class text”。textbook包含core book（系统的简约的学习中使用的核心教材）、topic book（根据特定学习主体编写的教材）和recourse book（学习资料书）。[②]在英国，“textbook”一词的传统解释为“对科学或学术的任何的阐述文稿”和“被确定为权威的著作”。这一解释是把教科书看作权威的科学和学术著作。[③]

1. “教科书”一词在中国的出现与普及

19世纪70年代，为保障在华教会学校的教学用书，在华基督教传教士成立“学校教科书委员会”（School and Textbook Series Committee），“text book”

① 石鸥. 最不该忽视的研究：关于教科书研究的几点思考［J］. 湖南师范大学教育科学学报，2007（5）：5–9.

② 高峡. 小学社会课研究与实验［M］. 北京：北京师范大学出版社，2004：94.

③ 高凌飚. 关于新课程教科书的几点思考［J］. 课程·教材·教法，2002（9）：17.

一词传入中国。“清同治、光绪年间，基督教会多附设学堂传教，光绪二年（1876年）举行传教士大会时，教士之主持教育者，以西学各科教材无适用书籍，议决组织‘学校教科书委员会’。该委员会所编教科书，有算学、泰西历史、地理、宗教、伦理等科，以供教会学校之用，间以赠各地传教区之私塾。教科书之名自是始于我国矣。惟现已散佚无从可考。”[①]在华基督教传教士第一次大会尽管成立了“School and Textbook Series Committee”（应该是1877年），尽管国人将其译为“学校教科书委员会”并没有错，但据此就认为“教科书”一词逐渐流行开来，可能不准确。当时，尽管传教士们使用了“text book”一词，但或为了融入中国文化而在选用适合汉语的措辞，或还没有找到恰当的翻译词汇，它并没有被译为“教科书”。当时的“School and Textbook Series Committee”对外的中文名称为“益智书会”而不是今人所译的“学校教科书委员会”。“text book”相应地也就被译为“益智书”，并没有使用“教科书”一词。事实上，我们没有发现当时（19世纪70—80年代）被命名为“教科书”的实物。正式出现“教科书”术语应该已经到19世纪最后10年了。所以，这一机构虽然编撰（译）出版了各种教会学校教学用书，但一直到19世纪90年代中期，书名中仍很少出现“教科书”字样，只是在文献中出现“教科书”一词。

最早使用“教科书”一词的中文文献也许是黄遵宪的《日本国志》，该书中多次出现了“教科书”一词。在其卷三十二·学术志一中，共出现“教科书”两次：

各官省争译西书，若法律书、农书、地理书、医书、算学书、化学书、天文书、海陆军兵书，各刊官板以为生徒分科学习之用。……各府县小学教科书概以译书充用。明治五年，仿西法设出版条例，著书者给以版权，许之专卖，于是士夫多以著书谋利益者。现今坊间所最通行者为法律书、农书及小学教科书云。[②]

另，在其卷三十三·学术志二中又有“凡学校皆有规则，其教科之书必经文部省查验”的记载。[③]

---

① 教科书之发刊概况［M］//中华民国教育部. 第一次中国教育年鉴（戊编·教育杂录）. 上海：开明书店，1934：115.

② 黄遵宪. 日本国志：下册［M］. 天津：人民出版社，2005：799.

③ 黄遵宪. 日本国志：下册［M］. 天津：人民出版社，2005：812.

黄遵宪的书定稿于1887年，正式出版于1895年。即1887年他就掌握了“教科书”的基本内涵，1895年后“教科书”一词在学术圈、官场逐渐流传开来。[①]黄遵宪1877—1881年为驻日本的外交人员，受日本影响，“教科书”一词很可能直接来自日本词汇。

1893年，正式书刊中开始出现“教科书”一词。“光绪十九年（1893年），申江中西书院潘慎文、谢洪赉译《八线备旨》，由美华书馆活版印行。据潘慎文称系译以作中学堂程度之教科书云云。”[②]这是最早使用“教科书”一词的出版物。

康有为1898年的《日本书目志》，更是把日本多种教科书列于其中，如“生理门：《生理学教科书》《普通生理学教科书》”等。[③]但此时已经是19世纪末了。

进入20世纪，“教科书”一词的使用日益频繁，并逐渐取代其他名词而被固化。1901年5月，罗振玉在《教育世界》创刊号上使用了现代意义的“教科书”一词，他在“序例”中明确说明杂志“附译之书约为六类：曰各学科规则，曰各学校法令，曰教育学，曰学校管理法，曰学级教授法，曰各种教科书”，其中“教科书分为小学级中学级二者”。[④]“此杂志中所译各学教科书，多采自日本，考各种教科书有可通用者（如动植理化之类），有须特撰者（如本国地理历史之类），兹译日本教科书为蓝本，海内学人若据此编润成中国合用之书则幸甚。”[⑤]罗振玉还在《教育世界》创刊号上刊发《教育私议》一文，在“设学部”“定规制”“明等级”“编书籍”“培养教员”等振兴之策中明确教科书的重要性，其中第四点“编书籍”写道：“学堂既立，学科既分，则课书必须预备。学部中宜设编辑局，订定格式，招天下之士，令编译小学、中学等课书。若

---

① 1896年出现了正式以“教科书”命名的书籍《最新动物学教科书》，乐群书局出版。

② 教科书之发刊概况［M］// 中华民国教育部. 第一次中国教育年鉴（戊编·教育杂录）. 上海：开明书店，1934：116.

③ 康有为的《日本书目志》于1897年完成，1898年出版。

④ 罗振玉.《教育世界》序例［M］// 朱有瓛. 中国近代学制史料：第2辑上册. 上海：华东师范大学出版社，1987：20.

⑤ 罗振玉.《教育世界》序例［M］// 朱有瓛. 中国近代学制史料：第2辑上册. 上海：华东师范大学出版社，1987：20–21.

理化、动植、图算等学，可译东、西洋成书充用。若本国地理、历史、乐歌、修身等，则必从事编撰，但须依东、西洋教科书为蓝本耳。有以私资编译者，检查合格，予以版权，或格外奖励。……如是，则教科书籍日臻完备矣。”[①]

1901年7月12日、7月19日、7月20日，[②]刘坤一、张之洞分别上奏清廷《变通政治人才为先拟旨筹议折》《遵旨筹议变法谨拟整顿中法十二条折》《遵旨筹议变法谨拟采用西法十一条折》，史称“江楚会奏变法三折”。[③]他们使用了“教科之书”指代学校教学用书——教科书。

1901年，《教育世界》连续刊载了清政府出洋学生总监督夏偕复的《学校刍言》，文章第六点“颁教科、编纂教科图书及译书”，首先明确教科书的含义，“教科者，教育之标目；教科图书者，教育之材料。是二者，又教育行政之最要者也”。然后论述教科图书材料之选择、体例、采用等，“若夫教科图书材料之选择，关于生徒发达之结果，选择之法，程度益低，益从近取。……东西教科图书之体例，大抵如是。日本采用教科图书之法，由文部勘定后，必再经地方官考查，盖验其书之合于此地方否也。……至于编纂，或官设局自为，或由民间为而官勘定之，是二说者，我此时当并用者也”。[④]这里用的是“教科图书”，很显然是指今日之“教科书”了。

1902年3月上旬，罗振玉在《教育世界》第23册上发表《日本教育大旨》，文章的第七大点专题论述“教科书”：

七、教科书　日本之教科用书，初系翻译欧美书以充用，今则改良进步，相其政体惯习及国民程度而编辑成之。无论官撰民撰，悉须受文部省图书鉴定官

---

① 罗振玉.教育私议［M］//璩鑫圭，唐良炎.中国近代教育史资料汇编（学制演变）.上海：上海教育出版社，1991：149.

② 史料对这三折奏出时间的记载不尽相同。《光绪朝东华录》将三折记于光绪二十七年八月癸丑即1901年10月2日；《刘坤一遗集》记第一折奏出的时间是光绪二十七年五月二十七日即1901年7月12日；《张文襄公全集》记三折奏出的时间为7月2日、7月8日、7月9日；郭廷以《近代中国史事时志》则记为7月12日、7月19日、7月20日。从光绪二十七年五月二十六日，即1901年7月11日刘坤一、张之洞还在讨论第二、三折内容（见《张文襄公全集》卷173，电牍52，第36页）的情况看，张之洞处所记应为寄往刘坤一处的日期，故取郭说。

③ 刘坤一.刘坤一奏疏2［M］.长沙：岳麓书社，2013：1396.

④ 《教育世界》第一号，1901年5月；《小学校令》，《教育世界》第二号，1901年6月，译篇；《中学校令》，《教育世界》第七号，1901年8月，译篇；夏偕复，《学校刍言》（续完），《教育世界》第十五号，1901年12月，文篇。

之鉴定，然后许其刊行。又无论官撰民撰，数年必加修改，因国民之知识程度既增，而课书之程度亦必增进故也。

今中国编定教科书，宜先译日本书为蓝本而后改修之。如算学、理化、体操、图画等可直用东书。若本国之历史、地理，亦必先译东书，师其体例而后自编辑之。至博物等科亦必修改，譬如动、植、矿三者，必就本国所产及儿童所习见者教授之，故不能全用他国成书也。又中国今日编辑教科书，不可草率，亦不可太矜慎。草率则大体多乖，改良不易；太矜慎则旷日过久，误事亦多。宜预定于一年期内，遴选明习此事者，陆续编印成中小学课书，其有未能完善之处，随后逐渐更改。因教科书之善否，不能仅凭理想断定，必征诸实用，乃能明其利弊所在而改良之也。①

1902年11月，张之洞在《致上海罗叔芸（振玉）》中写道："连日与仲弢、念劬谈编教科书，此教育根基，关系极重，著手极难，非亲往日本以目击为考定不可，似非专恃购来图书所能模仿。鄙人极注重于此，欲请阁下主持，率四五人如陈士可等，即日东渡，竭数月之力，见实事，问通人，创立稿本。回鄂后，鄙人再以全力速编成书，则期速而书适用。"②在罗振玉所写的《扶桑两月记》中有多处关于购买教科书的记录，呼应了张之洞的提议，如"辛丑冬十一月初四日，渡日本视察教育事务，奉南皮新宁两宫保命也。……十五日，购中小学用教科书"③。

同年，袁世凯在拟定的直隶师范学堂小学堂章程中使用了"教科书"一词。他在《奏办直隶师范学堂暨小学堂折》的第三章"学堂条规"第十二节"本学堂教科书"中写道："必用学校司所发定本。教习授课，不得随意自用他项书籍。教习辞退之时，应将所用本堂书籍呈交总办查验收存，不得擅自携

---

① 罗振玉. 日本教育大旨［M］// 璩鑫圭，唐良炎. 中国近代教育史资料汇编（学制演变）. 上海：上海教育出版社，1991：227.

② 张之洞. 致上海罗叔芸（振玉）［M］// 璩鑫圭，唐良炎. 中国近代教育史资料汇编（学制演变）. 上海：上海教育出版社，1991：116–117.

③ 罗振玉. 扶桑两月记［M］// 璩鑫圭，唐良炎. 中国近代教育史资料汇编（学制演变）. 上海：上海教育出版社，1991：117.

回。”[①]

梁启超在其《教育政策私议》中的“学校经费议第二”中写道：“教科书无论为官纂，为民间私纂，但能一依国家所定课目者，皆可行用。”[②]

1903—1904年清政府颁布的《奏定学堂章程》中引入使用了“教科书”，并在《学务纲要》中特意设立了三节来规定教科书的编辑与选用，这一举措，给了“教科书”正式的、重要的地位。而就在前一年《钦定学堂章程》的官方术语里，教学用书仍称为“课本”。

由此可见，中国人主动大规模使用“教科书”一词极有可能是在19世纪末的几年内受了日本的影响。而使用“教科书”术语要比以“教科书”命名课本稍微早一点，且更广泛、更普及。

目前尚不能确定我国第一本以“教科书”命名的教学用书出自何时。但学界目前比较多的研究认为，[③]第一本教科书是1883年5月上海东亚译书会出版的《支那史教科书》两册，富山房编辑，唐秋渠译。实际上这一说法是错误的，错误也许来自《民国时期总书目（1911—1949）中小学教材》，该书在第333页标注《支那史教科书》是1883年出版的，而在这之前再没有发现以“教科书”命名的书本，所以得出它是我国第一本教科书的结论。但其实这是一个低级错误：也许是因为研究者甚至仅仅是操作人员的失误或无知，把该书版权页的“光绪廿九年”（光绪二十九年）作为“光绪九年”录入，从而引起了整个学界的以讹传讹，把最早出现教科书的时间整整提前了20年，使之变成第一本教科书。

目前可见的教科书实物，最早出现的以“教科书”命名的是上海乐群书局于光绪二十二年（1896年）出版的《最新动物学教科书》，由直隶马良编撰。关于作者，尚未查到任何有价值的信息。而此书局本身也存有多个疑点。

1902年之后，以“教科书”命名的教学用书大量出现。

---

① 袁世凯. 奏办直隶师范学堂暨小学堂折（附章程）[M]// 璩鑫圭，唐良炎. 中国近代教育史资料汇编（学制演变）. 上海：上海教育出版社，1991：83.

② 梁启超. 教育政策私议 [M]// 下河边半五郎. 饮冰室文集类编奥附. 东京：帝国印刷株式会社，1904：683.

③ 如汪家熔就认为该书是1883年出版的，见：汪家熔. 民族魂：教科书变迁 [M]. 北京：商务印书馆，2008：39. 笔者以前也有这样的认识，见：吴小鸥，石鸥. 晚清留日学生与中国现代教科书发展 [J]. 高等教育研究，2011（5）.

1903年，文明书局开始推出“蒙学科学全书”系列，这是第一套全部以“教科书”命名的、第一套中国人自己分科编著（译）的系统性、覆盖面广的教科书，[①]包括《蒙学卫生教科书》《蒙学文法教科书》《蒙学中国历史教科书》《蒙学西洋历史教科书》《蒙学东洋历史教科书》《蒙学矿物教科书》《蒙学修身教科书》等。[②]但这套教科书不分级，没有完全按照学校开设的课程编撰，也没有配备教师用书，所以作为适应新式学校教育需要的现代教科书，它们还不是特别完善和成熟，要素不齐全。[③]

我国第一套现代意义上的教科书，严格地说是商务印书馆的《最新教科书》。该套教科书从1904年起陆续推出。它根据第一个学制要求，完全按课程门类分科编撰，它按年级分册，而且配备了教师用书——教授书，所以它是第一套严格意义上的现代教科书，是一套独一无二、成就卓越的教科书，是中国教科书现代化最有力的印记，毋庸置疑地成为教科书发展史上的经典巨作，更是整个教科书发展史上一座难以超越的里程碑。[④]

由此可见，现代意义上的“教科书”一词在我国产生并迅速被广泛使用，是在20世纪初的前几年时间里。这时新学堂迅猛发展，新学制也出现了，适应新学制、新学堂的教科书大量涌现。这以后，“教科书”概念获得了广泛的认同，成为官私行文中最经常使用的名词，“功课书”之类的概念不再有人使用，“课本”之类的概念逐渐具有非正式、口语化的使用意义。民国时期，各种政府文件基本统一使用“教科书”概念，民间也同时接受其为正式用语。

2.“教科书”的内涵

《美国百科全书》将教科书定义为“为了学习的目的通过加工，并通常用简化方法介绍主要知识的书”[⑤]。日本教科书发行临时措施法中规定，教科书是“根据学科课程标准组织的，作为学科的主要教材，供教学之用的学生用

① 吴小鸥，李想.“蒙学科学全书”与20世纪初的科学启蒙［J］.教育学报，2012，8（5）：118-128.

② 文明书局.蒙学科学全书提要［J］.教育杂志，1905（10）：29-34.

③ 石鸥.百年中国教科书忆［M］.北京：知识产权出版社，2012.

④ 石鸥，吴小鸥.中国近现代教科书史：上册［M］.长沙：湖南教育出版社，2012.

⑤ 周士林.世界教科书概况［J］.教材通讯，1985（6）：28-29.

书”。[1]德国学者施穆克（E. Schmucker）认为：“教科书是学校的教育工作中根据各州教学大纲，从一定的教育观点出发为学生提供各学科活动素材的辅助手段。”[2]法国巴黎文学研究与促进中心主任理查德（F. Richaudeau，1986）根据四个条件来界定教科书：教科书是包含各种教育学科训练所需、结构设计系统严谨、符合教与学的过程需要、可以作为学习依据并帮助学生记忆的工具书籍。它要具备四项条件：其一，具有资讯价值（数量、选择、科学价值）；其二，其提供的资料内容适合环境、文化和意识形态；其三，其提供的资料具有可接受性；其四，教材内容具有学习的连贯性，教材具有内部的连贯性，有评量工具，能与学校主张的教学模式配合，并能配合教师与学生的条件。[3]弗朗索瓦–玛丽·热切尔等认为：教科书是一种印刷品，一种介入学习过程、为了提高学习有效性而有意结构化了的工具。[4] 克里斯（Chris Stray）提出：教科书是一种提供了理论知识的权威教学版本的合成商品。所谓合成是指教科书处于文化、教育、出版和社会的十字路口，它是文化、教育、出版和社会的合成物。[5]

我国学术界的认识也比较趋同。《中国大百科全书》认为，教科书是根据教学大纲（或课程标准）编制的系统地反映学科内容的教学用书。[6]《辞海》中写道：教科书是“按照教学大纲编选的教学用书”[7]。《教育大辞典》指出：教科书是“根据各科教学大纲（或课程标准）编写的教学用书，是教材的主体。其中课文是最基本的部分”。[8]也有学者认为，“所谓教科书是在学科课程的范畴

---

① 钟启泉. 现代课程论［M］. 上海：上海教育出版社，1989：69.

② 钟启泉. 现代课程论［M］. 上海：上海教育出版社，1989：691–692.

③ 曾天山. 国外关于教科书功能论争的述评［J］. 西南师范大学学报（哲学社会科学版），1998（2）：57–62.

④ 弗朗索瓦–玛丽·热切尔，易克萨维耶·罗日叶. 为了学习的教科书：编写、评估、使用［M］. 上海：华东师范大学出版社，2009：34.

⑤ STRAY C. Paradigms regained：towards a historical sociology of the textbook［J］. Journal of curriculum studies. 1994，26（1）：1–29.

⑥ 中国大百科全书编辑部. 中国大百科全书（教育卷）［M］. 北京：中国大百科全书出版社，1976：145.

⑦ 辞海编辑委员会. 辞海·教育心理分册［M］. 上海：上海辞书出版社，1985：5.

⑧ 顾明远. 教育大辞典：第1卷［M］. 上海：上海教育出版社，1990：283.

之中系统编制的教学用书，它集中反映了国家的意识形态和教育理念”[①]，“教科书是教学活动的文本系统”[②]，是用以达到特定目的、便于教师教和学生学的书，是学校教学中重要的和基本的教学材料。

可见，除了个别观点外，关于教科书的基本共识已经形成：教科书是一种具有特定意义、特定目标的书籍，在内容和形式等方面要适应教学需要；教科书是根据某一或某些标准（如课程标准或教学大纲）编定的、系统反映学科内容的、供教学使用并成为教学的依据的教学用书。

界定“教科书”还有一个重要依据，即教科书是一种准官方意志、准法定文本，很大程度上代表官方意志或态度。一般学者的著述，即便涉及敏感问题，也不至于引起官方的重视，而一旦教科书涉及敏感问题，政府或官方必定发声。比如日本的教科书关于第二次世界大战内容特别是关于南京大屠杀内容的表达，必定引起中国、韩国等国外交层面的交涉。这就说明教科书这种文本代表官方意志，是政府态度的表现，所以会引起特别的关注，在这一层面上，没有哪一种文本能够像教科书那样广受关注。而且，教科书还是教学的依据、教研的依据以及考试评价的依据。可见，教科书的准官方意志、准法定文本的性质是非常明显的。准官方意志、准法定文本的另一个表现是，它是通过了国家层面的权威审定、有进入课堂的资质、理论上可以要求相关师生人手一册的书籍或文本。换言之，对于教学、教研和评价，从师生、家长的角度来看，它是最权威的文本。在绝大多数国家和地区，对绝大多数学校课程而言，有没有进入学校、进入课堂的资质，是判断教学材料是否属于教科书范围的重要依据。这是不能忽视的标准。

因此，现代意义上的教科书一般是指根据某一或某些标准（如国家的教学大纲或课程标准等）编订的、系统地反映学科内容的、有学年学期和学科限定的、旨在为学生的学和教师的教所设计的准官方、准法定的文本。简单来说，所谓教科书就是学生在学校进行课程学习的标准用书，一般是通过了不同级别的权威审

① 钟启泉，崔允漷，张华. 为了中华民族的复兴，为了每位学生的发展：基础教育课程改革纲要（试行）解读［M］. 上海：华东师范大学出版社，2001：188–189.

② 孙智昌. 教科书的本质：教学活动文本［J］. 课程·教材·教法，2013（10）：16–21.

定而被允许公开正式进入课堂、被师生使用的准法定或准官方教学材料。教科书是教学、教研、评价和考试命题的重要参考依据。教科书需要符合三个标准：第一，分学年学期；第二，分学科；第三，有教学的具体参考要求。[①]

一般来说，编写教科书的直接依据是国家课程方案、课程标准或教学计划、教学大纲以及特定时期的国家重要的方针政策。“系统地反映学科内容”说明了教科书一般是分学科编撰的，强调学科知识的系统性、逻辑性。“准官方、准法定”说的是教科书在反映学科内容的同时，要体现国家主流文化价值观，体现主流意识形态，反映国家意志，而且往往必须通过国家有关部门的审查审定才能进入学校被正式使用，确保学生人手一册（为此，有些国家实行教科书免费政策）。“准官方、准法定”还说明教科书是所有教学材料中最权威的；“旨在为学生的学和教师的教所设计的”表达了教科书需要遵循教育教学规律。这也决定了教科书这一文本的独特性质。这是教科书编撰的重要追求，为了这个追求，教科书往往配有教师参考书、资源库，也往往为学生配备同步的或相关的多种辅助性资料。

教科书作为一种教育工具和教育资料，是课程的重要组成部分，也是课程实施的载体，在整个学校教育中具有不可替代的地位与作用。教科书作为国家意志、民族文化、社会进步和科学发展的集中体现，是实现培养目标的最直接的载体，[②]是教学、考试的重要依据。

二、教科书与课程方案

教科书是一种非常特殊的文本，它与一般文本有着很大的不同。首先，它必须以“课程方案”（以前主要称“教学计划”或“课程计划”，也称“课程设置方案”）为指导文件或依据。

课程方案是国家教育主管部门根据培养目标制定的有关学校教学和教育工作的指导性文件。具体规定学校应设置的课程门类、各门课程开设的先后顺序、课时分配和学年的编制、学期学周的安排等，并对课内的教学和课外活动等方面做

① 石鸥. 最不该忽视的研究：关于教科书研究的几点思考［J］. 湖南师范大学教育科学学报，2007（5）：5–9.

② 石鸥，石玉. 论教科书的基本特征［J］. 教育研究，2012（4）：92–97.

全面安排。课程方案是研制课程标准和教科书的主要依据。正是课程方案中要设置什么课程、在什么年级设置、不同的课程规定有多少课时等指定性的规定，决定了要编撰什么教科书，也决定了教科书的学科性质、年段、容量等。比如，我们在小学阶段，到底要编撰科学教科书、自然教科书，还是常识教科书，不是研制者、出版部门说了算，甚至不是地方教育主管部门说了算，而是课程方案说了算。至于小学科学到底是一年级开始设置，还是三年级开始设置，总课时多少等等，也是课程方案说了算。于是，这就必然限定了教科书的编写。不同时期的课程方案里，要求开设的课程或课程名称是不一样的，它必然制约教科书的研制。课程方案当然也指导课程标准的研制，因为课程标准是根据课程方案规定的开设什么课程、何时开、开多长时间而决定的。课程标准又反过来直接具体地制约着教科书的编撰。

专栏1　义务教育课程设置实验方案（2001）

根据《国务院关于基础教育改革与发展的决定》和《基础教育课程改革纲要（试行）》构建符合素质教育要求的新的基础教育课程体系的要求，设置义务教育阶段的课程。课程设置应体现义务教育的基本性质，遵循学生身心发展规律，适应社会进步、经济发展和科学技术发展的要求，为学生的持续、全面发展奠定基础。

一、培养目标

全面贯彻党的教育方针，体现时代要求，使学生具有爱国主义、集体主义精神，热爱社会主义，继承和发扬中华民族的优秀传统和革命传统；具有社会主义民主法制意识，遵守国家法律和社会公德；逐步形成正确的世界观、人生观、价值观；具有社会责任感，努力为人民服务；具有初步的创新精神、实践能力、科学和人文素养以及环境意识；具有适应终身学习的基础知识、基本技能和方法；具有健壮的体魄和良好的心理素质，养成健康的审美情趣和生活方式，成为有理想、有道德、有文化、有纪律的一代新人。

二、课程设置的原则

1. 均衡设置课程

根据德智体美等方面全面发展的要求，均衡设置课程，各门课程比例适当，并可按照地方、学校实际和学生的不同需求进行适度调整，保证学生和谐、全面发展；依据学生身心发展的规律和学科知识的内在逻辑，义务教育阶段九年一贯整体设置课程；根据不同年龄段儿童成长的需要和认知规律，根据时代发展和社会发展对人才的要求，课程门类由低年级到高年级逐渐增加。

2. 加强课程的综合性

注重学生经验，加强学科渗透。各门课程都应重视学科知识、社会生活和学生经验的整合，改变课程过于强调学科本位的现象。

设置综合课程。一至二年级设品德与生活课， 三至六年级设品德与社会课，旨在适应儿童生活范围逐步从家庭扩展到学校、社会，经验不断丰富以及社会性逐步发展；三至九年级设科学课，旨在从生活经验出发，让学生体验探究过程，学习科学方法，形成科学精神；一至九年级设艺术课，旨在丰富学生的艺术经验，发展感受美、创造美、鉴赏美的能力，提高审美情趣。

增设综合实践活动，内容主要包括：信息技术教育、研究性学习、社区服务与社会实践以及劳动与技术教育等。使学生通过亲身实践，发展收集与处理信息的能力、综合运用知识解决问题的能力以及交流与合作的能力，增强社会责任感，并逐步形成创新精神与实践能力。

3. 加强课程的选择性

国家通过设置供选择的分科或综合课程，提供各门课程课时的弹性比例和地方、学校自主开发或选用课程的空间，增强课程对地方、学校、学生的适应性，鼓励各地发挥创造性，办出有特色的学校。

在达到九年义务教育基本要求的前提下，农村普通中学试行“绿色证书”教育，形成有农村特点的学校课程结构。城市普通中学也要逐步开设职业技术课程。

三、课程设置

表一：

义务教育课程设置表

	年级								
	一	二	三	四	五	六	七	八	九
课程门类	品德与生活		品德与社会				思想品德	思想品德	思想品德
							历史与社会（或选用历史、地理）		
			科学				科学（或选用生物、物理、化学）		
	语文	语文	语文	语文	语文	语文	语文	语文	语文
	数学	数学	数学	数学	数学	数学	数学	数学	数学
			外语	外语	外语	外语	外语	外语	外语
	体育	体育	体育	体育	体育	体育	体育与健康	体育与健康	体育与健康
	艺术（或选择：音乐、美术）								
			综合实践活动						
	地方与学校课程								

表二：

义务教育课程设置及比例

	年级									九年课时总计(比例)
	一	二	三	四	五	六	七	八	九	
课程门类	品德与生活	品德与生活	品德与社会	品德与社会	品德与社会	品德与社会	思想品德	思想品德	思想品德	7%~9%
							历史与社会（或选历史、地理）			3%~4%
			科学	科学	科学	科学	科 学（或选生物、物理、化学）			7%~9%
	语文	语文	语文	语文	语文	语文	语文	语文	语文	20%~22%
	数学	数学	数学	数学	数学	数学	数学	数学	数学	13%~15%
			外语	外语	外语	外语	外语	外语	外语	6%~8%
	体育	体育	体育	体育	体育	体育	体育与健康	体育与健康	体育与健康	10%~11%
	艺 术（或选择音乐、美术）									9%~11%
			综合实践活动							16%~20%
	地方与学校课程									
周总课时数（节）	26	26	30	30	30	30	34	34	34	274
学年总课时(节)	910	910	1050	1050	1050	1050	1190	1190	1122	9522

注：1．表格内为各门课的周课时数，九年总课时数按每学年35周上课时间计算。2．综合实践活动主要包括信息技术教育、研究性学习、社区服务与社会实践以及劳动与技术教育。

四、义务教育课程设置的有关说明

1. 表一为义务教育阶段一至九年级的课程设置，表二为义务教育阶段各年级周课时数、学年总课时数、九年总课时数和各门课程课时比例，每门课的课时比例有一定弹性幅度。地方与学校课程的课时和综合实践活动的课时共占总课时的16%～20%。

省级教育行政部门可根据本省（自治区、直辖市）不同地区社会、经济、文化发展的实际情况，制定不同的课程计划；学年课时总数和周课时数应控制在国家所规定的范围内；根据教育部关于地方课程、学校课程管理与开发的指导意见，提出本省（自治区、直辖市）地方课程、学校课程管理与开发的具体要求，报教育部备案。

民族学校、复式教学点、简易小学等学校的课程设置，由省级教育行政部门自主决定。

2. 每学年上课时间35周。学校机动时间2周，由学校视具体情况自行安排，如学校传统活动、文化节、运动会、远足等。复习考试时间2周（初中最后一年的第二学期毕业复习考试增加2周）。寒暑假、国家法定节假日共13周。

3. 晨会、班队会、科技文体活动等，由学校自主安排。

4. 综合实践活动是国家规定的必修课，其具体内容由地方和学校根据教育部的有关要求自主开发或选用。综合实践活动的课时可与地方、学校自主使用的课时结合在一起使用，可以分散安排，也可以集中安排。

为培养学生的创新精神和实践能力，各门课程普遍增加了实践活动，学校在做学年教学安排时，应根据活动的性质和内容，统筹合理安排。

5. 初中阶段的学校在选择分科与综合相结合的课程时，若选择科学、历史、地理，可相应减少自然地理的内容；若选择历史与社会、生物、物理、化学，则应参照相关课程标准安排自然地理的内容。

6. 各门课程均应结合本学科特点，有机地进行思想道德教育。环境、健康、国防、安全等教育应渗透在相应课程中进行。

7. 一至六年级设体育课，七至九年级设体育与健康课，均应贯彻“健康第一”的原则。七至九年级体育与健康课程标准中要求的健康知识，应在学生进行相关体育活动时，使学生了解，但不得组织笔试。

8. 小学开设英语课程的起始年级一般为三年级。各省级教育行政部门可结合实际，确定本地区小学开设英语课程的工作目标和步骤。

初中阶段开设外语课程的语种，可在英语、日语、俄语等语种中任选一种。外国语学校或其他有条件的学校可开设第二外语。民族地区的中小学校，外语课程的设置由省级教育行政部门决定。

三、教科书与课程标准

如前所述，课程方案指导课程设置，指导课程标准的研制，课程标准依据课程方案而制定，教科书又依据课程方案和课程标准而编撰。课程标准是课程方案的具体化，它把课程方案规定的课程变为可以实现的操作计划：一门课的课程标准确定该课程的性质、目标与理念，明确该课程的内容结构和内容组成（教什么、学什么），以及学生应该达到的标准或水平，课程标准还会对该课程的教学与评价、教材编写、考试评价等提出具体的建议。

正因为课程标准提供了相对比较具体的操作意义的内容体系，教科书研制才不至于我行我素，才会有基本的方向和准则，才大致可以确定内容的先后次序、详略多寡，才能够了解不同内容对学生的要求等。这些是教科书研制最重要而具体的操作依据。

但即便如此，课程标准仍然是相对宏观的课程内容系统，没有办法具体操作，它需要进一步细化为师生可以操作和学习的内容，这一性质决定了教科书研制在这一方面具有一定的创新空间。一般而言，课程标准越是笼统，教科书创新空间越大；反之，课程标准越具体，对教科书的约束就越大，教科书的创新空间相对就越小。所以，高质量的教科书也与高质量的课程标准密切相关。基本的方向与准则，以及较宏观的内容要求，这些课程标准的特性使得教科书的多样化成为可能，多样化的教科书既能够有所创新，又不至于特立独行。

第二节 教科书的要素与结构

“书中自有黄金屋”“书中自有颜如玉”“书中自有千钟粟”……这里的书，主要就是指教科书，就是要教、要学、要考的书，在中国古代，就是科举考试的书。

在中国传统文化里，书特别是教课之书是被崇拜之物，传统的教育文化几乎就是拜教科书文化；在广大中国人心目中，教科书代表着圣贤之语、文明精华，代表着人类智慧、科学真理，当然也代表着财富、地位与高品位的生存。教科书显然具有极为重要的意义，显然发挥着极为重要的作用。那么教科书到底是一种什么样的书呢？它由哪些要素构成呢？

一、教科书的基本要素

要素是事物的构成单位，是构成一个事物并维持其运转的基础单位，是构成事物必不可少的因素，也是事物系统产生、变化、发展的动因。要素构成结构，要素的不同组合，可以使事物结构不一样或结构发生变化。结构产生或具备功能，结构不一样，功能也就不一样。采用不同的标准或依据，可以有不同的要素。如课程的要素，按管理层级分，有国家课程、地方课程和校本课程；按修习的性质分，有必修课程、选修课程；按知识性质分，有文科课程、理科课程、艺体课程；按活动性质分，有学科课程、活动课程；按学科性质分，有学科课程、跨学科课程或综合课程等。当然，如果按构成成分来分，课程主要有课程目标、课程内容、课程实施（课程构成）、课程评价等。不同的课程要素会组合成不同的课程结构，不同的课程结构反映或体现课程决策者不同的课程理念或价值取向。比如突出必修课程和突出选修课程的决策者，课程理念的差别是很大的；同理，突出学科课程和突出综合课程的决策者，课程理念也有着极大差别。

教科书要素是教科书的构成单位，是构成教科书文本并维持其正常发挥作用的基础单位，是构成教科书必不可少的因素。我国学者吴也显等人把教科书要素分成三个系统：课题系统、图象系统和作业系统。[①]郭晓明把教科书的构成要素

① 吴也显. 教学论新编［M］. 北京：教育科学出版社，1991：299–300.

分为课文系统与课文辅助系统。[①]也有人认为语文教科书分为范文系统（学习的内容、交流的平台）、导读系统（助读系统、提示系统）、知识系统（语言、文体等知识）、作业系统（理解性、记忆性、应用性、研究性作业等）等要素。

笔者认为，教科书的要素主要包含两大方面：

1. 教科书正文系统

正文就是课文内容体系，是教科书的主体部分，往往由单元—课、章—节等形式组成，包括课题、插图、表格等。而填充单元或章节的内容主要是各学科的知识体系（如数理化教科书）、图像系统（如美术教科书）或学科独特的符号系统（如音乐教科书）。

有些类型的教科书，课文内容采用的是“单元—课”的体系，教科书由若干单元构成，单元之间存在既相互联系又相互区别的关系，单元的构成依据可以不一样，比如语文，可以文体为单元依据，如诗歌、杂文等，也可以主题为单元依据，如亲情、友情等。不同的单元构成依据决定了单元的性质；每个单元又由若干课构成，单元性质直接决定了课的选择与构成。如果单元是文体性质的，如诗歌、杂文和寓言，那么课的选择和构成就是按诗歌、杂文和寓言展开；如果单元是主题性质的，如亲情、友情和爱情，那么课的选择和构成就是按亲情、友 情和爱情展开。单元构成依据不一样，教学的侧重点就不一样。比如朱自清的《背影》，既可以被组合进散文的单元，也可以被组合进亲情的单元。很显然，进入不一样的单元，教学重点就不一样。这种“单元—课”型教科书，单元和单元之间不一定是非常明显的线性或递进的关系，不一定是所谓的串联关系，反而有点像物理中的并联关系，即不一定非得先学第一单元，再学第二单元、第三单元，理论上跳跃性的、跨越性的学习是被允许的。比如，亲情、友情、爱情，先学哪一单元，没有必然的、刚性的逻辑要求。同理，课与课之间也是这种关系。

有些类型的教科书，如理科教科书，内容采用的是“章—节”体系。我们把它看成是特定的单元体。这种教科书由若干章组成，每一章又由若干节构成。这种“章—节”型教科书，基本上章与章、节与节之间是递进的关系，内容构成类似于串联关系，一般只有先学了第一章才能学第二章，进而才能学第三章。节也

① 郭晓明. 整体性课程结构观与优化课程结构的新思路［J］. 教育理论与实践，2001（5）：38–42.

是这样，第一节—第二节—第三节，按顺序往下学习。一般不宜跳跃性地、跨越性地学习。

2. 教科书辅助系统

教科书辅助系统也称助学系统、助读系统，或教科书支架体系。[①]这是从属于课文内容的，并帮助创造性理解、掌握课文内容的教科书构成要素。不同类型的教科书，有不同类型的教科书辅助系统。

教科书辅助系统的构成是随着教科书的发展而发展的，而且发展的趋势日益复杂多样。就常见的教科书来看，其教科书辅助系统主要由助教和助学两部分构成，主要内容相近或相似甚至相同。助教部分包括各种编辑说明（前言或导读）、目录、单元、小结、作者简介、课文图表、教学目标、教学步骤、教学提示、课文附录和注解等；助学部分具体包括各种编辑说明（前言或导读）、课文目录、单元、小结、作者简介、课文图表、课（单元）前预习、课（单元）后各种活动和问题练习、课文附录和注解、参考答案、相关链接等。

辅助系统在西方往往被称为支架系统，二者本质上是一回事，只是指向性稍有不同。支架系统是教科书编写者为读者设计的，以便读者可以最快捷、最方便地使用、查阅教科书的手段与工具。如果说辅助系统主要包含助教和助学两部分，那么支架系统则包括技术性支架和教学性支架。技术性支架就是帮助目标人群自如、有效、快速地使用教科书的手段，包括前言、目录、索引、使用说明等。教学性支架就是帮助目标人群教、学教科书的手段，是对学习教科书的帮助，包括前言、目录、小结、作者简介、教学步骤、教学提示、活动、练习等。教学性支架中最重要的也是最易被忽视的是帮助学习教科书的手段。有些支架既可以是技术性的，同时也是教学性的，只要它们有助于师生对教科书的使用和学习，如附录、前言、词汇表、页末的注释和参考文献等。

上述要素本质上都属于教科书的内容要素。内容要素如果从教科书文本看，是具体的知识系统和活动要求的基本单位，是学生必须学习掌握的知识、情感态度和方法意义等方面的内容，从文本要素看，包括说明（前言）、目录、课文、图表、实验、作业（练习）、注释、附录等，即正文和辅助系统两大部分。如果

---

① 热切尔，罗日叶. 为了学习的教科书：编写、评估、使用［M］. 上海：华东师范大学出版社，2009.

从教科书内容的性质看，教科书内容要素主要包括知识要素、技能要素、能力要素、思想教育要素，以及审美要素等。这种分类具有理论意义，不便操作。

教科书除了内容方面的要素外，还包括形式要素。形式方面的要素主要指构成教科书的外在实体的基本单位，包括版式、开本、字体、封面、封底、版权页、纸张等物理属性方面的要素。

二、教科书的主要结构

结构是为了达到一定目的、实现一定功能的要素组成形式。《国际教育百科全书》对“结构”的定义是“把观念组合成逻辑组织形式的方式”。[①]

在美国教育家布鲁纳看来，教材结构，即教科书结构，可分为两种类型，即狭义上的题材结构和广义上的学科结构。在其著作《教育过程》中，他分别对两种类型的教科书结构进行了举例分析，并将学科结构、题材结构，以及儿童的认知结构相互联系起来，认为教科书结构应与儿童的认知结构相适应。布鲁纳认为，课堂学习主要是让学生掌握教科书的基本结构，如果学生能够理解教科书的基本结构，那么具体的细节便可从中了解。学生对教科书结构的认识是一个从具体到抽象的过程，在学习方法上学界通常主张“发现学习”。布鲁纳认为，“有效的教材”就是“既重视内容范围，又重视结构体系的教材”。[②]按布鲁纳的观点，教材结构应是对各门学科最基本和最佳知识结构的反映，从而使教材不仅能清楚地反映学科中最基本的概念和原理（学科的基本结构），同时也能使教材中知识的组织和呈现与不同年龄水平的学生的接受能力相匹配。

顾明远教授在其主编的《教育大辞典》中，对“教材结构”是这样解释的：“各科教材之间的合理组合和各科教材内部各要素、各成分之间的合乎规律的组织形式。”而各科教材一般都含有知识、技能、智能、思想观点等要素和教材目标、教材内容、学习活动形态三种成分。[③]这种观点强调，在教科书的结构中不仅应包括知识、技能、智能和思想观点等要素，而且应包括教材目标、教材内容和学习活动三种成分，结构是各要素、各成分之间的合理的组织形式。廖哲勋教

① 熊寅谷. 国际教育百科全书：第九卷［M］. 贵阳：贵州教育出版社，1990：250.
② 布鲁纳. 教育过程［M］. 邵瑞珍，译. 北京：文化教育出版社，1982：24.
③ 顾明远. 教育大辞典：第1卷［M］. 上海：上海教育出版社，1990：286.

授也认为："教科书的基本结构是教科书内容各要素、各成分之间合乎规律的组织形式，教科书的各要素主要包括知识要素、技能要素，以及必要的思想教育要素和一些审美、心理要素等，而各教科书的成分是指教科书的目标、内容和各学科学习活动的方式。"[①]这种观点不仅提出了教科书的程序，更重要的是，认为教科书要适应学生心理方面的要求，将教育心理学应用于教科书结构的理论研究中。曾天山也持这一观点，认为教材结构是指"教材内部各要素、各成分之间合乎规律的组织形式。一般而言，它主要包括知识要素、技能要素、能力要素以及必要的思想品德因素与审美心理因素等"。[②]

叶立群作为教科书研制的重要参与者，提出了更便于理解和操作的教科书结构观："教科书的结构指的是教科书是由哪几部分、由哪几种形式组成的。"在他看来，教科书是一种文本，这种文本不同于其他文本，为了使学生能够理解、巩固和运用所学的知识和技能，并且调动学生的学习积极性，它需要采取和运用多种形式，通常采用的是文字的阐述（课文）、图画、图表、表解、实验、作业（练习）等形式。[③]这种观点将教科书的知识与技能排列的顺序称为教材的组织，即教科书的结构。王道俊、王汉澜两位教授也偏向实际操作层面的结构："教科书一般由目录、课文、习题、实验、图表、注释、附录等部分构成。课文是主要部分。"[④]

郭晓明认为教科书具有实质结构和形式结构。实质结构包括两个层面，一是对教科书结构的一般的、理论化的构想，二是教科书目标定向和编写思路。形式结构包括三个层面，一是课文系统与课文辅助系统的构成及相互结合方式，二是各学期教科书间纵向衔接关系以及各单元（课、节）的设置与纵横关系，三是整个教科书的课程内容与学习活动方式的构成与相互结合方式，以及课程内容中知识、技能、能力、情感、思想意识等要素的比例与结合方式，还有各种学习活动方式的组合等。[⑤]

---

① 廖哲勋. 课程学［M］. 武汉：华中师范大学出版社，1999：213–217.

② 曾天山. 教材论［M］. 南昌：江西教育出版社，1997：77.

③ 叶立群. 课程教材改革探索［M］. 北京：人民教育出版社，1997：62–63.

④ 王道俊，王汉澜. 教育学［M］. 北京：人民教育出版社，1989：170.

⑤ 郭晓明. 整体性课程结构观与优化课程结构的新思路［J］. 教育理论与实践，2001，21（5）：38–42.

总体上可以看出，关于教科书结构的认识有多种。第一种可以称为“形式结构论”。这一观点认为，教科书结构是指教科书在一定体裁形式下所采用的组织规则和方式方法，是教科书的各个组成部分及其相互关系，是教科书内容的呈现方式，是教科书的组织方式，也是教科书的框架，是教科书封面到封底之间的所有构成部分。第二种可以称为“双重结构论”。这一观点认为，教科书的结构既要符合学科本身的逻辑顺序，也要适合学生认知发展的需要。第三种可以称为“样式论”。这一观点认为教科书结构是指教科书各个组成部分及其相互关系，主要包括内部样式和外部样式两个部分：内部样式主要指知识体系；外部样式包括目录、图表、附录、课文、作业等。①

可见，教科书结构是教科书设计的核心问题，它是由不同组合的教科书要素构成的，各要素具有相对的独立性和明确的界线，同时这些要素又有密切的联系，形成一个统一的整体。教科书结构主要包括显性结构和隐性结构两大部分：显性结构主要包括目录、文本、图表、作业等文本结构，是教科书的外在形式；隐性结构则有不同表现，涉及知识、能力、思想情感等。

综上所述，教科书结构是为了达到教科书的特定目的、实现教科书功能的教科书各要素的组成形式，是教科书各要素的相互关联的形式，是各要素空间排列形式的有机整体。为了更有效地指导教科书的研制和使用，教科书结构的分析不宜过于繁复琐碎，它重在可操作、好理解，重在能够指导教科书编写工作，重在有利于教科书的使用。基于这样的考虑，所谓教科书结构，就是指教科书的各要素或各个组成部分相互联系的方式。教科书的基本要素包括前言、目录、课题、课文、单元、练习和作业、插图等，它们之间的组合就是教科书的结构。如前所述，无论这些要素如何组合，大体上可以概括为两部分：正文系统和辅助系统。正文系统主要是课文、课题、插图等，辅助系统主要包括目录、练习、作业等。

正文系统和辅助系统共同组合成教科书结构，两大要素系统的组合可以反映教科书的结构特征，比如有的教科书非常看重正文系统的选择与确定，而对辅助系统关注不够；有的教科书则恰好相反。看重正文系统（选文）而不看重辅助系统（学生活动）和看重辅助系统而不特别讲究正文系统，二者构成的教科书结

① 杨治平. 面向个体的教科书设计［D］. 上海：华东师范大学，2006：67–69.

构倾向是有明显区别的。正文系统占压倒性优势，基本不太关注辅助系统的教科书结构和给予辅助系统较高、较重要地位的教科书结构，体现出教科书研制者不同的理念和价值取向，后者显然更关注学生心智的发展。从另一个角度看，重点突出辅助系统，特别是其中的活动、练习等或重点突出正文系统，往往使得教科书倾向于分成学材型和教材型教科书。总体而言，中国传统教科书更看重正文系统，在选文上下足了功夫，西方教科书更看重辅助系统，在学生活动设计上精益求精。

第三节　教科书的基本功能

《辞海》把“功能”解释为“有特定结构的事物或系统在内部和外部的联系中表现出来的特性和能力”。[①]教科书的功能是指教科书对人、对社会的影响，是教科书在与外部的关系中表现出来的能力、功效、作用。现实中，教科书的功能往往涉及教科书的作用与价值等一系列问题，而且这一系列问题经常纠缠在一起，其主体意思基本接近，所以学者们不断交叉研究。一般而言，教科书的功能主要指教科书的意义、作用与价值，而且是积极的、有利的、符合预期期望的意义、作用与价值，相当于所谓的正功能、积极功能，如果教科书没有发挥期望的意义、价值与作用，就是功能发挥不够或功能紊乱，甚至是消极功能。

一、教材观和教材功能观

关于教材功能，学界往往有不同的看法，对功能的不同看法构成不同的功能观。有研究把教材的功能观和教材观区别开来，在总结出七种教材观的基础上，引出七种功能观。这七种教材观包括：圣经式教材观、经验自然主义教材观、科学取向教材观、结构主义教材观、范例式教材观、人本取向教材观、建构主义教材观。由此对应的七种教材功能观是：传经送典，教材具有绝对权威性和不可动摇性（圣经式教材观）；教材要成为儿童的生活经验，促进儿童的不断成长（经

① 夏征农，陈至立. 辞海［M］. 6版. 上海：上海辞书出版社，2010：599.

验自然主义教材观）；为成人生活作准备，而不仅仅是为当下生活服务（科学取向教材观）；重在发展学生的智能（结构主义教材观）；师生进行教学的拐杖、支点和范例（范例式教材观）；促进每个人的发展（人本取向教材观）；促进学生的学习和意义的建构（建构主义教材观）。[①]

日本学者柴田义松认为教科书有三大基本功能："信息功能"，为学习者选择并传递有价值的真实的信息与知识；"结构化功能"，为学习者建构自身的知识，有助于其知识系统化；"学习指导功能"，为学习者提供合理的学习方法。[②]

日本教科书研究中心在1994年接受文部省的委托，进行了"关于作为'学材'的教科书的功能之基础研究"，在1995年完成的报告中，提出了教科书的五大功能：唤起学习欲望的功能、提示学习课题的功能、提示学习方法的功能、促进学习个性化和个别化的功能、巩固学习的功能。[③]

德国有学者认为，教科书的功能可以归纳为以下几点：提供信息的功能、引导教学的功能、激发学习动机的功能、保证教学效果的功能、协调和其他材料的功能、合理利用时间的功能。[④]

有研究梳理了教科书的功能后，认为教科书的重要功能表现在：第一，教科书集中体现社会规范文化与国家的政策，便于实现国家的教育目标，从而达到巩固统治、统一国家和团结各民族的目的。第二， 教科书集中体现了国家对教育教学的要求，是评价考核教育教学效果的主要依据，也是教育教学质量的基本保证。第三，教科书是教育教学的指南，是教师与学生教和学的主要依据，权威性高。教科书依据教学目标建立并使用最适合目标的特定内容来完成教学任务。教科书是一种教学工具，对教师来说，它们充当教学的指导，对学生来说，它们提供稳定的发展方向，可以基本保证学生学习的正确性，为学生提供了权威性的信息源。第四，教科书是教师工作的得力助手，对于初做教师的人，教科书是必备

---

① 陈柏华，高凌飚. 教材观研究：类型、特点及前瞻［J］. 全球教育展望，2010（6）：63-69.

② 柴田义松. 教育课程［M］. 东京：有斐阁，2001：163，176.

③ 沈晓敏. 关于新媒体时代教科书的性质与功能之研究［J］. 全球教育展望，2001（3）：23-27.

④ （台湾）中华比较教育研究会. 各国教科书比较研究［M］. 台北：台湾书店，1989.

之物，它使教师产生安全感和自信心，有助于教师完善教学方法，为教师提供有效的教学途径。第五，教科书便于学生自学，是学生间接经验的丰富资源，充当辅导教师的角色。在古代和当今欠发达地区，教科书往往是学生学习的唯一材料。第六，教科书有利于规范课堂教学，节约教学时间。教科书与教学过程之间有着密切的联系，系统的教学一般要根据教科书进行，教科书的出现大幅度地减轻了学生的课业负担，节省了记录笔记的时间，也减轻了教师备课写教案的负担。第七，教科书是学生掌握知识的基本源泉和学习的入门材料，是学生课外学习的基础和检查与重组知识的途径。教科书按知识的逻辑原则和心理原则综合编撰而成，它为学生学习提供了循序渐进的入门方式，从简单到复杂，从已知到未知，从具体到抽象。第八，教科书使用方便，价格可控，书本坚实，便于大量生产和发行，还可以循环使用。①

多数情况下，人们把教材观和教材功能观等同。在笔者看来，教材观是对教材的总体看法，而教材功能观则主要是对教材的作用、意义与价值的看法，而且往往是积极的、有利的，对作用、意义与价值的看法，它只是教材观的重要组成部分。教材的功能实际是它的能力和特性，这些能力和特性在被使用的过程中产生积极效果、积极作用。教科书的功能是内在的、潜在的，是由教材结构决定的，只要有结构，就会有功能；结构不同，功能也就不同。

目前国内教材研究者大多是在批评旧的教材观基础上提出与之对立的新的教材观，近似于一种二元对立的思想。同时，也在这一分析基础上生发出对应的教材功能观。

1.“圣经式”的教材和“辅助式”的教材

教科书是一种“圣经式”的教学材料。传统教材观是一种将教材神圣化、强调教师对其绝对服从的教材观。这种观点有意无意地表明，教材的价值在于“规范”教学，教师必须持有一颗“尊敬”之心，不特别主张教师作为教学资源的设计者和组织者，主动地去选择和增添教学资源。这种教材观是教育的“社会控制职能”和制度化教育强化的结果，也是文化发展缓慢及教育发展水平有限的反映。它割断了课程与丰富的社会现实之间的联系，限制了学校的课堂生活空间和

---

① 曾天山. 国外关于教科书功能论争的述评［J］. 西南师范大学学报（哲学社会科学版），1998（2）：57–62.

学生的学习活动空间，限制了教师的创造性及其教学的个性化，容易导致学生对教材乃至所有书本的盲目崇拜，扼杀其自主精神和创新能力，同时也使教师无法在教学中找到其生命的价值和职业的乐趣。①

“圣经式”的教材观还表现为将教材理解为纯粹知识的载体，即知识观视角的教材观——以教科书本身呈现的知识为目的。教学即以教科书所负载的知识和技能的传授与掌握为宗旨。这种知识观视角的教材观，固然有拓展和可持续发展的价值，但教材知识的某种经典性和权威性（通常被称为定论）使拓展与发展具有了同质化的规定性，由此不同程度地约束了存疑或求异乃至创新的可能性。②既然教科书纯粹是知识的载体，而知识又往往与科学性相联系，于是学生的主要任务就只能是背记教科书，教师的评价考试也把重点放在学生对教科书的掌握上，本质上否定了质疑教科书的可能性。

针对“圣经式”的教材观，不少学者提出了相反的观点，把教科书看成是教学材料，是一种“辅助性”的教材，即“材料式”的教材观。“材料式”教材观，视教材为教学的一种辅助材料和工具，而非教学的全部。教学中不刻意追求原有知识体系的完整，在遵循教学大纲的前提下，鼓励科学适当地增减教材、调整编排顺序、重组教学单元、整合教学内容。③“材料式”教材观主张：（1）教材的价值不在于“控制”教学，而是为教学提供基础性文本，应去除其神秘感。（2）教材只是在课程标准指导下编制的“教学材料”，不具有作为教学权威及裁决教学的功能。教学的根本依据是课程标准，达此标准所用的材料可以多样化。（3）教师不必绝对服从教材，有能力的教师可依自己的研究对教材作自主改造，教师应以怀疑的精神和研究的态度对待教材。④

必须认清，教材不是仅供传授的经典，不是仅供记忆的知识仓库，其目的不是仅供学生掌握，而是供教学使用的活的材料。面对教材内容，教师和学生不是“材料员”而是“建筑师”，他们是材料的主人，更是创新材料和教学智慧的主

---

① 郭晓明. 重新审视教材的功能［N］. 中国教育报，2002-05-17.

② 杨启亮. 教材的功能：一种超越知识观的解释［J］. 课程·教材·教法，2002（12）：10-13.

③ 郭晓明. 重新审视教材的功能［N］. 中国教育报，2002-05-17.

④ 郭晓明. 从“圣经”到“材料”：论教师教材观的转变［J］. 高等师范教育研究，2001（6）：17-21.

体。视教材为教学使用的材料，不否认教材所负载的知识和技能需要被传授与掌握，却不以此为主要目的，只是以此为途径与手段，通过它去实现智慧或发展的目的。教材知识成为研究与思考的材料。①

这一对立的教材观，生发出相应的功能观问题：教科书的作用究竟是提供必须背记的、真理性的内容载体，还是提供用以引导教学、实现特定目标的材料?

2. 目的型教材观和手段型教材观

与前述两种观点相关联，在现实的教育实践中还存在着另外两种教材观或教材功能观。一种观点认为，学生的发展直接受制于教材的选择和排列，把某种特定课业的教材习得视为教学本质，把对教科书内容的掌握有意无意地看成是教学的目的。另一种观点认为，教材是教育过程中的必要成分，不过，它是可以广泛地彼此替代的，不是唯一的，不是目的，而是达到目的的手段，只是在作为刺激学生发展的手段之时，才会发挥教育的功能。前者是目的型教材观，后者是手段型教材观。

目的型教材观从教师的角度出发，把作为学科内容的教材视为完成教学任务的决定性因素，掌握教材成为目的。在这里，把教材习得本身等同于基于教材习得的学生发展。教学就是扎扎实实地掌握教材知识、储存教材知识，以发展学生的能力，特别是记忆力。这样，不仅教师对教材的自主编制、教材自主开发受到限制，且教材研究工作也往往不自觉地被排斥在外。教师教授教材成了单纯的内容传递，成了内容执行，既不能有效地引发学生与教材的互动，也不能激发教师对教学资源的开拓发掘。从目的型教材观来看，教材是权威的教学内容，是教学的基本甚至唯一依据。在这种定位下，教材在教学中的地位当然是至高无上的，是教学的出发点和归宿，课堂教学就变成了“以本为本”，教师备课首要应“吃透教材”，学生学习应“围绕教材”，学校考试应“紧扣教材”，试题答案应和教材“保持一致”，等等。简而言之，就是“教教材”，这在一定程度上是目的型教材观的认识在教学实践中的反映。②

手段型教材观则把学生借助教材达成的素养发展视为教材的作用。掌握教材

---

① 杨启亮，教材的功能：一种超越知识观的解释［J］. 课程・教材・教法，2002（12）：10–13.

② 高凌飚. 关于新课程教科书的几点思考［J］. 课程・教材・教法，2002（9）：16–20.

只是达到培养学生的目的的手段。从手段型教材观来看，由于在教材与目标之间存在距离，教师的教材研究、教材解释甚至教材开发就有可能介入，就有了现实意义，为达到目的服务。教材不仅仅是学生学习的直接对象，更是智慧训练、情感态度涵养的材料，是桥梁。学生只有自由地、能动地作用于教材的教学场合，才能自主地获得发展，利用已知的知识不断建构和丰富新的知识结构。这种学习能够充分保障学生的发展，但并不意味着作为学科内容的知识、概念、法则的习得就不重要了。从手段型教材观来看，教材应当是帮助学生学习并学会学习的工具与桥梁，是引导学生理解认识人类已有经验和知识的媒介，是课堂学习的知识资源，是促进学生形成健康的情感态度和正确的价值观的催化剂，是实现培养目标的手段。简而言之，就是“用教材教”。这是现代课程观对教材的要求，也是对教科书功能的重新认识和定位。①

在教学实践中是“教教材”，还是“用教材教”，清晰地反映了上述两种教材观——“目的型教材观”和“手段型教材观”的分歧。在“教教材”的场合，教材自身是教学的目的。这种教学往往容易陷入灌输式教学。在“用教材教”的场合，教材只作为学生的学习手段或媒介。②

二、教科书的主要功能

鉴于教科书的“意义”“价值”“作用”“功能”在一定程度上有着本质的同一性和交叉性，我们往往不刻意在文辞上纠缠、赘述，有时会模糊使用。

依据不同的标准，在基本的教材观的基础上，人们往往可以把教科书的功能分成不同种类。

如果从政治学、社会学的视角出发，教科书具有的功能主要体现在：社会政治经济合法化、社会意识形态的维护、社会层的工具、制度文化的保存与活化、政治社会化等方面。③

如果主要从教学——教师的教和学生的学来看，教科书作为一个整体，它特有的功能不同于正文系统和辅助系统以及其下属的系统各结构的特有功能，教科

① 高凌飚. 关于新课程教科书的几点思考［J］. 课程·教材·教法，2002（9）：16-20.

② 钟启泉. 确立科学教材观：教材创新的根本课题［J］. 教育发展研究，2007（12）：1-7.

③ 吴永军. 课程社会学［M］. 南京：南京师范大学出版社，1999：134-142.

书的整体功能主要包括增加知识内容广度和深度的功能、进行思想品德教育的功能、发展智力的功能、学生主体自学的功能、学生主体自我检测的功能、复习巩固的功能等。①

如果从社会整体的视野看，教科书是一种功能的集合体。它既有基本的教学功能，也有知识传递功能，更有意识形态功能。主要包括传递人类文化遗产和科研成果的功能，促进社会教育的功能，促进科学技术发展的功能，促进国际文化教育交流与合作的功能，促进文化出版业的发展、促进民族融合和社会平等与民主的功能，促进学校教育改革的功能，提高学校教育教学质量的功能，促进学科建设和课程建设的功能，促进学生个性全面发展的功能等。②还可以认为教科书具有如下功能：作为学生掌握信息的基本源泉的功能；将科学知识体系改编成教学体系的变换功能；授予学生以科学系统化方法的功能；谋求知识与技能的巩固功能；培养学生自学活动的自我教育功能；从学生周围的大量信息中选择基本信息，将各部分组合成一个整体、赋予统一知识的综合功能；作为政治和意识形态教育手段的教育功能；等等。③

教科书作为一种独特的文本，尽管有各种异常复杂的功能，但主要功能应该是清楚而易于理解的，那就是向学生传授科学知识的功能、向学生宣传特定意识形态的功能、发展学生心智能力或素养的功能，以及辅助教师教学的功能。功能与结构有关系。结构是为了解决基本问题的一系列要素的组合方式。教科书要解决的基本问题是，如何使学生掌握科学知识，如何使学生明白做人道理，如何使学生发展心智，解决这一系列问题的要素组合方式就是结构，比如通过正文系统与辅助系统，通过选择不同的课文内容，向学生传授科学知识、教授政治性内容、安排活动性内容等，这就是教科书发挥的作用。这些作用是教科书的应有之作用，它们就是教科书的功能。

教科书的主要功能是教科书在教学中、在学生发展中、在主流文化传承中发挥的基本作用。正是它对学生发展的作用、对教学实际需求的满足，以及它直接

---

① 姚锦祥，赵亚夫. 历史课程与教学研究1979—2009［M］. 南京：南京师范大学出版社，2014：147.

② 曾天山. 教材论［M］. 南昌：江西教育出版社，1997：30-31.

③ 曾天山. 国外关于教科书功能论争的述评［J］. 西南师范大学学报（人文社会科学版），1998（2）：57-62.

服务于国家政治需要的能力、服务于国家培养人才的能力，使其成为教育中极为重要的组成部分。

（一）教科书促进学生发展

教科书最明显的产生动因和永恒追求是教学生、培养学生。

尽管人们暂时不一定说得出教科书到底在教学生的过程中发挥了什么作用，具有什么意义与价值，但教科书的重要性却是毋庸置疑的。犹如人们从出生就开始吃东西，这些东西到底在哪里起作用，我们也说不清楚，但我们会肯定这些食物的作用。恰如美国学者多伦所说："这个国家若没有教科书是难以想象的，其实是不可能的……教科书在我们的日常生活中一直处于中心的支配地位。"①在我们看来，人们的知识、观念，至少部分甚至大部分，都是由他们儿时所学的教科书所塑造的。最简单不过的是，我们绝大多数人的理科知识，如数学、物理、化学等知识，基本上是教科书给予的，我们的教科书达到什么程度，我们这方面的知识与认知结构就达到什么程度。即便是人文学科知识，多数人的系统知识也来自教科书。很少有人读完《儒林外史》，但很多人知道《儒林外史》，因为我们学过"范进中举"；我们知道高尔基，是因为我们在学校高声朗诵过他的《海燕》；法国作者都德在世界文学史上的地位，绝对达不到在中国这样家喻户晓的地步，而我们知道他是因为在学校学过他的《最后一课》……

学生通过教科书文本学习各种知识、道德、准则等，以教科书文本提示的角度思考问题，根据教科书文本对某一事物或人物的重视程度形成某些看法或调整自己对这些问题的看法。在教科书文本的指引下，教科书对某一人物、某一主张的强调程度往往与学生对同一人物、同一主张的重视程度成正比。教科书文本否定甚至空无（不出现）某件事、某个人，学生就不一定知道这件事、这个人，至少认为这件事、这个人不重要，或将其看成是负面的（这就可以解释为什么一些人对教科书中没有出现某一课文或某些内容那么重视）。这就是教科书对学生的影响与控制。因为在初始阶段，教科书是学生们最容易获得的、最信赖的信息源泉，是他们最容易接近也是最让人放心的教师，是最可靠的朋友。于是，教科书在学生那里，成了新认识论的指挥中心和智慧源泉，显著影响并塑造学生们对于

---

① 瞿葆奎. 教育学文集·课程与教材：下册［M］. 北京：人民教育出版社，1993：113.

所有话题——政治、经济、教育、外交、宗教、科学的理解。教科书指挥学生们去了解谁、向谁学习、读谁的书、读什么样的书，教科书源源不绝地向学生输送挑选过的知识与观念。在这一点上，教科书甚至成了“元媒介”“元智慧”，成了一种不仅决定学生对世界的认识，而且决定他们怎样认识世界的工具。更重要的是，孩童时代获得的认识往往是根深蒂固、潜移默化、终生难忘的。对于20世纪50—70年代出生的人来讲，《狼来了》所传递的“不能说谎”的教诲，是那么强烈地影响着一代又一代的学童，其影响力是不可估量的。20世纪70年代，智利总统阿连德在接受记者采访时也说，对他影响最大的书是小学识字课本。[①]教科书之所以有如此大的影响力，是因为它天然地能够放低身段，在学校、社区，在寻常百姓家庭的日常学习中“精耕细作”，成为塑造学生、构筑学生精神生活和公共生活的一种潜移默化的、春风化雨般的力量。

很明显，教科书在学校中、在教室里成为师生话语的基本象征，成为学生们的主要读物，甚至在课下，在校外，教科书也占据了学生大量的时间，占领着学生有限的私密空间（撑起学生的书包、占满学生的书桌），影响着学生的思想。

具体来看，教科书对学生的培养和发展的意义主要从两方面体现出来，一是传授科学知识，使学生从无知到有知，从知之不多到知之较多，发展学生的认知与心智。一个人拥有的知识，比如自然科学方面的知识，绝大多数来自数理化教科书，除非他日后从事自然科学的教学与研究工作，否则，他们这方面的知识，不论范围还是程度，基本上都由教科书限定。即便是人文方面的系统知识，比如文史哲知识，也多由教科书限定（不包括少数将继续从事文史哲研究的学生）。我们为什么知道都德的《最后一课》？因为教科书中出现过，多数人不会再去看原著。教科书是人们获取外在知识的重要渠道，有时候（比如在信息媒介单一的时代或相对封闭的地方）几乎是唯一渠道。曾经在绍兴中西学堂就读的蒋梦麟回忆说：“我在中西学堂首先学到的一件不可思议的事是地圆说。我一向认为地球是平的。后来先生又告诉我，闪电是阴电和阳电撞击的结果，并不是电神的镜子里发出来的闪光；雷的成因也相同，并非雷神击鼓所生。这简直使我目瞪口呆。……过去为我们所崇拜的神佛，像是烈日照射下的雪人，一个接着一个融

---

① 吴亮. 阅读前史和书的轮回［J］. 书城，2010（6）：42.

化。”[①]在某种意义上，教科书是科学传播最佳的文本载体。教科书传播科学知识，有着学术书籍和一般大众媒介无可比拟的优势。学术书籍大多内容艰深，晦涩难懂，不利于青少年接受；大众媒介如电视、报纸，选材内容多随意、零散，追求时效性和娱乐性，缺少系统性和教诲性，而且它们的权威性也不够，不适合课堂的教学。相比之下，教科书中的科学知识经过改编和加工，内容安排符合学生身心发展规律，更加适合对知识和世界充满好奇与渴望的青少年；它分级分科教授，循序渐进，系统而完整地传递着人类优秀的科学成果；它影响周期长，覆盖青少年的整个学龄阶段。这些小小的课本虽然内容偏于浅显，但它产生的影响不容小觑。

二是讲述人生准则，使学生明白哪些是值得做的，哪些是应该向往的，启迪学生的德性和善行。教科书及其学习比其他任何一种知性行为产生的理性、德性（即便教科书有这样那样的不足）都多。任何一种理论或宣讲在力度与影响力方面都比不上教科书。教科书利用自己的可靠地位和传统优势，从学生年幼时开始，年复一年地向学生传递特定的人生观、价值观，逐渐形成学生的世界观。阿普尔认为，教科书是社会系统中强化学生责任感、道德心和文化正确性的一部分。教科书自身就是道德规范体系的一部分。[②]

教科书尽管有宣传社会主流意识形态、传承文化的功能与作用，但这些作用大多数是通过学生实现的。教科书对学生个人的价值多为直接的，对社会的价值却多为间接的，教科书的全部价值只有在满足学生个体发展需要的基础上才能实现。离开对学生个体发展的培养，教科书的社会价值将荡然无存。

教科书对学生的价值要求我们不能只把教科书当作单向传输信息的载体和工具。教科书虽然载负着某些知识、信息，但学生学习教科书不应该是被动地接纳这些知识、信息，不应该为了应付考试去死记硬背，将它们纳入自己的记忆中。本质上，教科书对学生发展的重要意义是“激活”，是要成为一种“活性因子”，它的主要功能是要增强学生自我发展、自我完善、自我建构的机能——“造血机能”。

---

① 蒋梦麟. 西潮［M］. 台北：致良出版社，1990：64.

② 阿普尔，克丽斯蒂安–史密斯. 教科书政治学［M］. 侯定凯，译. 上海：华东师范大学出版社，2005：7，9.

在特定的情况下，教科书为了促进学生发展，直接设置内容与活动发展和训练学生的心智、能力、素养。教科书此时重心不在于传授某种科学知识，也不在于灌输某些伦理道德，而在于训练思维智力，培养能力。这有点类似于西方的形式教育论。中国古代那些纯运算的、智力型的题目，如“鸡兔同笼”等练习就是这一功能的典型表现。此时，教科书政治的或知识传播的意义不是很明显。即便这样脱离真实生活内容的极端训练是不可取的，但教科书这一功能还是存在的。

教科书需要传授知识技能，却不以此为唯一目的，而应以此为目的之一，甚至以此为途径与手段，通过它去实现能力培养、心灵发展的目的。在我国，基础教育“知识本位”的观念有着根深蒂固的影响，以致许多人把教科书仅仅看作学科知识（应试的学科）的载体，作为应付升学考试的权威文本，从而忽视了教育要培养学生知识获得背后的素养、能力，以及那种不屈从权威、大胆质疑、不断实验和求真的方法和精神。教科书的义务不仅仅是传授知识，它还不能忽视学生的好奇和质疑。不能让教科书的学习变成一天到晚地阅读文本，需要设计更多的活动，让学生亲自试验和探索。对此，诺贝尔物理学奖得主费曼曾经大发感慨——当他在课堂上发现巴西大学生把课本知识背得滚瓜烂熟，而不知道独立思考，更不擅长用实验探究最常见的物理现象时，他认为这是一种教育方向上的错误。①

（二）教科书传授科学知识

科学知识对人类的发展极为重要，人类是在学习前人知识的基础上不断创造新知而发展进步的。忽略知识的继承、积累与传授，人类就不可能发展。

杜威对学生的“经验”无比重视，但他同时也非常看重知识的价值，认为“今天比以往任何时候都在更大程度上要依赖自然科学和社会科学的事实和原理的知识”，儿童个体的发展与成长需要学习人类经验积累起来的以文字图像符号形式呈现的科学文化知识，因为“知识不仅以语言文字图像符号为载体积累着人类认识事物的经验，而且也凝结着人类谋求合理生存的智慧，蕴含着科学精神和人文精神”。②教科书文本形成的初衷或目的之一就是向学生传授科学

---

① 费曼. 别闹了，费曼先生［M］. 吴程远，译. 北京：生活·读书·新知三联书店，2005：223.

② 王道俊. 知识的教育价值及其实现方式问题初探：兼谈对杜威教育思想的某些认识［J］. 课程·教材·教法，2011（1）：14–32.

文化知识，使知识得以积累与传递。比如“地球是圆的”“水的化学分子式是什么”“《祝福》的作者是谁？”“1+1=？”，等等。这里所指的科学知识是广义的，涉及自然科学与人文科学。一般而言，任何人的系统科学知识，都是从学校、从教科书的学习中获得的，完全自学成才的可以忽略不计。美国学者多伦（Doren）就曾说道：“这个国家若没有教科书是难以想象的，其实是不可能的；从第一本识字课本到最边缘科学体系的教科书，从盖有透明胶片的儿童识字课本到图解指南，教科书在我们的日常生活中一直处于中心的支配地位。从形式上说，这些教科书是我国教育工作的共同标准：它向无数方向扩展，但它本身是基础或根基。”①

教科书内容“反映了思维科学、自然科学和社会科学的各个方面”。②教科书传授科学知识，首先它有明确的传授对象——学生；其次它有着学术书籍和一般大众媒介无可比拟的优势。教科书强调基础性知识，追求知识体系的完整性，尽力勾勒出一个学科的全貌，最系统地介绍一门学科的基础知识与核心观点。如果一个人连教科书都没有阅读与学习，虽不敢说聪明智慧因此缺失，至少其在成长过程中知识的获得将艰难得多。相较于标新立异的个人主观观点，教科书更相信经典，教科书内容虽然与时俱进，却从不放弃对基础知识和能力的诉求。可以说：“教科书是读者最多、最特殊、最被读者信赖甚至依赖、最耗费读者精力和时间、对读者影响最深远的文本。”③

随着近代科学的纵深发展，科学的分支越来越细化，学科之间往往具有自己的一套概念和逻辑体系。现代意义上的教科书的一大特点是分科目编撰，教科书这种分科的做法很大程度上沿袭了学术上的学科分类体系。正是因为这种沿袭，原有学科的学科逻辑和话语体系也得以完整地保存，教育也通过教科书这一媒介有了与学术研究直接的联系。从教育意义上讲，教科书分科的做法具有突出的优势。分科可以让学生直接且深入地领略该学科的研究对象、方法、逻辑和最新进展，清楚了解各学科的研究目的和边界，有利于学生获得相对系统完整的科学知识体系，也有利于后继科学研究的深入和创新。当然，分科过细又必然带来弊

① 瞿葆奎.教育学文集·课程与教材：下册［M］.北京：人民教育出版社，1993：113.
② 曾天山.教材论［M］.江西：教育出版社，1997：30.
③ 石鸥，石玉.论教科书的基本特征［J］.教育研究，2012（4）：12-16.

端，日益局限了学科的发展，跨学科、综合学科逐渐兴起，这反过来又推进教科书的改革——综合化趋势，这显然是任重道远的事业。

凭借教科书这一重要载体，科学知识从密封的实验室、高深的象牙塔走向万千大众，教科书成为科学启蒙的重要媒介。教科书的这一巨大功能和影响，得益于它那广大年轻受众，得益于系统而循序渐进的内容安排，得益于几乎覆盖整个学龄阶段的持续熏陶。同样，教科书沿袭学术分科体系的分门别类的做法也有助于科学知识各个分支在学校的影响与传播。对于近代中国，教科书的分科编写和教授极大地促进了西方学术体系在中国的建立和传播普及，推动了近代的科学启蒙和进步。

教科书传授科学知识，而科学本质在于客观、求真。教科书传授科学知识的特点，决定了教科书求真、重事实、重客观的特征，所以，并非任何知识都可以进入教科书，科学知识之所以能够进入教科书，正在于它对于人类启蒙的巨大威力，它不屈从任何权威，赋予人理性求真的精神和前所未有的创新勇气，在传统权威和大自然面前展示出神奇的力量。因此，科学知识才能在教科书中驱逐迷信，驱逐非科学的内容，塑造教科书客观求真的宗旨。当然，求真的特殊性也必将被挑战，受到求善的挑战，这是教科书的另一个重要本质特征。

（三）教科书传播国家意识形态

教科书不仅具有知识传授的功能，还有宣扬主流价值观的功能，其本质上是道德的教化和教诲功能体现在向学生传达某些道德伦理，旨在使学生明白某些做人的道理。这明显涉及特定社会主流价值观的普及，涉及主流文化的传承，体现着国家意志和意识形态。

有关世界如何运作与应该如何运作的一套相互关联的态度、假设、价值和期待，称为意识形态（ideology）。意识形态可能是个人的，个体甚至文本都可能具有或反映某种意识形态，但意识形态通常是指由不同团体或整体文化所共有的态度和价值系统，意识形态往往由社会支配集团和主流文化决定。每个社会都有意识形态作为形成“大众想法”或共识的基础，而社会中大多数人通常都看不见它。绝大多数人倾向于接受主流的意识形态而不觉。根据《简明不列颠百科全书》的解释：“意识形态是社会哲学或政治哲学的一种形式。它是一种观念体系，旨在解释世界并改造世界。”“社会主流意识形态是指反映该社会占统治地位的经济制度和政治制度，并为其服务的意识形态，它是该社会的精神标志。”[①]

1. 教科书具有意识形态传播的普遍性

教科书的意图之一就是用一种或多种理性的，能够被学生、教师以及社会所接受的方式，为特定的历史和文化提供一种特定的解释，同时也为特定的理论与信念提供特定的解释。教科书传授的观念，本质上都是意识形态的体现，是社会主流价值观的反映。这既是培养一定社会所需要的学生的必然目标，也是特定社会进行自我宣传的需要。

任何教科书都担负着宣传民族优势文化、弘扬主流价值观、反映国家意识形态等职责。1965年，美国学者谢弗在《学校研究》秋季号上发表了一篇题为《反省、价值标准和社会学科教科书》的论文，使用频率统计和内容分析法对93本美国教科书的内容进行了研究。结果发现，美国学校使用的教科书努力向学生灌输某些抽象的政治准则（如平等、民主、自由和宽容等），特别强调爱国主义、国家至上的政治观念。[②]美国学者阿普尔强调教科书的政治价值，认为教科书是阐明意识形态的一个有效途径。他具体分析了社会学科的教科书后发现，美国教科书内容回避了国家的政治现实，提供给学生的是高度理想化的政治结构和过程，强调对国家的爱和忠诚，忽视了美国政府工作的运行、种族、社会阶级等问题，从而隐藏了社会生活中的对立、冲突和争论，提供给学生的是秩序井然、毫无歧见或异端的完整的世界观。他还发现甚至一贯被认为是客观、中立的美国数理学科教科书，也违反了科学的历史和现实，提供给学生不合实际的、保守的观点。这种做法是有意的，是为了避免对立、冲突，以维持社会秩序。[③]

教科书是学生社会化的重要工具，它代表着人类社会对重要知识和世界观的看法，宣传主流意识形态，并且在很大程度上塑造学生的思想观念。教科书既可以使学生的态度和认识发生变化，也可以使学生的行为发生变化，因为其必然影

---

① 《简明不列颠百科全书》编辑部. 简明不列颠百科全书［M］. 北京：中国大百科全书出版社，1986.

② 肖强，马云鹏. 教科书价值取向研究：以高中思想政治课为例［J］. 教育科学，2009（1）：53–57.

③ APPLE M. W. The hidden curriculum and the nature of conflict［J］. Interchange，1971，2（4）：27–40.

响学生的态度和思想，而态度和思想的变化必然会带来行为的变化。这就是教科书传播意识形态的价值或意义，它具有一定的普遍性。

2. 教科书在意识形态传播中发挥重要作用

教科书在主流意识形态宣传或传播中起了很大的作用。英国的麦克·F. D. 扬与伯恩斯坦在1971年出版的《知识与控制》一书中提出了从社会学角度对教科书进行分析的思想，建立起教科书分析的理论，并认为政治经济对教科书内容的选择与教育知识的分配具有重大作用，探讨了知识与价值、知识与控制之间的关系[①]，认为教科书是意识形态传播的重要工具。阿普尔等人也认为，教科书是政治的产物，学校应该教授什么、如何教授这些知识以及如何评价这些知识，受到了不断变化的意识形态氛围的影响。[②]甚至可以说，教科书就是传播国家主流意识形态、体现国家意志的主要媒介。[③]

我国现代教科书是救亡图存思想的产物。教科书在中国近代一出现，就表现出浓厚的社会性，在应对时代危机中突显出来，其本质是救亡。面对严峻局势，在民族、国家面临危机之时，人们在寻找精神武器的过程中，敏锐地发现并利用了教科书。清末民初的知识分子视教科书为救国的工具，强调教科书的实用性、实效性。此时，教科书主要是图存求强、保卫国家的利器，而到了20世纪30—40年代，教科书则主要成为抗日的宣传册。60—70年代，教科书主要是“文化大革命”的红色宣传单。这就是教科书具有较强意识形态属性的一面。

任何国家为了本身政权的稳定与发展，都要在其政权体制内传播主流的政治意识形态，教导下一代服从国家所设定的信仰系统。事实上，学校教育特别是教科书，被视为实现这一目标的最强有力的工具。一是因为教科书的读者大多数是未成年人，教科书为学生和上层建筑世界的联系提供了纽带，同时也帮助他们内化了对于主流社会的认识。二是因为唯有教科书才能真正被所有学生阅读。

3. 教科书促进国家政权认同

教科书在意识形态的传播、特定社会自我复制的过程中，最大的功能是引导

---

① 肖强，马云鹏. 教科书价值取向研究：以高中思想政治课为例［J］. 教育科学，2009（1）：53–57.

② 阿普尔，克丽斯蒂安–史密斯. 教科书政治学［M］. 侯定凯，译. 上海：华东师范大学出版社，2005：7.

③ 方成智. 艰难的规整：解放初期教科书之研究［M］. 长沙：湖南师范大学出版社，2012.

国家认同、维护社会稳定。任何国家政权的存在都有一个认同问题，主要关心的是政府或政权能否以及怎样在广大社会成员的心理认同的基础上有效运行，即如何使国家统治取信于民。从广义上理解，这就是国家政权的正统性和正当性，是一个合法性问题。《布莱克维尔政治学百科全书》对“合法性”的释义是：“它是一种特性，这种特性不是来自正式的法律和法令，而是来自由有关规范所判定的、‘下属’据以给予积极支持的社会认可和‘适当性’。”[①]注意：这里“法”是指规律、公认的规则，与电脑术语“非法操作”的“法”的含义相同，不是指当局的法律条文。“如果某一公民都愿意遵守当权者制定和实施的法规，而且还不仅仅是因为若不遵守就会受到惩处，而是因为他们确信遵守是应该的，那么，这种政治权威就是合法的……”[②]由此可见，合法性被看作是国家政权有效统治和政治稳定的基础。一个国家政权取得合法性，就意味着社会成员对政权体系的高度心理认同和服从行为的自觉发生，也就意味着该政权的统治权力被认可。合法性不可能自发获得，更不可能一劳永逸地保有。如何赢得、维护和加强合法性，是任何国家政权都必须认真对待和解决的问题。

“认同”在现代汉语中有两种含义：一是认为跟自己有共同之处而感到亲切；二是承认、认可。将“认”和“同”的含义复合来说，“认同”还有赞同、同意的意思，其义与承认有相似之处。[③]认同是社会行为主体在社会交往活动中形成的一种自我认知。认同不仅是一种心理层面的自我感受，而且具有重要的社会政治功能：“它关系到我们是谁，我们归属何处，谁是我们的同类，谁在我们团体之中，谁又被排除在这个团体之外。”[④]那么，政权和国家要怎样才能得到人民大众的广泛认可、忠诚和服从呢？

一般而言，作为执政党可以通过多种途径来培养、建构一个社会的认同体

---

① 米勒，博格丹诺. 布莱克维尔政治学百科全书［M］. 邓正来，等译. 北京：中国政法大学出版社，2002：410.

② 白钢. 论政治的合法性原理［J］. 天津社会科学，2002（4）：42–51.

③ 张惠康. 改革开放进程中的中国参政党［M］. 北京：中共中央党校出版社，2009：286.

④ FARRANDS C. Society，modernity and social change：approaches to nationalism and identity［M］// KRAUSE J，RENWICK N. Identities in international relations. New York：St. Martin’s Press，Inc.，1996：1.

系。比如掌握国家机器、提高执政绩效等。其中通过教育，培养年轻一代是建构社会认同的核心手段，也就是说，一个国家，要维护其政治权威的认同和维持稳定的政治秩序，首先要使其教育体系得以建立并有效地影响和塑造年轻人，同时，发挥主流价值观在社会政治生活中的作用，以凝聚社会成员。正如意大利的葛兰西所说，统治集团主要依靠说服、教育等意识形态一致化的途径来实现对从属集团的精神和道德领导。[①]

政治认同与文化认同的培养主要依赖于学校教育，而学校最重要的工具是教科书，原因有以下几点。

第一，学校以教科书的教学为中心，学生以教科书的学习为主。学生的成长阶段主要在学校度过。因此，社会会通过严格控制，长年累月地将浸透了其主流价值观的教科书，按部就班地教给学生。

第二，教科书遵循教育教学的规律，以教育、发展的名义来高效率地传授特定社会的支配思想，使学生在潜移默化中感受、认同，无须用高压、暴力的手段迫使学生接受。

第三，学生是未成年人，本身具有很大的可塑性。这也使得教科书的教育、宣传、灌输成为可能并且有效甚至高效。

可见，学校教育对于国家政权认同意义非凡，而作为在学校教育教学活动中最具体的传递工具——教科书，能为政治权力合法性提供最有效的支持，它当仁不让地成为国家政权认同的主要工具。

著名社会学者涂尔干曾指出，教育的目标在于发展儿童身体的、知识的及道德的能力，使其能适应社会生活的要求。一方面，教科书通过传承主流社会的行为规范及价值标准，协助儿童社会化，使儿童接受并学习社会所期望的一整套行为准则，使他们能顺利融入社会群体，并以此来规范所有社会成员的行为，这样人人都照章办事，整个社会就井然有序了。另一方面，教科书使个人对社会国家具有认同感，这种认同感，是促进社会安定团结的基础。另外，学校教育及课程具有分化功能，不同的工作与生活所需要的课程是不一样的，学校的课程、教科书通过提供一些必要的知识使学生能顺利地从事某种职业。换言之，学校通过对

---

① 何增科. 市民社会与文化领导权：葛兰西的理论［J］. 中国社会科学季刊（香港），1993（3）：30.

学生实施不同层次、不同类别的教育，把学生分配到不同的职业层次中的不同岗位上，为他们爱岗敬业打下坚实的基础。因此，就社会结构功能论的观点而言，教育具有正面的生产功能，教科书是维持社会团结安定的重要手段。阿普尔于1979年曾指出，教育不是一个中立的事业，学校教育是阶级关系中政治、经济、文化再制的有力行动者。①从历史上看，任何社会的统治阶级都会将其认可的价值理念和文化当作是正确的、合理的、合法的知识写进教科书里，让学生接受并内化。一般来说，社会、学校师生及家长都视教科书为理所当然的存在，很少怀疑教科书中的知识的正确性。这样，通过学校教育、教科书，下一代就习得了社会的基本的价值观、政治态度，完成了政治认同的任务。

（四）教科书传承和创新文化

具有传播知识、灌输道理、探寻关系功能的教科书当然也成为传统文化传承与延续的保障。教科书浓缩了整个世界文明史，能够在一代代年轻人那里复活传统的优秀文化。它把本民族认为最值得保存、最优秀的文化传承给年轻人。

我们的各种观念、情操和习俗构成一套完整的体系。这套体系，可以被称为文化。处于这种文化之中的我们，“日用而不知”，但是正是这种文化，成为区分我们和“他者”的主要判断标准。在一定的区域内，各种宗教信条、道德信条和习俗、民族传统以及集体的文化观念等，超越了时间和空间的限制，构成了某一范围内人们共同遵守的准则，而且，这种准则还增加了人们的向心力和凝聚力，成为人们团结一致的思想准绳。文化对于社会的延续和发展的意义是不言而喻的，但文化不可能通过亲子之间的代系传递自然获得，而是必须依托教育，或者更明确地说需要依托教育的主要抓手和载体——教科书来习得、传播和巩固。教科书是传承这些社会文化的最主要也是最有效的手段。

教科书是思想文化的稳定的传承者。传统文化是通过课本保存和传递下来的，文字是文化保存的载体，但它无法活化，活化有赖于一代代人的理解与身体力行，这就离不开教科书。

教科书是传统文化的确定者。传统文化十分庞杂，只有经过教科书筛选保留的内容，以及对这些内容的整合，才构成传承意义上的文化体系。教科书体系

---

① 贾馥茗. 教育大辞书 6［M］. 台北：台湾编译馆，2000：929.

是需要被延续的文化体系的影像。没有出现在教科书中的文化，是有可能被遗忘的。或者说，只有进入教科书的文化，才是得到强有力保存和传承的文化。比如，不管喜欢鲁迅与否，人们对于鲁迅的认识最初且主要来自教科书中的鲁迅作品。几乎每一个上过中学的人，无一例外都读过鲁迅，都知道鲁迅笔下的孔乙己、闰土、阿Q、祥林嫂。这其中的功劳，当然主要归于语文教科书。语文教科书成为传承宝贵的民族精神遗产的主渠道、重要载体。[①]正如著名知识社会学家阿普尔所说："在全世界许多国家的学校课堂上，正是教科书为教学提供了大量的物质条件，也正是教科书确定了什么才是值得传承下去的精华和合法的文化。"[②]从中国教科书的内容看，对于忠孝节义、理智廉耻、仁爱孝悌、精忠报国、克己奉公、修己慎独等基本传统精神与文化的传承十分明显。它们是近现代中国教科书传承的重心。在这一意义上，教科书所推崇和宣扬的文化，基本体现、代表了一个时代的主流文化，教科书利用自己独特的地位，选择、剪裁、重置社会主流文化，尽可能按照学生的身心特点实施教育，逐步塑造学生的社会主流价值观，从而实现传统文化的传承和新文化的引入。

教科书在文化传承时，一般采用两种形式，一是在内容确定上，突出国家认可的主流文化价值。从理论上看，传承性实际是高度的稳定性和深刻的内在性的必然体现。教科书把传统的主流文化呈现出来，让学生习得，使之经典化、标准化，并传递下去。

二是对于与主流文化价值冲突的内容，采取放弃、空无或者简化的方式进行处理。有的教科书也许更看重中国传统文化的传承，有的更看重西方外来文化的引入，有的重文言文，有的重应用文，有的重鲁迅，有的重曹雪芹，有的要突出传统孝文化，有的则誓与旧的孝文化决裂。这类分歧涉及什么文化进入教科书的问题，涉及要传承、传播什么文化的问题，也即涉及放弃什么文化的问题。

教科书的文化传承和文化创新往往密切相关。教科书在传承优秀传统文化的同时，也不断引入和创新文化，呈现丰富多样的文化，成为新文化的推广和

---

① 寿永明，王晓初. 回顾与反思：鲁迅研究的前沿与趋势［M］. 上海：上海三联书店，2010：201.

② 阿普尔，克丽斯蒂安-史密斯. 教科书政治学［M］. 侯定凯，译. 上海：华东师范大学出版社，2005：95.

普及者。

从教科书的意义看，所谓文化创新，就是通过教科书引入外来学科知识及其思想、概念体系，并进行创造性解读，使得外来文明与知识体系进入中国文化系统，并形成互动，最终融入中国文化或成为中国人认同的文化。首先，教科书常常援引本土传统资源来解释西方文化概念，又选择性引介西方文明，通过特殊的意译方式，将外来文化植入中国传统文化，比如“国家”“社会”“科学”等。教科书作为中外文化接触的载体，忠实地记录了外来文化引入的复杂过程。教科书对外来文化的引入与介绍，往往通过选择译词、人物、故事、国家，限定释义，不自觉地影响中文语境中的文化观念与认识。教科书是我们了解外来文化的最主要的知识来源。对于当时习惯于传统的“经”“史”“子”“集”学问分类的中国读书人而言，随教科书等新型媒介而来的西方学科划分的新知识，本质上带来了一场脱胎换骨的大转变，这对于中国知识分子及中国学术界是一场浩大的“知识生产”（the production of knowledge）或知识创新。近代以来，各种西方知识在中西互动的格局下逐步在中国形成体系，并通过教科书等各种形式广为传播，从而成为某种程度上的公众知识。教科书是最能够生产或创新公众知识的。①

传承并非简单的抄袭、照搬、继承、借用。教科书传承优秀文化，绝不是照搬照抄旧文化，而是蕴含一定的整合及创新，是在原有文化上的创新性发展，是以本民族文化为基础，辅以一定的外来文化，彼此激荡，共同推进中国文化的发展。可以说，在中国，许多新知识的产生，不纯粹是来自对传统知识的传承，而是在或吸收西学，或汲取东学的基础上相互交流碰撞的结果。其中教科书扮演着重要角色，“教科书常常很明确地尝试去创建一个新文化世界”。②

历史上，我国近现代教科书在引介现代科学文化、政治民主文化和现代伦理文化上作出过重要贡献，现在仍然在作出贡献。

---

① 张仲民，章可．近代中国的知识生产与文化政治：以教科书为中心［M］．上海：复旦大学出版社，2014：“前言”．

② 阿普尔，克丽斯蒂安-史密斯．教科书政治学［M］．侯定凯，译．上海：华东师范大学出版社，2005.

"科学"一词在中文出版物中第一次出现是康有为翻译日文时所用。[①]而"科学"一词的普及并被广泛接受，现代科学技术知识的传播，科学理性的启蒙，在一定程度上竟然由清末民初小小的教科书所担当。[②]中日甲午战争后，新式学堂及其学生大量增加，近代教育走出精英圈子而面向广大民众，独立意义上的科学教科书产生了，[③]并大规模出现。科学知识如开闸之水，在中国势如潮涌。一旦教科书拥有遍及城乡的海量受众群体，真正大规模引进和推广西方科学的工具就非教科书莫属了，恰如美国教授任达（Douglas R. Reynolds）所说："在各类翻译材料中，对中国思想及社会最具渗透力和持久影响的莫过于教科书。"[④]之所以这么说，原因之一是教科书数量巨大。新式学堂开设以来，教科书的出现几乎势不可挡，如洪水般汹涌而来。承载着新思想、新学说的书本只有成为普及性读物或广为传阅之后，其巨大的影响力才能迸发出来。[⑤]

现代民主政治作为一种精神与社会方式也是通过早期教科书引入并被大众所了解的，是通过教科书普及并显示其力量的，民主政治的核心价值理念是通过教科书才得以浸润并激荡到社会各方面的。[⑥]清末至民国初年的中小学教科书从现代政法制度的宣扬、公民自治能力的提倡、公共事业与公德的推广等维度基本展现了理想化的民主政治图景，构建了较为完整的民主政治话语体系，影响学生并使其成为推动近代民主化进程的主要力量。在一定意义上，清末民初的教科书在启蒙的地平线上撒播现代文明的价值甚至超过那些思想家和改革家。使科学、民主由少数知识精英关注的对象而成为浸润社会民众的普遍思想，冲击和改变着人们的既有观念、塑造着国民新的精神与生活取向的，正是浅显易懂、朗朗上口的

---

① 樊洪业，王扬宗. 西学东渐：科学在中国的传播［M］. 长沙：湖南科学技术出版社，2000：190.

② 石鸥，吴小鸥. 清末民初教科书的科学启蒙［J］. 高等教育研究，2012（11）：85–90.

③ 石鸥. 最不该忽视的研究：关于教科书研究的几点思考［J］. 湖南师范大学教育科学学报，2007（5）：5–9.

④ 任达. 新政革命与日本：中国，1892—1912［M］. 李仲贤，译. 南京：江苏人民出版社，1998：132–133.

⑤ 吴小鸥. 启蒙之光：浙江知识分子与中国近现代教科书发展［M］. 杭州：浙江工商大学出版社，2016：54.

⑥ 石鸥，吴小鸥. 从有限渗入到广泛传播：清末民初中小学教科书的民主政治启蒙意义［J］. 教育学报，2010（1）：62–70.

教科书，而不是精英们深刻的“高头讲章”。或者说，能够认同当时的思想家、改革家的观点的人，都是读着教科书成长起来的。[①]

教科书在现代伦理精神的引入与普及上，也发挥了重要作用。所谓伦理精神，是人的自觉道德理念以及精神世界的展示，是人类对自身生命秩序的调节，也是调节社会成员伦理关系、构建完善的社会秩序的基本价值准则。[②]伦理精神主要涉及人与人、人与社会、人与自身的协调关系和一定社会整体发展的内在秩序体系，体现了在一定社会中的人们如何把握人生、如何调节人生从而促进社会发展。同时它又体现了社会中的伦理规范、伦理行为一定的价值取向，因此是一定社会或民族社会生活基本秩序及其伦理品性的生长过程。

中国传统伦理思想源远流长，且以儒家伦理思想为核心，表现出重群体轻个体、重私德轻公德等特点。鸦片战争后，洋务派极力主张向西方学习，以改变当时国弱挨打的局面。但洋务派认为中国的传统伦理是无所不包的，也是万世永恒的，只需向西方学习“坚船利甲”的实用技术就能达到富国强兵之目的，“中体西用”思想是在不改变传统伦理基础上来嫁接西方科技。此时，我们看不到关于现代伦理精神的内容。中日甲午战争后，知识精英们变法变制，救亡图存。“与知识精英对传统价值的怀疑相应的，是传统的价值结构在日渐解体。”[③]严复在其著名的《原强》中，痛言“民智已下矣，民德已衰矣，民力已困矣”，并完整地阐释了“开民智、鼓民力、新民德”之说。在这位思想先驱者眼中，中国人的道德革新，成为国民现代化的三大重要任务之一，“新道德出焉，而新民出焉”。[④]1902年，梁启超发表《新民说》，风靡社会：“新民”应具有国家思想、权利思想、义务思想、政治能力、公德、私德、毅力等；崇尚自由、自治、自尊、进取冒险精神等。倘有如此新民，“何患无新制度？无新政府？无新

① 石鸥，吴小鸥. 从有限渗入到广泛传播：清末民初中小学教科书的民主政治启蒙意义［J］. 教育学报，2010（1）：62–70.

② 孙燕青. 社会主义功利主义：社会主义市场经济的基本伦理精神［J］. 现代哲学. 1998（2）：93–98.

③ 高瑞泉. 中国近代社会思潮［M］. 上海：华东师范大学出版社，1996：3–4.

④ 严复. 原强及修订稿［M］// 王栻. 严复集：第一册　诗文（上）. 北京：中华书局，1986：5–32.

国家？”因此“新民为今日之中国第一急务”。[①]1903年，法国的《人权宣言》在中国翻译出版，“人权”和“个人”概念开始流行。1908年鲁迅的《文化偏至论》就认为“个人一语，入中国未三四年”。[②] 也就是说直到20世纪初，富有现代伦理精神的“人权”“个人”概念才开始在中国传播开来。

从严复的“新民德”到梁启超的“道德革命”，再到陈独秀的“伦理的觉悟”，关注人权、个人、人的自然本质，高扬人的价值、人格尊严、追求平等自由的具有现代意义的伦理精神的构建艰难起步了。而在这一过程中，教科书起了极大的启蒙作用。清末民初的一些新式教科书，逐渐强调独立自主的健全人格的养成，关注自由平等观念的普及，推崇社会公共道德的遵守。教科书在新伦理精神的营造和普及中扮演着无可替代的角色。[③]

教科书的历史发展过程告诉我们，教科书不应仅仅是传承优秀传统文化，还要引进和传播新文化。教科书应强调新文化的理解与呈现，引领学生树立更科学、更理性、更开阔、更包容、更有活力的文化理想，实现社会的创新和人类文明进步。

教科书的所有功能，都指向一个目的，即培养怎样的人。在对于培养怎样的人的探寻过程中，确立传授怎样的知识、宣扬怎样的意识形态、讲授怎样的道理、探寻怎样的关系，以及培养怎样的能力等。

---

① 梁启超. 新民说［M］// 张品兴. 梁启超全集：第2册. 北京：北京出版社，1999：655-657.

② 鲁迅. 鲁迅全集：第1卷［M］. 北京：人民文学出版社，1956：185.

③ 石鸥，吴小鸥. 从有限渗入到广泛传播：清末民初中小学教科书的民主政治启蒙意义［J］. 教育学报，2010（1）：62-70.

第二章

教科书文本的基本特征

教科书作为国家意识形态、民族文化、社会进步和科学发展的集中体现，是实现培养目标的最直接的手段。特别简单而又重要的是，教科书这一文本具有最广大的读者，又最被读者信赖甚至依赖，最耗费读者精力和时间，却对读者影响最为强烈、深远持久。一代又一代的年轻人就是手捧着教科书成长起来的，在一定意义上，有怎样的教科书，就有怎样的年轻人，也就有怎样的国家和未来。这是一种怎样的文本？它和一般文本有什么联系和区别？这种文本又具备怎样的特征呢？

第一节　教科书文本类型

文本是一种供读者阅读的包含某种相对完整意义的实际语言形态，是语言艺术品的基本存在方式，是一种特定的文字存在方式。教科书文本是一种专供学生（和教师）阅读，旨在开展教学的以语言文字、数字、图像等符号为主的文字存在方式。

教科书文本既不属于单一的文学类别（尽管它有文学作品），也不属于单一的科学类别（尽管它也有科学作品）或单一的音乐、美术类别。它代表了它自己的类别，它有自己独特的性质，自身是特殊的文本。它是独一无二的，是一种综合了创作、再创作的成品。它有自己的特殊结构，在没有其他类似的参照物的情况下，它自己给自己命名，同时检验自己。教科书文本又是一个家族文本，很庞杂，有自己的谱系，需要进行必要的梳理。

分类几乎是一切学问的基础，对教科书这一特殊文本进行分类应该是教科书建设和教科书研究的基础。和其他分类一样，不同的标准，会产生不同的类型。传统意义上的教科书文本主要是根据学科、课程、管理、年级等外在特质进行分类，其共同特点是教科书自身的独特性质没有得到很好体现，主要反映的是其所依托的外在事物的特点，如学科特点、课程特点、管理特点等。这种教科书文本分类我们称为常规性的教科书文本类型，而比较能够反映教科书文本本质特征的分类则是另一种或其他几种不同的分类。

一、常规性的教科书文本类型

如前所述，我们指的常规性的教科书文本类型，主要是指依托某些外在的标准进行分类的教科书。

1. 学科型教科书

最常见的教科书文本类型是依托学科而形成的类型，即学科型教科书。有什么学科，就有什么教科书文本，学科不一样，教科书文本就不一样，比如数学、物理、语文、历史、音乐等教科书。这种分类是大家习惯的，使用时很方便，研究时也常用。但它基本上不是依据教科书本身来进行的分类，没有教科书的特点和依据，只是按照学科课程来分类，体系上依据的是学科系统。这类教科书文本的特点，往往就是所依托的学科的特点，比如数学、物理教科书的逻辑的严密性，知识的系统性、连贯性，语文教科书的人文性、感性和相对独立性等，都是与它们所依据的学科密切相关的，甚至就是学科的特点。学科型分类可以更具有综合性，这就是分为文科教科书和理科教科书的两分法，或分为人文类、理科类和体育艺术类教科书的三分法。这在本质上也是根据教科书反映的学科的共同性质或属性而决定的，只是具有更强的综合性和跨学科性。

然而基于学科的分类没有完全抓住教科书文本的特质，同样的学科编撰出不一样的教科书文本在理论上完全有可能，而不一样的学科，也可以编撰出同样性质的教科书文本。清末至民国初年的一些国文、修身教科书，性质就非常接近。这说明教科书文本还有某些自身的特质。

2. 课程型教科书

为了适应不同课程的需要而编写的教科书可以称为课程型教科书。这可以根据修习形式来分类，比如必修课教科书、选修课教科书等；也可以根据其在学生知识体系中的作用来分类，比如基础课教科书、拓展课教科书、提高课教科书等；还可以根据课程性质来分类，如实验课程教科书、普通课程教科书；更可以从课程管理层面来分类，如三级课程就往往有三级教科书。适应国家课程需要的教科书即国家教科书；适应地方课程需要的教科书即地方教科书，地方课程又可以分乡土课程和非乡土课程（比如在某省，地方课程中有乡土地理、乡土历史课程，这是乡土课程，而心理健康教育课程就不能称为乡土课程），适应乡土课程需要的教科书叫乡土教科书，适应非乡土课程需要的教科书即地方教科书；适应学校课程需要的教科书即校本课程教科书，或称校本教科书、校本教材。比如在中国，语文、数学、英语、物理、化学一般是国家课程，这类课程的教科书是国家教科书，实际也是国家课程标准教科书。而不同的省、市、区又有各自的地方课程，不同学校有不同的学校课程，这就产生了丰富多样的地方教科书和学校（校本）教科书。这类教科书的文本性质一样，只是文本内容、管理层级和归属上有很大的差别。

3. 管理型教科书

根据教科书的管理或准入方式，也可以区分不同类型的教科书。如前所述，国家教科书、地方教科书和校本课程教科书就是管理层面的分类。由国家主管部门主持编撰和确定并广泛使用的教科书为国定本教科书，国定本教科书一般不需要审定（或者即便审定也是无竞争审定，即没有替代品的审定，而且编写主体与审定主体往往在本质上相同），即可进入学校；由民间群体或个人编撰、国家有关部门审定通过才能使用的教科书称为审定本教科书；由群体或个人自由编撰，国家不予干预也不予审定，完全由学校或地方自主决定采用的教科书称为自定本教科书或自由本教科书。不论是国定本教科书、审定本教科书还是自由本教科书，其文本形式没有差别。

还有根据使用学生的年级来进行的分类，比如小学教科书、中学教科书或低年级教科书、高年级教科书等。

上述这些教科书文本的不同类型，实际上并没有真正就教科书文本的本质特征进行解剖，没有让人们更清晰地认识到教科书文本到底是一种怎样的文本，而仅仅是一种很常规的、大家熟悉的分类方式。

二、文学型和科学型教科书

从文本的话语性质或话语特点这一标准看，教科书文本可以分为差异很大的两大类：文学型和科学型。

在教科书体系或谱系内，坐标的一端是典型的科学类文本，如数学，有突出的客观性、严密性、明确性、逻辑性；坐标的另一端则是典型的文学类文本，如语文（国文、文学），有突出的讽喻性、隐喻性，强烈的主观色彩、歧义性、模糊性。前者重在认知、逻辑、推理，后者重在体验、审美、感受。二者均有自身独一无二的价值。

科学型教科书使用的主要是科学语言，这类语言本质上是比较清晰的，适合用于证明命题的真与假、正确和错误，具有显著的逻辑性。科学语言尽可能把自己限定在规定的意义之内，不允许含糊不清，趋向于客观表述自然及其量化关系。科学语言的科学性往往与单一性联系在一起。作者在使用这类语言时会反复考虑用这个词、这句话会不会引起歧义。要想不引起歧义，就得把语言规定在一个单一的模式中，如“1+1=2”，这里的“1”“+”“=”“2”的意义相当明确，非常单一，人们不会产生歧义，不会把1理解为2，不会把加理解为减。科学型教科书是连续的、强逻辑性的，但它故事性较弱。连续的强逻辑性辅以非故事的低趣味性，需要学生更加专心，需要系统理解，很难跳跃掌握。

科学型教科书受学科体系的制约，遵循学科的基本逻辑框架，对学科知识进行适当的编撰。教科书呈现的学科知识往往由该知识在学科内的排序和重要性、基础性决定，一般选择处于学科框架核心地位的概念与知识体系。对科学型教科书，学生的重点在理解概念、把握关系、识别逻辑，从而寻得规律。这些特点导致科学型教科书容易异变为学科本位的教科书，会过于强调知识的系统性、逻辑性和完整性。

文学型教科书主要使用文学语言，文学语言本质上是比较模糊的、含混的，如“人生”“幸福”“痛苦”“奔腾的思绪”“激昂的斗志”，都具有多样性与歧义性，可以激起人们多方面的想象。它具有一定的弹性或伸缩性，可以传达“微言大义”，把人们丰富的情感和微妙的心理传达出来。文学语言不追求精确，而追求精妙。在精妙的语言中，其所承载的意蕴才能表现得淋漓尽致、入木三分。文学语言主要不是用于证明的，而是为了表达情感和进行审美，旨在达到表达情感和体验的目标。对这种语言而言，逻辑不是最重要的，明确性不是第一位的。因为不太受逻辑和明确性的束缚，所以文学语言往往具有多义性、歧义性和复杂性。文学类教科书是强故事性的，但也是弱逻辑性和弱系统性的。强故事性的趣味辅以弱系统性和弱逻辑性，需要学生更多地去感悟。对文学型教科书，学生的重点在理解意义、陶冶情操、纯洁心灵。不像科学型教科书，必须全神贯注，不得断裂、跳跃，一次两次跟不上，就容易次次跟不上，必须补上遗漏的部分才能跟进后续的文本学习。学生学习文学型教科书，可以断裂、跳跃，学生一次两次不学习、没有搞懂，甚至缺席，都不太影响后续的学习和理解，而且也不会有特别大的学习困难。

文学型教科书以文学手段来叙述人物、故事等，传达某种寓意。但教科书毕竟不是文学，它与文学作品的一大区别在于，后者几乎只重情节、重审美，前者虽然也具备这一特点，但其更看重的是思想观念，最重道德伦理的教诲，重主流意识形态的传播。教科书着力表现教诲意义上的知识、理想、观念或思想。如果我们期望读者知道“呼喊‘狼来了’的放羊的孩子后来被狼咬死了吗？”这是在了解故事情节，类似文学的问题，这应该是文学的主要任务。如果我们期望读者了解“这个故事主要讲些什么？”“我们能从这个故事中获得什么？”这些问题就与观念、思想或教诲有关，这就是教科书的主要任务。

在逻辑性强的科学型教科书中，内容一步一步展示出来，一环扣一环。前面的内容不出现，后面的内容就不能呈现。而在弱逻辑性的文学型教科书中，则不太受这方面的限制，它可以以多重方式呈现出来。前者可以称为线性结构；后者可以称为非线性结构，它可以沿许多条线索展开，可以交叉进行。

科学型和文学型教科书的区别是相对的，在两个极端之间存在许多过渡性的类型。如语文（国语、国文）、艺术是最具文学性的，其次是政治（修身、公民）、历史，再次是地理，接着是常识、自然，最后是化学、物理、数学，这也是最科学性的。一端更多的是虚构，另一端更多的是真实；一端更多的是主观，另一端更多的是客观。双方是一对相反的要素，但也没有绝对的区别。整体而言，教科书多处于两端之间的中间地带，既不属于单一的文学文本（尽管它有文学性质），也不属于单一的科学文本（尽管它有科学性质）。文学型教科书的虚构要建立在真实的基础上，科学型教科书的真实又离不开教诲要求，它往往也借助于虚构的故事片段、人物来反映，如："游击队原来有8支枪，又从敌人那里缴获了6支，现在一共有几支？"真实与虚构、科学与文学、知识与教诲有机地结合起来。

属于不同类型的教科书，在处理相同主题时，就需要用不一样的语言。有时候我们多么希望所有课文都是这样的：

哺乳动物用乳房分泌甘甜的乳汁来哺育后代。看看茂密的树林里那上蹿下跳的猴子、那威猛无比的森林之王狮子、那令人喜爱的狗狗，以及温顺的大象等，它们都是哺乳动物。

这样的课文出现在文学型教科书中是正常的，也是被倡导的，而它在科学型教科书中可不是好课文，因为辅助性信息太多，给人的讨论空间太大，教学的中心可能会淡化，会影响读者的理解，比如影响教师的备课（有些教师准备的热闹的课件，很可能把哺乳动物的核心要素给边缘化了，忙着去做活蹦乱跳的猴子、威猛的狮子、可爱的小狗的课件去了）。比较适合孩子们的科学型教科书的课文应该这样编制，尽管它有点令人失望，但内容直指要点，不易出现理解偏差：

哺乳动物是用乳房分泌乳汁喂养幼崽的动物，比如：猴子、狮子、狗、大象等。

三、创作型和再现型教科书

从文本的来源（文本的创造或移植）这一标准看，教科书可以分为两大类：创作型和再现型。

创作型是教科书编撰者直接创作的，理科教科书比较普遍，低年级教科书也比较普遍。曾经很有影响的由叶圣陶、丰子恺等主编的开明书店20世纪30年代出版的国语教科书第一册就有这么一句话："先生早，小朋友早。"这是典型的创作型课文。

再现型的教科书则是以其他人所创作的作品为主，用已经被创作出来的作品组成教科书文本。再现型教科书是对外部知识空间的已存文本素材进行教育学编撰的文本。高年级特别是高年级文科教科书普遍属于这一类。这里又分为两种类型：完全再现型和部分再现型。完全再现型是原封不动搬过来的文本，这是选文型教科书。历史上有些教科书，比如林纾的《中学国文读本》就是比较典型的选文型教科书。部分再现型就是被编者有意修改了的，或有部分自己创新的文本，这在一定程度上也是一种再创造。如果从知识产权的标准来看，创作型教科书具有完全知识产权，而再现型教科书则没有，它的主要内容的知识产权属于别人。

四、纸质教科书和数字教科书

媒介本意是指使事物间发生关系的介质或工具，是各种用于信息传播的一切制度化的结构、格式、形式和界面。根据媒介传播史的研究，人类传播大致经历了四个主要阶段：前口语媒介阶段、口语媒介阶段、印刷媒介阶段和电子媒介阶段。教育发展史上，我们经历了无数次媒介变革：从前口语媒介阶段到口语媒介阶段，再到印刷媒介阶段，最后到今天的电子媒介阶段，具体过程是口耳相传—竹木简—兽骨—石板—黑板—幻灯机—投影仪和电视屏幕—电脑屏幕，其中没有任何一项比正在到来的数字工具或电子媒介的变革更引人关注、使人震撼。其无论在传播的速度还是影响的范围方面都远远超过了之前的任何传播阶段，对人类文化的发展产生了非常深远的影响。

这一变革具体到教科书领域，就是数字教科书或电子教科书的出现。信息技术革命给学校教育带来的一个显著变革就是多媒体走进课堂。教材从古至今多以纸质媒介为常见载体，人类的学习绝大多数时间离不开以卷、册或本为形式的纸质教科书，"书卷气"是人们对读书人的一种褒扬，"书香门第"成为出身高贵的代名词。然而"千年之变局"已经到来，数字或电子技术正以不可阻挡之势进入学校教育，传统纸质媒介的教科书正在经历变革。

受限于纸质载体，传统教科书提供的信息形式单一且容量有限；开发和更新周期较长，易导致信息滞后；不利于学生现代信息素养的培养；纸张生产需耗费大量林木资源和能源，且不利于环保；重量大，携带不便，不利于学生身体健康；成本较高，对国家和家庭都是不小的经济负担。

以信息技术或数字化技术为依托的多媒体使教科书突破了书本这种以文字为主的纸质的印刷媒体形式，而以多样化的形式作用于学习者的所有感官。这就是数字教科书，也叫数字教材、电子教科书、电子书包、电子教材、电子课本（e–textbook）等。

从电子书的角度看，数字教科书是一类遵循学生阅读规律、利于组织学习活动、符合课程目标要求、按图书风格编排的电子书或电子读物，具有结构化呈现、媒体可操控性、作业功能、笔记功能、管理功能等五大功能特征。[①]

从改善学习环境的角度看，数字教科书是一种以信息技术为工具开发的、超越时空的多媒体教材，具有字、音、形、色、义等的合成性、动态性及可再生性等特点，其目的在于构建一种网络化的学习环境，最大限度地利用计算机和网络的优势实施教与学的活动。[②]

从资源角度看，数字教科书是把课程标准、学习指导、习题与实验操作、可视材料、参考资料等有机结合起来，构成一个所有教学材料的集合。[③]英国斯特灵大学在2003年8月发布的《英国高等教育和继续教育阶段的电子教材策略与未来远景》中对数字教科书的定义为：公开发行的电子材料，有独立的形式，通过教师推荐使用，适用于一门课程的教学并附送有超越纸质印刷的资料和功能。

从教学材料看，数字教科书是纸质教材的另一种版本，是将纸质教材数字化后存储在电子媒介中的材料形式。[④]美国学者们在《数字教科书白皮书》中提出，数字教科书是一种为满足电子书阅读终端而专门研发，基于数字设备、按需阅读的或者按需打印的电子化教材。通过数字应用来呈现音频、视频、交互和文本资源的集成模块。[⑤]

从终端角度看，数字教科书是安装有数字化教材和教辅内容资源，以及互动教学管理平台软件，应用于课堂教学和课外学习的便携式移动终端。之所以强调载体特点，是因为“便携”“移动”是理想数字教科书必须满足的条件，唯有如此才能将师生从传统教学时空的束缚中解放出来，否则数字教科书的价值将难以实现最大化。

数字教科书是一种供学生阅读和学习的数字化出版物，区别于以纸张为载体

---

① 陈桄，龚朝花，黄荣怀. 电子教材：概念、功能与关键技术问题［J］. 开放教育研究，2012（2）：28–32.

② 项国雄. 从传统教材到电子教材［J］. 信息技术教育，2005（5）：8–10.

③ 戚常林，马慧彬，于占龙. 基于WEB的电子教材建设研究［J］. 信息技术，2002（9）：51–53.

④ JUNG S–M. Leading future education：development of digital textbooks in Korea［EB/OL］.［2019–11–12］http：//www. unescobkk. org/fileadmin/user_upload/apeid/Conference/12thConference/paper/Sung–Moo_Jung_paper. pdf.

⑤ MARDIS M，EVERHART N，SMITH D，et al. From paper to pixel：digital textbooks and Florida’s schools，a white paper.［EB/OL］[2013–02–05]. http：//www. palmcenter. fsu. edu.

的传统出版物。它通过对教科书内容进行深度挖掘和加工，以科学直观的视、音、图、文等形式实现了教科书内容的数字化、交互功能的智能化，多角度、多维度地呈现教科书内容，为传统教科书模式向网络化教材转变提供了良好范式。

从教材内容、呈现效果、交互程度等方面，数字教科书一般可划分成三种类型：转换型、媒体型、交互型。①

转换型数字教科书将纸质教科书进行数字化转换，基本保留原有版面和版式；媒体型数字教科书在转换型数字教科书基础上，增加了音频、视频、动画等媒体素材，突出直观性、生动性、趣味性，激发学生的学习兴趣，引导学生进行自主学习，突破用常规语言、文字等信息方式难以表达和呈现的教学难点；交互型数字教科书通常指两个或两个以上的个体之间进行的双向信息交流，交互型数字教科书的特点是设计了丰富的交互学习资源，突出人机之间的互动，通过多元化交互模块整合教材资源、学习活动、测评和学习档案，以丰富数字教科书的功能、形态与应用方式。②交互方式及资源主要包括内容分层呈现、交互式练习、交互式游戏、虚拟创作、虚拟实验、虚拟探究等，有利于学生进行自主学习、探究型学习等。它需要脱离纸质教科书重新设计，从根本上避免纸质教科书的局限，并追求技术优势的最大化。交互型数字教科书是数字教科书的发展方向。

与纸质教科书相比，数字教科书的优点是非常明显的。首先，它可以改善学生书包过重的状况。其次，数字教科书强大的交互功能可以有效提高学生的学习兴趣，增强学生学习的自主性和积极性；而且数字教科书通过问题提示、图文介绍、动画演示、真人实景示范等多种方式帮助学生更好地理解问题，提高学习效率。最后，数字教科书能引导学生的学习和思维，提供个性化指导和反馈，有利于学生自学，为学生提供较多动手动脑的自主探究的机会，便于学生生成、保存学习记录，积累学习成果；而且，数字教科书在某种意义上可以使学习无处不在、无时不在。事实上，当前世界上不少国家和地区也已经将课本电子化列入发展计划。上海市教委从2010年起就已经把开展电子书的研究和实践

---

① 乐进军．从纸质教材到电子教材：教材数字化变革研究［M］．北京：北京师范大学出版社，2017：85–88.

② 李雅筝，周荣庭，何同亮．交互式数字教材：新媒体时代的教材编辑及应用研究［J］．科技与出版，2016（1）：79–83.

列为该市基础教育一项试验性工作。

数字教科书最大的特点是富媒体性。富媒体性是指它不同于传统纸质教材仅能够呈现文字和图片，它具备了多媒体化的丰富的表达呈现方式，能够实现在声音、图像、动画、视频等媒体素材的基础上的组合编制，以此直观、明确且富有启发性地呈现教学内容。富媒体性是数字教科书的首要优势，它使知识呈现变得丰富多样，变得直观简洁且富有趣味，极大地加快了学生的学习进程。换句话说，正是数字教科书的富媒体性让学习变得容易且吸引人。

数字教科书的另一个特点是开放性。开放性指数字教科书不局限于教科书本身承载的知识内容，它可以与网络资源建立链接，获得更丰富的相关知识资源，实现知识和信息的共享和开放。相对于传统纸质教科书的固定和封闭，数字教科书更能够充分依托互联网资源，比如容量巨大的云端课程。这些资源为知识内容的纵深和范围的拓展提供了可能。开放性的数字教科书也将有助于学生形成对事物的相对完整的认知，更加理性和批判性地思考问题，从而打破原有的认知偏见和知识局限。①

数字教科书从本质上来说是一种指向未来的新型教科书，它既以纸质教科书为基础，又以电子书、电子书包等数字技术产品的发展为基础，因其数字化特性而超越现有教科书的发展，具有面向未来的特质。数字教科书的形态带有典型的“数字”标签。一般认为，数字即数字化（digital），指使各种信息转化成计算机和通信网络能够识别、处理和传输的数字信号的过程，包括文字信息的数字化、图像信息的数字化、声音信息的数字化、视频信息的数字化等。②

数字教科书颠覆了传统的纸质教科书形态。首先，数字终端替代了传统的纸本，使学习的载体发生了根本变革；其次，数字教科书总是借助某种系统平台呈现，这种系统平台能整合传统的课本、教学参考用书、课后习题，以及教学辅助多媒体资源等，资源无限丰富，能最大限度满足学习需要；最后，数字教科书可以实现“用户自定义”。传统的纸质教科书是一种封闭性模式，使用者无法进行

---

① 赵志明. 重新定义教科书：数字教科书研究［D］. 长沙：湖南师范大学，2014：51；牛瑞雪. 我国数字教科书的研究现状：不足与展望［J］. 课程·教材·教法，2014（8）：20；牛瑞雪. 基于教学适用性的数字教科书编制［J］. 课程·教材·教法，2016（8）：36-40.

② 上海社会科学院信息研究所. 智慧城市辞典［M］. 上海：上海辞书出版社，2011.

任何调整和改动，最多只能在书本上画记，但数字教科书在设计时一般会考虑教师和学生的需求，允许其进行“用户自定义”，即在内容和形式上进行合理的调整，形成具有个性化特点、满足个性化教学和学习的数字教科书。可以预计，今后随着新媒体的开发，数字教科书也将更为丰富多样。

相较于纸质教科书，数字教科书极大地拓宽了知识传播的渠道，使学习无处不在、无时不在。但数字教科书无限的扩展性，使得学生发展的预期性、可控性大幅下降。数字教科书可承载更多内容、实现更多功能，但不合理地追求多多益善，反而有可能会使学习的主题偏移，分散学生学习的注意力。目前来看，纸质教科书的预期性和可控性要更大。同时，也要看到，纸质教科书更易于审查和监管，数字教科书的审查和监管难度更大。纸质教科书更便于进行书写训练，对于汉字教学意义重大。纸质教科书相较于数字教科书，更利于阅读者的批注、画记、折页标记等。

第二节　教科书文本特征

教科书是一种文本，是读者最多、最独特的一种文本，是影响最深远的一种文本。那么它是一种怎样的文本呢？它和散文、诗歌、记叙文、应用文、说明文到底有怎样的联系与区别？

一、教科书文本具有强烈的“教诲性”①

何谓教科书文本的“教诲性”？教科书的教诲性更多的是指道德论意义特别是政治学意义的特性。所谓“教诲性”，用社会学的说法是教科书具有规训性，体现国家意志，用教育学的说法是教科书旨在确立主流价值观。它和教学比，更偏重意识形态、道德伦理、人生方向。它突出的是应然的追求，而不是实然的探究。教科书承载了社会的、阶级的意识，它意味着应该如何看待不同的人、事和现象，应当获得或不应当获得哪些知识，应当用什么样的标准去评价特定的思

① 石鸥，石玉.论教科书的基本特征［J］.教育研究，2012（4）：92-97.

想、社会和人。可以说，教科书的教诲性就是政治性、意识形态性。其目的在于划定某一可能的宣讲范围，准入、选择并宣扬某些观点和思想，使它们经典化，同时否定、批判甚至空无某些观点与思想。学者顾彬批评美国汉学研究的“教科书学术现象”，就是指出其“知道应该引用和不应该引用谁的思想”。[①]这在一定程度上确实点到了教科书的教诲性本质。

（一）教科书的“教诲性”是优先性质的文本特征

首先，“教诲性”是教科书文本区别于其他文本的特征与属性。教科书的教诲性使得它以居高临下的姿态面对学生，较之其他任何文本，唯有教科书一开始就不是想要与学生平等对话的，而是要去说教他们、训诫他们，明确地希望引导他们、教育他们（尽管今天教科书编撰者们不断强调自己的教科书是与学生平等对话的文本）。对绝大多数文学艺术文本而言，乐先于教，审美先于教育，唯教科书文本，教先于乐且重于乐，教育要先于审美。愉悦原则要从属于教诲原则，美学价值要服从于政治价值。即便一些作品可能是浪漫主义的、神话的、赏心悦目的，但一旦被教科书“征用”，它们在意义上就倾向于教诲性的，对它们的安排和收集它们的动机都是主题性的，是为了从学生那里唤起意识形态意义上的反应，达到教诲的目的。

既然愉悦原则必须从属于教诲原则，既然美学价值要服从于政治价值，那么传统实践中，教科书的教诲性往往也就意味着为了获取意义、明白道理、表明方向，为了突出意识形态，即便是乏味与枯燥的教科书也是可以和应该忍受的。效果可以是而且必须是第二位，政治性必须是第一位的，即教科书就是要体现国家意志、反映主流意识形态。正是在这一意义上，教科书文本的教诲性特点，往往使得主流社会对教科书的个性要求或审美要求不太在意，但对其政治正确性的要求则是刚性的。

其次，教科书的“教诲性”具有一定的强制性。教科书的教诲性是作者更是读者无法逃脱和避免的。文学及其他文本的任何读者都可以自由决定买还是不买某作品、读还是不读某作品，但教科书文本的读者（教师与学生）不可能这样，即使他们不喜欢某课本，他们还是得买（或者由政府买），即使他们不喜欢某课

---

① 顾彬. 略论波恩学派［J］. 读书，2006（12）：114–120.

文，他们还是得读，而且必须认真地读。许多教科书读者都有这种经历。

事实上，中外历史上一些教科书的夭折，最直接的原因也是来自意识形态的强制力量，而不是来自教科书的科学错误或教师在教学上的困难，比如21世纪初我国上海高中历史教科书被禁止进入学校的事件（见第93页，专栏2　上海版高中历史教科书事件）。

最后，教科书的“教诲性”有不同的表现形式。教科书的教诲性有时候表现得非常强势甚至生硬。在这一意义上，教科书教诲性的特点，绝不能被粗糙地和简单地理解和处理，如果真以为塞满政治领袖的讲话的教科书就是最好的教科书，并力求付诸实践，那就是对教科书教诲性的最生硬、最拙劣的落实，因为简单地说，唯我独尊的垄断、生硬的说教是最不能保证教科书教诲性实现的教科书举措。

教科书的“教诲性”更多的时候又表现出罕见的隐秘性。不同于政治宣言，不同于竞选纲领，不同于官方发言，也不同于法规政策，教科书的教诲性比这一切的厉害之处是有着或可以有极强的隐秘性、潜在性，正因为这样，它对读者的影响就是或可能是深远而巧妙的，就是或可能是潜移默化、润物无声的。也正因为这样，国家对教科书的把控远远要强于对其他文本的把控，社会对教科书的关注要远远大于对其他文本的关注。

有些教科书表面上关心的完全是“个人”问题（如个人如何起居，如何讲卫生、待人接物等），实则刻意地表现出政治和社会性的主张（以一种彻底政治性的观点来看，个人问题无论如何都是政治问题），是对更普遍状况的反映或特殊的表达，只是政治内涵往往掩盖在个人的问题之下。那些待人接物、讲卫生等“私人知识”，其实意味着“主流文化”的要求，它们都是细致的宣传作品，都是精致编码的东西，包括理科教科书，都有隐秘的意识形态渗透其中。[①]

所以，不论教科书含有怎样的政治意图，或触及怎样的政治问题，重要的是，它们提供了一套认同的方式，强化了对思想的“引导”（通过内容的选择与呈现）或禁锢（通过对内容的批判或排斥）。这是不可否认的事实，不论哪个国家、哪种制度下的教科书，都会在宣传自己的主张和主流文化上发力。只是，有

---

① 石鸥，赵长林. 科学教科书的意识形态［J］. 教育研究，2004（6）：72–76.

些教科书做得更巧妙、更有效，有些教科书做得更生硬、更低效。

（二）教科书“教诲性”的缘由

不论是古代的“四书”“五经”，还是近现代的“修身”“公民”，事实上，所有教科书的产生最直接的目的之一就是为了进行某种教诲（教科书的生产者因希望读者或学生具有某类品质而启动教科书生产）。在某种意义上，“教诲性”如影随形地伴随着教科书、规定着教科书，教诲性与教科书共始终。可以认为，任何教科书都是在特殊的历史条件下产生的，一旦成为课本、成为教科书，就成为社会主流文化的一部分，就成为政治的组成部分。教科书书里书外的所有元素，本质上都具有教诲性，所有的要素都由教诲性决定，从封面设计，到前言后记、目录插图、习题与活动安排，没有真正单纯的、客观的、无涉价值的教科书内容。

1. 教科书的“教诲性”的根源是意识形态性[①]

教科书是特定社会文化中产生的文本，它必然反映强势阶级或政府的利益。主流文化不希望改变这个社会结构，它们通过教科书使读者相信这种社会的合理性、合法性，将读者的注意力转移到经过设计的科学的解释系统中去，而不是去注意那真实世界的某一面，因为那种世界的真实性很容易引出读者去改变它的理由。支配政治对教科书内容有专门要求，道德限制使得教科书文本在科学性和教诲性方面纠结不已，教科书发展史显示，教科书文本是不能“直言不讳”的。教科书所传授的知识，与社会中占支配地位的思想存在对应关系。教科书不仅教科学，它还代表了社会上某些特定的人对社会现实、各种知识和人类关系的另一种特定的表达。

因此教科书总是在维护和宣扬某些意识形态话语，同时也在反对和抑制另一些意识形态话语。阿尔都塞曾说：“学校给人传授‘本领’，无非是以保障人们对统治地位的意识形态的臣服。”[②]意识形态的倾向性不可避免地要求教科书编撰者对内容进行精心的选择与构建，包括对内容进行不同程度的改造、修饰甚至虚构。

---

① 阿普尔. 意识形态与课程［M］. 黄忠敬，译. 上海：华东师范大学出版社，2001：“序言”.

② 陈越. 哲学与政治：阿尔都塞读本［M］. 长春：吉林人民出版社，2003.

2. 教科书的"教诲性"是多种力量博弈的综合体现

"讲什么""写什么"是教科书最重要也是最艰难的追求之一，国家与民族的意识形态在其上加盖的图戳鲜明夺目。但用意识形态的眼光来看，教科书永远都会有异质性，使得主流文化合理化、合法化的过程也就成为永远的努力、永远的需要，成为一个无尽的完善过程。因为教科书的意识形态的体现不是统一的，意识形态也有不同的利益代表者和认识分歧者，所以不能过于把教科书文本看成是单一的特定的意识形态的占领。其实，从不同学科的教科书、不同年级的教科书来分析，就会发现，教科书是不同思想集团的博弈的场所。[①]如20世纪50年代初期的教科书，似乎都是中国共产党领导下的以无产阶级话语为典型的教科书，其实内里的分歧很明显。有的清晰地反映苏联的影响，有的有强烈的延安的痕迹，也有的反映国民党统治区的认识等。[②]利益和思想集团可能属于统治集团，但在其内部又有分化，而且代表不同的群体，相当复杂。中华人民共和国成立后的17年间，教科书进行了持续不断的高频率的修改、增删，还出现了不断爆发的争斗或一时难以破解的教科书之谜，典型的如关于五年制语文教科书的"刘吴之争"，还有关于地理教科书的大批判，[③]关于物理教科书的批判，关于语文分科教科书的短命的实验，[④]对《背影》一课的否定和放弃，[⑤]教科书编写和使用上的收权、放权到再收权等，简直让人眼花缭乱、如入迷宫。这就恰好证明了教科书讲述意识形态和主流文化的另类可能性的存在，实际上也是教科书的意识形态较量的标志或表现。

教科书发展史已经而且将继续证明，不同历史阶段的教科书会表现出种种不同的表达，不同政治倾向的作者都会利用教科书传达自己的主张，而主流意识形

① 刘丽群. 教科书内容的选择与形成：知识准入课程中的国家介入［M］. 长沙：湖南教育出版社，2013.

② 方成智. 艰难的规整：解放初期教科书之研究［M］. 长沙：湖南师范大学出版社，2013.

③ 石鸥，方成智. 中国近现代教科书史：下册［M］. 长沙：湖南教育出版社，2012：35–40.

④ 石鸥，方成智. 中国近现代教科书史：下册［M］. 长沙：湖南教育出版社，2012：72–80.

⑤ 石鸥，方成智. 中国近现代教科书史：下册［M］. 长沙：湖南教育出版社，2012：84–87.

态则要牢牢控制教科书，于是巧妙的（有时是粗鲁的）博弈开始了。这就使教科书具有多样化表述的可能。

而且，教科书虽然是具有强烈的政治性和意识形态性的作品，但教科书也具有科学知识文本的属性。尤其是理科教科书，尽管具有一定的甚至是明显的政治性和意识形态性，但其主要是一种科学文化与科学知识话语体系。科学知识与意识形态有联系，更有区别。科学文化主要是由知识分子创造、由学科专业承担专门研究和表述、在专业范围以及需要普及专业知识的范围内产生影响的特定类型的文化。意识形态虽然也由知识、文化、科学转化而来，但它既作用于科学文化、科学知识，也作用于政治、社会公众——特别是广大青年一代，它是一种政治性强，社会化程度高，占据社会文化主流地位，能够渗透、影响乃至分解科学知识、文化的社会文化。[①]这使得教科书非常复杂，不同学科、不同时期有不同的表现。在自然科学学科里，在和平、繁荣时期，教科书的科学文化和科学知识话语、启蒙性质的特点比较明显，在人文社会科学学科内，在非常时期，比如战争、革命时期，教科书的政治性、教诲性甚至是革命性特点尤为突出。

这再一次表明，教科书一诞生就有双重追求：既要指引学生认识世界，又尤其要引领学生去改造世界。有双重追求，教科书的教诲性就必然有不同表现。

3. 教科书的“教诲性”的目的是塑造特定社会需要的年轻人

教诲性使得教科书的预期目标和任务必然是以教科书传递的观点与知识说服并塑造学生，使学生在获得知识与观点的同时达成对教科书的信服，最后因为信服教科书而实质上变成信服教科书所承载的主流。

二、教科书文本阅读上的特殊性

教科书是文本，所以它必然具备文本的共同特征——可读性。同时，教科书又是特殊的文本，它的可读性不同于其他文本的可读性，具有非它莫属的特殊性。而且教科书还具有可教学性，因此一定要能有利于特定的读者群阅读，是有利于教与学的文本，它应该既便于教师的教，也便于学生的学。这就是教科书文本区别于其他文本的原因，更是教科书文本阅读区别于其他文本阅读的原因。

从总体上说，教科书文本的可读性表现在阅读同时具备独立性、自主性及非

---

① 张首映. 西方二十世纪文论史［M］. 北京：北京大学出版社，1999：8–9.

独立性、非自主性的双重特点。其他文本的阅读多是独立进行的，读者可以有不同的水平，可以有不同的理解，但都是自由的。唯有教科书阅读，虽然任何读者都可以独立自由地阅读，但在规范意义上，读者是特定年龄段的学生。这类读者大多在指引下展开阅读——在课堂上的阅读，受教师和其他同学的影响；在家里阅读，受父母的影响，受训练手册、课后作业和课后活动的影响。多数情况下，读者很难独立、自由地阅读教科书文本。

（一）教科书文本的可读性①

文本必须能够用于阅读，教科书文本的阅读则除了一般文本阅读的普遍性外，还有自己的特殊性。教科书文本作为特殊文本的可读性表现出三个特点。

第一，教科书文本阅读时的声响性特点。

多数文本作品（诗歌等除外）不要求读出声来，而教科书文本（以语文教科书为代表的教科书类型以及低年级的教科书文本，包括数学等教科书，尤其突出），特别是受欢迎的高质量教科书文本，要求作品既能够默读，又能够而且也应该读出声来。确切地讲，教科书是有声响的文本，教科书文本的这一特性使得文本的可读性转变为可朗读性，要便于朗读。很显然，这里的“读”特指发出声音的阅读，是朗读。比如老师对全班学生说：“下面大家一起读第二自然段！”

“读”和“看”是有区别的。“看”可以理解为独立地默读文本，就像人们读文学作品一样，一般是不发出声音的，是“看书”。我们在阅读教科书文本时，如果把它当作普通文本对待，就是在“看”它，默默地读，看它的意思，在整体意义上“看”到了、把握了文本。这里的“看”特指不发出声音的阅读，是一种默读，比如老师A对学生B说：“看书！”而教科书文本独特的“看”，更多的是与声音相连接的，所以多数情况下可以界定为“读”，“读”是有声地看，“看”是无声地读。

这样，“看”起来好的教科书并不一定“读”起来也好。这一特殊性决定了，把教科书当作一般文本来“看”和把它当作课本来“读”，二者是大不一样的。就像一首乐曲，我们在看乐谱时和我们在唱乐曲时是不一样的。教科书和音乐有点像，教科书文本语词的声音很重要，应该看重语词声音层次的构建（这一

① 石鸥，石玉. 论教科书的基本特征［J］. 教育研究，2012（4）：92–97.

点与诗类似）。在教科书中，一个个词的声音外壳、声学特点、音韵效果都变成了有含义、有价值的东西，文字发声和声学效果变成了有表现力的重要手段，音韵美直接影响教科书质量。[①]想象一下，在绿波荡漾的田野，几个农家小孩一手捧着课本一手执着牛鞭，伴着牛群，摇头晃脑神气活现地大声诵读着——这是一幅怎样让人陶醉的图景！在以往的教科书上，有些课文有一种奇特的声学效果或音韵美，学生朗读这些课文，听起来极为悦耳，像一串清脆的珠子洒落于地，让人难以忘怀。诸如"狼来了，狼来了"（课文《说谎的孩子》）、"下吧下吧，我要长大"（课文《下雨了》）、"让暴风雨来得更猛烈些吧"（课文《海燕》）、"下雪了，下雪了，雪地里来了一群小画家"（课文《雪地里的小画家》）……梳理一下最经久不衰的，或最能够被学生记住的课文，其必要特质之一就是它的音韵美。在这一意义上，有些课文是因音韵而存留下来的。[②]

著名编辑、出版人、《读书》杂志的创始人范用近60年后回忆自己上小学时的情景，脱口而出的课文也是典型的音韵美的文本：

杨柳，杨柳！
乘风飘，乘风飘。
东风吹来往西飘，
西风吹来往东飘。
往东就说东边好，
往西就说西边好。
杨柳，杨柳！
我要问问你：
没有风来吹，
你说哪边好？[③]

这就是教科书的音韵美，其他文本让人默默地看，教科书文本让人朗朗地读。好的教科书春风化雨，使人享受。也只有朗朗上口的课文，才可能为学生所

① 石鸥，石玉．论教科书的基本特征［J］．教育研究，2012（4）：92–97.

② 石鸥，廖巍．音韵、通俗、针对性：教科书特色三要素——由陈子褒课本看教科书特色［J］．教育学术月刊，2015（7）：100–105.

③ 范用．我爱穆源［M］．北京：生活·读书·新知三联书店，2002：27.

喜爱并乐于传颂，达到愉悦学习的效果。有些教科书文本，常有读了几页就读不下去的感觉，那课文看来看去，也看不出毛病，没有科学问题，也没有逻辑错误。一课又一课，一段又一段，写得很有条理，观点正确，语法无误，但就是让人读得乏味，原因之一就是语言的声调、节奏、韵律没有处理好。要把一篇课文读得抑扬顿挫，课文必须在声调上、节奏上是抑扬顿挫的、铿锵有声的。例如：古时候的蒙童教材虽然难懂难解，但有音韵美这一个亮点，就足以遮盖其内容深奥之不足。不论是《三字经》《百家姓》还是《千字文》，内容确实枯燥，但多是短句韵文，不脱三、四、五、七字韵文对句的体裁，以朗朗上口的长项，弥补内容枯燥的缺陷，“整齐，押韵，念起来顺口，听起来悦耳，既合儿童的兴趣，又容易记忆”。[①]所以，今天对旧教材赞不绝口者仍有很多。历史上高质量的教科书多有这种特质，这也不知不觉成为人们对教科书文本的直观判断——便于朗读。曹文轩的《青铜葵花》一书中有这么一段描述：

孩子们照样上学，照样读书。但琅琅的、此起彼伏的、充满生机的读书声，已经大大减弱了。孩子们想将课文读响，但却就是读不响。瘪瘪的肚子，使不上劲，让人很着急，一着急，还出虚汗。饿到最厉害时，想啃石头。[②]

在作者心目中，教科书文本当然是可以朗朗上口、大声读出来的。这也可以启迪今天的课本，特别是低年级课本，加强短句韵文或可朗读性。

教科书文本的声响性特点直接导致这种独特的文本应该具有显著的可听性。教科书文本和其他文本一样，充满意义，只是不同之处在于，教科书的意义不仅仅是视觉的，不仅仅是“看”和“阅读”出来的，它往往也是听觉的。读者对教科书文本的解读，除了用眼睛，还要用耳朵。用眼是在读作为文本的教科书，用耳是在听教师正在叙述的教科书。教学主体上是言语的，学生是在“听”课，学生的主要任务是听，或者说是边听边看边读，而不仅仅是看和读。课堂上学生要跟随两条思路，一是读的思路，跟着课本的文字走，二是听的思路，跟着讲解课文的教师的声音走。手捧着教科书听教师讲解课文，在看的同时耳边总有教师的声音伴随着，看、读、听相互辅佐，这就是教科书意义实现的基本方式。这与无声地看和有声地读教科书文本都是有区别的。在听的学习中，学生要用耳朵来

---

① 张志公. 传统语文教育教材论［M］. 上海：上海教育出版社，1992：77.

② 曹文轩. 青铜葵花［M］. 北京：天天出版社，2013：174.

捕捉流动的声音带来的意义，把握不可重复的由稍纵即逝的声音承载的内涵，并且给予一定的加工。[①]这样，对于教科书研制者来讲，他们需要的是一种对于视觉和听觉都没有过高要求的“平易语言”，应该同时满足视觉和听觉的审美性要求。而二者又是有区别的。比如在一个句子中，对于第三人称代词“他”“她”和“它”，读者很容易区分。但是在说和听的过程中，就不那么容易了，如“他叫它干什么它就干什么，他走到哪它就跟到哪里”（课文《老水牛》）。“他”和“它”的清晰度对读者和听者是不一样的。对听者而言，“他走到哪它就跟到哪里”也可以理解为“它”走到哪里“他”就跟到哪里。因此，教科书的编写既要有利于眼睛“读”，也要适合耳朵“读”，特别要适合在眼“读”的同时耳“读”，以及在耳“读”的时候眼“读”。遗憾的是，许多教科书只注意让人看，而不是让人同时读和听的。它们忽略了一个重要事实：表达思想的方式与思想本身同样重要。

可见，好的教科书是关于朗读声响的艺术品。

好教科书可以理解为某些词语音响与记忆之间关系的体现。“让暴风雨来得更猛烈些吧”“下雨了，下吧下吧，我要开花”等，对学生们而言，对毕业后的成人们而言，之所以能够脱口而出，与其说是因为其内涵深刻，不如说是言辞声响的魅力。放置在准确之处的有很好声响的词语总是散发出光芒。这一点上，朗读即思考，朗读即教学。使用教科书教学的起点即朗读，这就是教科书的独特门槛。这是一种思考性的朗读，更是一种朗读性的思考。教科书文本需要“朗读性思考”，更需要“思考性朗读”。“朗读性思考”肯定了教学的特点，“思考性朗读”赞美了教科书。

虽然能够朗读的教科书未必就是高质量的教科书（比如《百家姓》），但高质量的教科书往往是能够被朗读的。所以，从事教科书研制的人，应该高度注意语言文字的声调、节奏，如果表现高兴的心情却以一个下抑的音收束，表现沮丧的心情却以一个上扬的音作结，或者以拖音表达干脆的心态，以脆音表达拖沓的心绪，都会给教科书文本减分，不知不觉地对学生们产生负面影响。如果我们在朗读自己编写与创作的教科书文本的过程中都没有丝毫快感，那就说明这不是一

① 石鸥. 教学过程：飘忽的声音和流动的本质——兼论教学语言［J］. 湖南师范大学社会科学学报，1997（3）：74–79.

本高质量的教科书。基于此，教科书研制者应认识到，他们的文本作品不同于一般作品，他们的读者不仅仅是沉思默想的读者，而且还被要求是不断发出声响、不断读出声来的读者。所以好的教科书有时候应该呈现出接近音乐的声响。[①]也许会有那么一天，部分教科书的研制者将像歌词作者对待歌词创作一样对待课文的写作。不是任何文本都能够成为课文，恰如不是任何诗词都能够成为歌词。考虑到这一点的教科书，将更具美学价值，同时更具教育价值。

第二，教科书文本阅读时的非独立性特点。

这又有两种表现。一是教科书文本的阅读主体受非主体的限制明显。教科书阅读的第一主体应该是学生，教科书是为学生而编撰的，教师可以被看作准主体，是服务于学生这一主体群的。事实是，在教科书阅读上，主体的阅读往往被准主体控制，主体阅读的自主度和自由度有限。教科书的阅读与其他能自由阅读的书本不一样，其他文本多是由个人独立接受，个人可以自由阅读文本，甚至可以跳跃性阅读，从后往前翻看，在特定的时空范围里按自己的兴趣去翻阅、去理解、去接受文本。唯教科书文本不同，学生的教科书阅读往往被教师控制着、限制着或影响着。它总是经由教师讲解而不断展开，学生往往被教师引领着阅读（而没有人敢担保在教师的引领和控制下就更能接近文本的原意，更难说立足文本，超越文本了），最明显的是教师用所谓的“中心思想”“写作特点”“时代背景”“作者简介”“思想倾向”“段落大意”等来引领学生阅读。教科书文本没有办法使学生自由阅读、自由接受，阅读主体的权力非常有限（至少在课堂上）。以对经典课文《背影》的阅读为例，在不同的教科书中，课后的“引领”不尽相同。

20世纪30年代，在引入《背影》作为课文的《初级中学教科书　国文》第二册第十三课中，课后点评比较“全面”地评价了这篇文章。[②]

文体：本篇是“主美”的叙事文，虽然含有许多伦理上的亲子之爱的“善”的意味，然其给予读者的是一种“趣味”，并不是一种“教训”，所以这是“美”的亲子之爱而不是“善”的。

---

① 石鸥，廖巍.音韵、通俗、针对性：教科书特色三要素——由陈子褒课本看教科书特色［J］.教育学术月刊，2015（7）：100–105.

② 叶楚伧.初级中学教科书　国文［M］.南京：正中书局，1934：39–43.

章法：本篇行文，以总叙起，以总叙结，中间依照时间先后的顺序，次第说来，是顺行叙事。

风格：本篇是纯写实的。文中虽有怆然哀思之处，但论其作风，却不是沉郁，而是“清新”。

思想：文中所表现的思想有两种，一种是表现少年人的心情和老年人不同，一种是表现亲子间的自然的真爱，而尤以后者为本文的中心思想。

同年，朱剑芒主编的《初中国文》第一册《背影》一课的课后参考则更强调文章的性质，并点到了“极端悲伤”的情感因素。①

文体：本篇为描写老父慈爱的叙事文，内容系追叙老父送行时的情形与别后的惦记，所以在记叙体中，还夹杂些极端悲伤的抒情分子。

在由叶圣陶、周予同等主编的《开明新编国文读本》（甲种本·上）中，《背影》一课的课后安排了三道习题和题解，其中第一、第二道题是这样的：②

第一，作者说最不能忘记的是父亲的背影，为什么？

第二，篇中的对话，看来很平常，可是都带着情感。试逐一体会，哪一句带着哪种情感。

1937年，宋文翰等主编的《新编初中国文》中《背影》一课也有课后题解及习题。③

题解：本篇节录《背影》，为作者想念父亲、追忆前事的作品。

习题：一、这篇文章告诉读者些什么？

二、为什么上了二十岁的儿子出门，做父亲的还不放心？

三、写一篇父亲爱自己的文章。

很显然，学生课堂上阅读《背影》课文，和其他人阅读《背影》一文，是有很大差异的，学生被牵引着、引领着阅读和理解，学生独立的阅读空间有限。

除了教师这个准主体影响学生阅读外，还有不少因素影响或干预学生对教科书文本的阅读。在家里，这个阅读的主体受父母的影响，受课文后面的习题的影响。作为阅读的真正主体的学生的阅读权力非常有限。

---

① 朱剑芒.朱氏初中国文：第1册［M］.上海：世界书局，1933：41.

② 叶圣陶，周予同.开明新编国文读本：甲种第一册［M］.上海：开明书店，1937.

③ 宋文翰，朱文叔.新编初中国文：第三册［M］.上海：中华书局，1937.

二是教科书文本的阅读个体受群体的限制明显。一般文本是以个体阅读为特征的，往往是个体不发声地“看”的作品。这意味着，一般文本的作者在生产作品时，心中假想的读者就是孤立的个体。其作品完成面世后，面对的也都是一个个孤立的读者。读者是孤立地面对文本的，读者的反应是孤立的——不满是孤立的，兴奋也是孤立的。而教科书研制者不会有这样的幸运。理论上，教科书在生产时，假想的读者就是或应该是群体的，教科书完成后，实在的读者也常常是群体的。教科书文本的阅读多是教学性阅读，教学性阅读往往是集体的、发生在特定场合的阅读，所以教科书常常是集体发声的文本，它的读者是以群体的形式出现的，这一群又一群的读者可能被作品所影响和感染，更可能被相互影响和感染，互相激励着填补作品的空白、探寻作品的意义或错误。有时彻底解构作品的不是那些大人物，而是教室里一群群年纪不大的学生。因为其他文本是由读者孤立阅读，即便偶尔有令人兴奋的发现，也没有办法即时与人分享，即时与人产生共鸣。而教科书不同，它的阅读多是群体性的，可能会即时相互感染。其他文本让人粗看，教科书则让人细读，没有比教科书更让人细读的文本了。学生们一起睁大双眼从作品中找问题，甚至一个标点、一个字、一处不经意的插图处理，都会被学生察觉。一旦有一个人找到问题或可质疑处，就能迅速传开，就能被一群人认同和放大，还会激起进一步寻找问题和意义的热情。而这些，也许教师甚至连作者都没有想到过。如小学四年级学生在某语文教科书《散落的钞票》一课中，发现多处提及“麦当劳”等商品品牌，疑为植入性广告。而这个问题，不论是多次使用该教材的教师，还是教科书的研制者，竟然都没有发现。[①]又比如学生们在读“邱少云”一课时竟然问：大火烧到了邱少云身上，难道他身上没有带任何子弹和手榴弹吗，要不为什么不会因燃烧而爆炸呢？成人们熟视无睹的教科书，竟然被学生问出了连成人们也难以回答的问题。

在非教学性阅读中，读者是直接阅读作品的，其所获得的意义与理解，都直接生发于其与作品的关系。即便不同的读者可以得出不同的理解，也都是不同读者与同一作品关联后形成的。比如不同读者读《题临安邸》，也许会读出不一样的意义，但都只是与该文本发生关系，顶多有的读者会翻看或参考一些关于此

---

① 李建芳．闽小学课本被指植入广告　出版社：新教材将改正［EB/OL］．（2013-01-05）．http://learning.sohu.com/20130105/n362434386.shtml.

诗背景的资料或解释性材料。但在教学性阅读中，情况就发生了变化：它既是读者主体直接阅读作品，并与作品发生关系，又是读者主体通过他者（教师和教科书编撰者）之眼来阅读作品——这个他者在讲解，在不断地用声音和文字引导读者阅读。还可能是读者个体通过读者群体之眼来阅读文本。结果是在教学性阅读中，读者有时被他者引导，有时被文本引导，有时被二者引导，有时甚至被其他在同一时空的同质读者（同学）引导，相互引导相互激发，成就甚至超越（当然也可能歪曲）文本的意义。如某教师教《题临安邸》一课，当他把“暖风熏得游人醉，直把杭州作汴州”一句的意思按参考书（本质上是编撰者的引导）解说为“暖洋洋的春风吹得那些权贵们都陶醉了，使他们忘记了国难当头”时，教室里顿时嘘声四起。

生1：老师，我认为这里的“暖风”解释为“暖洋洋的春风”不太恰当，应该解释为“权贵们寻欢作乐的香风”。

师：有不同意见吗？

生2：老师，我认为把这里的“暖风”看作一种社会风气更恰当。

（有同学开始附和起来，一部分仍疑惑）

师：你能解释得更具体些吗？比如说是一种怎样的社会风气？

生2（充满自信）：应该是“醉生梦死的社会风气”。（板书）

师：说得真好！还有吗？

生3：是“寻欢作乐的社会风气”。

师：真不错，还有更好的吗？

生4：是“腐败、黑暗的社会风气”才对。

师：说得太好了！这样的解释大家满意吗？

生（齐微笑）：满意！

师：看来同学们的学习能力又增进了不少，这里的“暖风”解释为“腐败黑暗、醉生梦死、得过且过的社会风气”确实比“暖洋洋的春风”更令诗歌增色。

生5：老师，这里的“熏”字在课文中解释为“吹拂”，而在词语解释中为“气味袭人”，到底该用哪个呢？

师：你提的问题很有价值！大家认为该用哪个呢？

生6：老师，我认为该用“吹拂”，既然说的是风，自然是吹拂过来的，这样的解释比较能感觉出风的和煦、醉人。

生7（立即站起来）：不，我认为这里不是吹拂过来，而是一种风气蔓延开来了，解释为“蔓延”更合适。

师：你能把它说得更具体些吗？

生7：能，就是当时权贵们之间醉生梦死、得过且过的不良风气正在蔓延。

师：（惊喜地）：你解释得真不错，我也同意你的意见。

另一些学生商议后：老师，我们不同意解释为“吹拂”或“蔓延”，解释成“气味袭人”更为恰当。

师：怎么说？

生8：因为与吹拂相比，气味袭人更写出气味的浓重和强烈，而这里的气味指的就是腐败之风，说明当时的权贵腐败得很，他们臭味相投。

师：你的语感很强，说得也很不错，还有其他更好的解释吗？[①]

且不论这段文本的诠释是否过度，其集体性阅读及其读者的相互激发则再明显不过了。学生这种学习教科书文本的情感或智慧反应不是单独的、孤立的，作为一个群体，他们相互作用，有时，某种反应在一些学生中刚一露头，便很快席卷课堂，似有一股因素在不知不觉地推波助澜。这种聚合而成的认知气氛，几乎是一种精神的原子反应，不仅直接，而且巨大。

因此，除了教师、家长和习题影响学生对教科书文本的阅读外，在教室里，学生对教科书文本的学习或阅读又是在集体的情境下，受其他同学的影响与干扰而展开的。教科书文本的教与学主要以学生群体出现，活动多在同一时间、同一空间中进行，其他文本的阅读往往是单独、分散进行的。阅读的“共时空”是教科书文本独有的特点。

综上所述，教科书文本的声响性特点不仅仅是激发思考性朗读，因它有指导者站在一边，所以它也是集体发声的朗读。这是教科书阅读最美妙的地方。我为自己朗读，也为他者朗读；他者也为我朗读。为什么有些学生朗读课文时，故意放大声音？他希望影响别人，希望凸显自己，希望引起别人特别是老师或者是其他同学的注意。他想用不一样的声响告诉大家，他是一个好学生，是一个值得注

---

① 罗才军. 暖风一熏，意境全出［M］//杨九俊，吴永军. 建设新课程：从理解到行动　走向校本发展. 南京：江苏教育出版社，2005：81.

意的孩子。

第三，教科书文本阅读时的可“观”性特点。

区别于其他文本，教科书文本往往是插图、绘画、照片最多的文本之一。有些教科书（特别是中低年级教科书）包括大量插图和绘画（清末至民国初年的某些第一、第二册修身教科书，甚至完全是由图画组成）。本质上，图是在显示什么，而不是在写什么，此时的文本是沉默的，它以形象来展开，它不是供阅读的，而是供观看的，也就是通常意义上的“看”。但看书和看画显然不同。为了区别于对文字的“看”，我们把这一对形象的“看”的状态称为“观”。[①]

文和图是不同的东西，但都是人类在认识世界、理解世界的过程中创造出来的有意义的符号。文和图的关系，是人们认识、把握世界的不同智慧、不同方式之间的关系，它们的意义是相辅相成的。插图的主要功能之一是对某种教育理念和思想进行直观教诲、阐释。比如“友爱”是清末至民国初年教科书的重要图画内容，但不同的教科书画出的是不同的图。教科书编者选择图画做课文，实际上是要用图画展示空间，用空间的方式来唤起教师和学生对事物意义的思考和对事物性质的联想。此时，图画的作用不仅仅是补充语言，有时它甚至可以替代语言。图本身就在说话，就在诠释、理解和传递价值观。图像传达信息，提供快乐和悲伤，影响风格，决定消费。教科书发展过程中，教科书的插图演变散发出感染人心的魅力，愉悦着人们的心情，同时激荡着人们的思想和观念。

从清朝末年开始，诸如《最新教科书》（1904年始）、清学部编教科书（1906年始）、《中华教科书》（1912年始）、《共和国教科书》（1912年始）等影响极大的教科书系列，低年级文本充满了插图，甚至一些课文全是图。面对这部分文本，在这种情况下，“观”取代了“看”和“读”而成为理性判断的基础。问题是，这种无声的语言是需要用素养和悟性来读的。启蒙阶段的学生的“观”需要话语的指引。这需要教师和学生共同去挖掘、去探究，去获得“主体间性”，对教师和学生都是一种挑战。

（二）教科书文本读者的同质性和两极性

其他文本的读者有千差万别的外在性质，比如年龄、职业、收入等，但整体

---

① 石鸥，石玉. 论教科书的基本特征［J］. 教育研究，2012（4）：92-97.

上内在分布比较均衡。某一类文本基本上适应某一内在素养接近的读者群。经常读哲学文本的，经常读物理学文本的，经常读《读者》《故事会》文本的，经常读《三字经》《弟子规》文本的，也许读者外在差别很大，有富有贫，有官有民，有老有小，有商人有农民，但各自的内在差别并不大，总是保持某些相近的生活经验、兴趣与学识。但教科书文本则不是这样，其读者既具有极大的同质性，也具有极大的两极性。前者是指教科书的设定读者群是年龄、学识、阅历非常接近的学生，外在差异极小，内在差别也不大，同质性程度很高；后者则是说教科书实际上有两个读者群，除了学生外，还有教师，这两个读者群完全是异质的，具有两极性——素质相对比较高的教师和刚刚开始成长的学生。这就决定了写作和解读这种文本的独特性。事实上，兼顾二者的教科书编撰是非常困难的，所以在教科书之外，研制者们往往还编写了辅助性的读物——专供教师阅读的教学参考书以及学生练习册等。而在教科书文本解读过程中，就必然会出现一类读者引领着另一类读者解读文本、把握意义的现象。因为两大读者群素养差异极大，引领往往有可能异化为强制、灌输、替代，学生阅读的自主性受到严重制约。

教科书读者的两极性使得阅读理解的准确或偏差都可能比其他文本更大。当独立阅读文本《孔乙已》时，读者似乎是在听孔乙已说，其实是在听鲁迅说，是双重声音。但学生读课文《孔乙已》就复杂得多——是教师在讲课文，教师自然会掺入自己的话语。教师在讲“他讲”时，其实是在“师说”。此时，学生听到的是孔乙已、鲁迅和讲课的教师发出的三重声音。很可能最大的声音来自教师而不是鲁迅。于是，学生阅读理解出现偏差的可能性更大了。而且如前所述，还有其他学生在“发声”，这也可能促进或干扰特定个体对文本的理解。

三、教科书文本结构和文本实现的差异性

教科书文本是一种特别的文本，还表现在文本结构及其实现的独特差异性上。

1. 教科书文本结构的整体性

这是指教科书文本在内容上整体是一致的，性质是同一的。一本教科书中一课和其他各课组成一个整体，一册教科书和其他各册教科书组成一个整体，甚至一门课程的教科书和其他课程的教科书也组成一个整体。不论是语文、历史还是数学、物理，只要它们是教科书文本，就具有共性及共同的演变规律，体现了

社会的主流思想和价值观，反映了人类的知识现状，表达了时代对后继者的总体期望，并力求以学生能够接受的方式呈现出来，共同构成一个塑造学生的知识整体，所以，不同教科书的文本内容容易重复、交叉。这对于其他文本来说，不是一个大问题，读者很少同时阅读若干种有重复、交叉内容的文本，但对于教科书而言，这是需要克服的难题，因为一段时期里，学生是同时阅读不同的教科书文本的，重复与交叉会影响学生阅读的积极性。

较之其他文本，唯教科书文本具有较强的系列性、整体性，它具有某种内在逻辑法则。它以系列和群体的形式，引领着读者往更深、更高、更广的平台，一个台阶一个台阶地前行。教科书文本由课构成，它既呈现为册，是一本书，又必然是系列的册，是多册的书。我们说"语文教科书"，在脑海里浮现的既可能是一本教科书，也可能是一套多本教科书。教科书文本还呈现为相互关联的文本，如语文、历史、数学、物理……我们说"教科书"，在脑海里浮现的既可能是某一学科的一本教科书，也可能是某一学科的一套多本教科书，甚至是不同学科的多本教科书。任何单一的课、单一的册、单一的学科书本，都达不到整体的目标，都发挥不出完整的作用。它们需要集体行动，需要整体出击，需要共同作用。

可见，教科书的任何一册都不是孤立的。任何单一的教科书，都不能起到其他单一文本——哪怕是一首诗、一篇短篇小说、一个故事、一篇说明书——的相对完整的作用，教科书一定是整体的、系列的作用，而且一定能不断生出新意义、新知识。

整体的、系列的作用，决定了教科书文本的首尾关系比较特殊。文学文本常常有前后呼应、首尾相扣的叙事结构形态，有一个相对封闭的、完整的结尾，但教科书文本很少有，它只是一个相对自成体系的系统知识结构中的一小部分，它永远是开放的，没有结尾。或者说，教科书文本的结尾是独特的，这种结尾不是真正意义上的结尾。教科书从第一册第一课开始没有一个文字，也许仅仅是以插图开始，一学期下来，也许一本教科书应该有结尾，但它又不是结尾，还有第二册、第三册，可能到一个长时段（比如小学低年级、小学高年级，或小学、初中、高中，或义务教育阶段）结束才算真正结尾，这个真正结尾甚至很难确立。教科书内容按理应在结尾前完全展示出来，但对不同的人来讲，结尾阶段是不一样的，有的是第九年，有的是第十二年，有的时间更长。编者们如何把教科书内容呈现给学生呢？是深度有限但结构完整地呈现，还是把不太完整的结构（比如高中甚至大学毕业，结构才完整呈现出来）中的内容学得深刻些、学得透一些？

教科书文本的第一册甚至第一课是开始，具有系统的原点或出发点的价值，它具有启动的力量，有发展与深化的可能性，但它只是出发点，无法设计结束，也没有结束。如果小学是六年制的话，小学的第一册第一课是出发点，第一册最后一课是结束吗？第十二册最后一课是结束吗？物理意义上的教科书文本结束了，但丝毫不意味着知识体系或结构的结束。也许，教科书的第一册第一课从文本来看是很微不足道的，有时连叙事都尚未开始，可是它却有生发后来无限智慧的能量。教科书文本一定是系列式的，它具有某种内在法则，力求引领着使用者往更深、更广的领域前行，是一种不断生出新意义、新惊喜的过程。比如第一课，或“人、大人、小人、男人、女人”，或“天、地、日、月、山、水”，或“先生早，小朋友早”，或“天、地、人”，或就是一个“人”字。想象它有多大的生成与展开空间，给教师和学生带来多大的挑战！这就是它最大的整体性，也是它最大的魅力。

教科书文本开始难，结尾也难。结尾之所以成为结尾，在于它确实解决了所要解决的主要问题，达到了所要达到的主要目标。其他文本的结尾也许是封闭式结尾，是定向型结尾，而教科书文本的结尾则往往是开放型结尾，是非定向型结尾。前者带有重要的、强烈的结论性或暗示意味，而后者没有。前者多数会交代结局，后者没有结局。教科书文本的结尾与其说解决了所要解决的问题，不如说引出了更多的需要解决的问题，引出了继续学习下一册的需求。别的文本一般不会这样引出新的阅读的需求与机会。而且，教科书文本比别的文本更强调、更注重在恰当的时间结束，即有时间的约束，导致它们必须结束。任何文本都有时间限制，都被要求结束，但都没有教科书这么突出，教科书有更强烈的结束的要求，既有部分时间“课”与“课”的限制，也有全局时间“学期”“学年”的限制。不管故事如何进展，不管内容如何呈现，不管问题是否已经解决，按时结束是优先的、强制性的，这就是教科书文本。

进一步分析，教科书文本是由不同的单个文本构成的，这就要求把单个的他人创作的作品（原创作品或教科书的素材）内化为整体的教科书体系的组成部分，但教科书绝不仅仅是一个个作品的总和——它们是一个整体。那些单独存在的文本，一旦进入教科书，就不再是原来的单独的材料，而是同化于一个新的结构之中。当它成为教科书的许多单元中的一个单元、许多课文中的一篇课文时，它就有了新意，成了二度创新的作品，就生发出了超越单独文本的意义与价值。在教科书中，1加1绝不等于2，一个素材加另一个素材，一个作品加另一个作品，不会只产生两个素材、两个作品的影响力。一篇一篇的文章一旦被组成课文，被纳入特定的单元，它就有了自身的生命和作用，把作者"抛在了脑后"，形成了自己的叙述方式。正是在这一意义上，我们说教科书（textbook）是"编织"的，教科书是对文本（text）进行"编织"（texere）的书本（book）。所以，好的教科书是不会只从单一课文、单一文本的角度来评价的，也不会只从单册的角度来评价、考虑内容设计，它会从某个特定的教育阶段（小学、中学等）甚至整个教育阶段来设计内容。典型的如语文教科书中的《背影》一课，素材是同一篇《背影》，但安排在不同的文本组合中，意义和作用是不一样的。

2001年人民教育出版社将《背影》列入了八年级上册语文教科书第二单元，与《阿长与〈山海经〉》《台阶》《老王》《信客》几篇文章组成一个单元。[①]这个单元以"爱"为主题，几篇课文都在诉说对普通人，尤其是对弱者的关爱。显然，在这里，《背影》一课的教学，更突出平凡人之"爱"。

2003年江苏教育出版社的语文教科书将《背影》编选在八年级上册第三单元，与《甜甜的泥土》《人琴俱亡》《我的母亲》《父母的心》组成一个以"至爱亲情"为主题的单元，因为文章表达的都是亲情。[②]那么，毫无疑问，使用这一教科书时，教学中要突出传达的是"亲情"。这一设计思想也被北京师范大学出版的语文教科书所沿袭，2008年6月北京师范大学出版社的七年级上册语文教科书第三单元"亲情歌吟"的第一课就是《背影》，而且在同一单元，还收录了当代作家梁晓声的《慈母情深》，意在把《背影》所表达的平凡人的亲子之爱延伸到当代。

---

① 课程教材研究所中学语文课程教材研究开发中心．义务教育课程标准实验教科书　语文：八年级上册［M］．北京：人民教育出版社，2001.

② 洪宗礼．义务教育课程标准实验教科书　语文：八年级上册［M］．南京：江苏教育出版社，2003.

而2003年语文出版社的语文教科书则将《背影》选入八年级下册课本第一单元，与《永久的悔》《铁骑兵》《苏珊·安东尼》几篇文章组成一个单元。这个单元是散文单元，把《背影》列在这里，更关注的是文章的文体形式。[①]显然，教师的教学，就不得不以散文的文体特征的掌握作为重要目标。

这些设计恰好表明了教科书文本不同于其他文本的地方。文本只要成为教科书内容，就和它们作为独立的其他文本有了区别，有了整体意义，被其他共同单元的文本所烘托、所强化。

但这又引出了新的思考，这就是教科书编写者（研制者）与作品原创者所作贡献的复杂性。有时，真的不容易判定教科书的编写者，它既是一个群体，又是一批实实在在的作家；同时它既包含原创作品，如《先生早》，也包含经选择的转载作品，如《背影》。但当转载后的、被选择的文本被组合为教科书的特殊结构——“单元”时，教科书的作者又是谁呢？为教科书提供价值的是原作的作者还是把它们组合起来的研制者？最重要的贡献自然来自原作者，但教科书研制者的贡献也丝毫不能被低估，如对前述语文课文《背影》的处理。吴楚材、吴调候没有创作出让人“观止”的文章，但他们选编的《古文观止》算不算重要贡献？《唐诗三百首》中没有蘅塘退士的作品，但《唐诗三百首》又是他选编而成，如何看待这个贡献？进而，既然教科书中有许多内容是对其他原创者作品的转载或组合，那么是否允许改变原作，或是否应该改变原作呢？

2. 教科书文本实现的非连续性

不同于其他文本，教科书文本实现具有非连续性特征。当然，这也可以称为文本实现的独特的连续性。这是指整体的教科书文本往往既是以册为单位来处理的，又是以课时、学期、学年为单位处理的，文本的实现是阶段性的，是断续的，但又是相对固定的、连续的。教科书的构成要素之一是“课”。“课”之外还有“课时”，有时候“课”就是“课时”，一节课、一课文本就是一课时，有时候“课”不是“课时”，一课文本包含几个课时。“课”是教科书的基本单位，但其联系性不一定很强，一些教科书从第一课到第二课，没有特别的时间线索，甚至没有特别的逻辑线索（如果不是一个单元的话）。学

---

① 史习江. 义务教育课程标准实验教科书　语文：八年级下册［M］. 北京：语文出版社，2003.

期、学年对教科书的意义也很相似，有的课程是从一年级开始一直开设（如语文等），有的课程是从三年级起开设（如小学英语等），有的课程是初中开设（如物理等），有的课程只开设几年就不会再开设了（如化学等）。文本内在知识的整体性或系统性有时候就不得不服从这一特点。本质上，在教科书文本里，叙事都是由课堂教学机制决定的。为什么每篇课文不能太长？为什么要分课文？为什么要一课一课地组织内容，而不能设计类似于长篇小说的课文？因为实际教学，需要可预计的时间来安排内容的学习。因此课堂教学机制决定了教科书文本实现的非连续性。

另外，教科书文本意义的解读，即教科书内容的实施也有其独特性，最明显的表现是文本解读的非连续性。读教科书和读其他任何作品——不论是文学性的小说、故事、戏剧，还是非文学性的说明、通知、文件——不一样的地方是，后者至少是在一段时间里主要读一个作者（主体）的作品，主题是基本相同的，内容是前后联系的，主人公是相同的，背景、情节包括阅读时间都是连续的。但教科书阅读或教学性阅读则不断地变换这些要素，解读可能会不断被搁置或中断。上午读一个作者的作品，下午是另一个类型的作品。昨天是一个场景、一种意境，今天就变了，也许明天还得变。教科书很难让人长久地沉浸在同一个故事、同一个主题中，很少有长篇大论的教科书。昨天的课文使师生觉得悲愤，今天的课文则让师生笑得灿烂，甚至上节课的愤怒就被下节课的喜悦取代。上午刚学完宋词，浪漫柔情还在学生心中萦绕，下午步步推理的数理逻辑就强势地把情感压住。再残忍的情节，再扣人心弦的场景，只要教师说一声“好，今天的课就到这里，下课”，一切就可以马上从学生眼前消失。[①]在大量教科书中，课与课之间、单元与单元之间、一本教科书与另一本教科书之间，几乎都是相对独立、自成体系的内容，在内容、背景甚至情绪上前后关联度非常小。教科书文本思维的跳跃之大、感情的起伏之强烈、主题的差异之悬殊、文体的变化之大、文字风格之不同以及对智慧与理解力的要求的差别，都是别的文本不可比拟的。解读教科书文本的时候，师生不能把上一时间段的思想、话语和情绪带到这一时间段来，把上一门课的思想、话语和情绪带到这一门课来。但是，他们又要把本文本上次

① 石鸥，石玉. 论教科书的基本特征［J］. 教育研究，2012（4）：92-97.

所学的内容带到这节课来，其典型的表现形式是，老师会问："同学们，我们上次讲到什么地方了？""上次我们已经讲完第三段了，下面我们开始……" 而这里的"上次"，也许是前一天，也许是前几天甚至前一周，这样的做法具有怎样的特别意义？对读者理解文本产生怎样的影响？这种特别的阅读和一般读者的连续性强的阅读相比较，哪种更有利于对文本的理解与把握？这对教科书文本的编制者有怎样的启迪？

总体而言，教科书文本解读的连续性不强，阶段性突出。教科书文本及其解读所勾画出来的世界，基本上是长期的秩序与短期的非秩序并存，长期的完整性和短期的非完整性并存。教科书内在的连续性是通过一种非连续性的手段实现的。这给我们的启示是，教科书的研制要注意其节律性，教科书文本的实现是一节课一节课进行的，一节课后也许要隔一天，也许要隔几天。有的学段是一节课安排一门学科的，有的学段则可能是两节课连续安排一门学科的。那么，在不同的学段，一节课和一篇课文能否对应？是否需要对应？是不是一节课恰好教一篇课文最为合适？当某些学段两节课连排时，文本内容是否也需要考虑对应着两节课的分量？不同学科、不同类型的教科书，课文安排有没有其独特性质，并需要与课时予以的特别要求匹配？解读的非连续性这一特征导致教科书文本的构建应该有其独特性。

四、教科书文本构建的"标准性"

教科书文本的特殊性还在于，在它们的编撰过程中，编撰者的自由度是有限的，必须遵循特定的标准创作，一定程度上是典型的"戴着镣铐跳舞"。其他文本虽然也有限制，但更多的是来自审美性的限制，来自创作者素养的限制，来自预设的读者群视界的限制，来自相对宏大的社会意识形态的限制。唯有教科书文本，限制更具体而且比较刚性，有意识形态的限制，有学科体系的限制，有读者对象的限制，有教学时间的限制，当然也有来自创作者本身素养的限制。这些限制比较集中地体现在课程标准（教学大纲或类似的准则）的限制上。有时候，这种限制是高强度的。因为课程标准的相对稳定性和使用的长期性（使用10年的课程标准很正常），特定时段意识形态的要求、国家意志的要求，也可能成为突然产生的重要的限制（如抗战时期的教科书和"文化大革命"时期的教科书）。课程标准的限制可称为教育性限制，意识形态的限制可称为政治性限制。当然，课程标准也有政治性限制的成分，但它毕竟是与教育因素联系在一起的。

在特定的时空范围里，不论是教育性限制还是政治性限制，都是很相似的，这就导致特定时空的不同教科书之间有许多相似、可相互借鉴的地方，这是文本的重复性，也可称为教科书文本具有突出的“文本间性”或“互文性”（intertextuality），即教科书文本之间具有多种多样、广泛复杂的甚至明显的联系。比如不同版本的语文教科书的选文很多是一样的，不同版本的历史教科书对待某些特定的历史事件基本上有相似的叙述，不同版本的数学教科书的发展逻辑大多是一致的。这就可以理解，为什么即便在多样化制度下，教科书文本仍然不可能大规模或全面创新，因为它们不得不有相似的内容，相同的追求，相近的结构、体系与表述。[①]

正因为这样，有些有个性的知识分子不喜欢研制教科书，因为他们会发现，教科书文本的这一标准性特征限制了他们，使得他们的某些思想必须让路。教科书编撰者的意图、强调的重点，甚至评价体系会随着教科书研制的展开而逐渐分裂，且最终使教科书编撰者不得不屈从于“标准性”。所以，人们往往只称“教科书编者”，很少称“教科书作者”。

也正因为这样，学者们容易瞧不起教科书，因为他们认为教科书文本的创新性不够，观点趋于保守，内容趋于雷同，语言四平八稳，很少有一鸣惊人的教科书观点、内容和语言。德国学者顾彬曾经批评美国社会科学界逐渐蔓延的教科书学术现象，指出“教科书学术”本质不是学术，不能自由研究、自由表达，受限太多。[②]我国学者陈平原也多次阐述了教科书与专家书的区别（他所指的教科书主要是大学教科书，可以推理出中小学教科书这一问题会更突出）。他首先指出，统编教科书容易造成思想专制以及知识垄断，然后又批评学界突出的“教科书心态”——学者们像编教科书那样写学术专著，“著书立说时平实但缺乏生气”。他认为，学界无视教科书与专家书的巨大差异，将课堂讲义直接转化为学

① 石鸥，石玉. 论教科书的基本特征［J］. 教育研究，2012（4）：92–97.

② 顾彬，张穗子. 略谈波恩学派［J］. 读书，2006（12）：116–122.

术专著，致命的隐患之一是“抄袭成风”。①尽管陈平原先生对教科书文本有误解甚至不无偏见（他还在同一篇文章中认为，这样做的一个致命的隐患是“写作极不规范”，其实，教科书文本恰好是过于规范了），但确实指出了教科书文本先天性的缺陷：受限制太多，所以“平实但缺乏生气”，有太多相似的内容、相同的表述、相近的结构与体系。

然而，教科书文本受限制，并不等于完全没有阐发和创新的空间。毕竟，限制或规范教科书的标准是相对宽泛的、留有余地的、概括性强的，完全可以在立足标准的同时，巧妙地跳出或超越标准，在博弈中阐发自己的认识，甚至力图弥补课程标准或教学大纲的不足，研制出有创新性的教科书。比如2001年版的初中《历史课程标准》有以下内容。

（二）国家的产生与社会变革

（内容标准）

（1）简述夏朝建立的史实，知道禅让制到王位世袭制的演变

（2）了解夏、商、西周三代的更替

（3）说出西周分封制的主要内容

（4）知道春秋五霸和战国七雄的史实

（5）通过商鞅变法等史实，认识战国时期的社会变革

（教学活动建议）

（1）识读春秋战国形势图，学习识读历史地图的基本技能

（2）以“商鞅变法的失败与成功”为例，组织讨论会②

而根据该课程标准编写并通过审定的某出版社的历史教科书的七年级上册的第二单元“国家的产生和社会变革”包含6课内容。

第四课　夏、商、西周的兴亡

第五课　灿烂的青铜文化

第六课　春秋战国的纷争

① 陈平原. 小说史：理论与实践［M］. 北京：北京大学出版社，1993：26–33；陈平原. 重建“中国现代文学”：在学科建制与民间视野之间［J］. 人文中国学报，2006（12）：25–41.

② 中华人民共和国教育部. 历史课程标准（实验稿）［M］. 北京：北京师范大学出版社，2001：7.

第七课　大变革的时代

第八课　中华文化的勃兴（一）

第九课　中华文化的勃兴（二）

活动课二　编历史小故事[①]

很显然，该教科书的编撰者认为课程标准没有提出学习青铜文化的要求是不妥当的，所以即便没有第五课也达到了课程标准的要求、完成了教学的任务，教科书编撰者仍然坚持补充了第五课“灿烂的青铜文化”。第八、第九课“中华文化的勃兴”也是具创新意义的设计。教科书文本的编撰者们一直在标准引领下，在一定的框架之中“戴着枷锁”探索，但有时候也表现出要突破并能够突破课程标准的框架的强烈欲望，或者说尽管他们是“戴着枷锁跳舞”，但仍然能够跳出华丽多姿的舞蹈（对此，后文将有专门的分析）。

因此，如何保证教科书各自的个性、独特性是多样化教科书制度下的重要问题。教科书文本的编撰者需要在不断的探索中寻找自由创新的尺度和边界，这无疑是一件非常难的事情。但即便教科书编撰者的创作余地有限，即便他们既要遵从教科书编写的程序，还要遵循学科的内在结构，即便教科书要以课程标准或教学大纲为依据，包含国家课程标准强制要求的最低限度的学科内容，并遵从课程标准的思想逻辑，但教科书还是不应成为课程标准的复印件或翻版。它需要与标准保持一定的距离，标准构成了教科书的一种知识框架，教科书文本则应努力完成标准的“教学论转化”。当然，反过来，标准的研制是不是也要考虑给教科书的研制留下足够的空间呢？标准太宽泛，教科书容易过于发散；标准太细，教科书难以出新。把握适当的度是对标准研制者的一个考验。

专栏2　上海版高中历史教科书事件

2006年9月，上海市正式在全市高中起始年级全面推广新教科书。其中高中新历史教科书共9本，涉及9个主题，含必修3本：中外政治史、经济史、文化发展史；选修6本：改革、民主、现代战争、人物、奥秘和文化遗产。这套教科书

① 课程教材研究所历史课程教材研究开发中心．义务教育课程标准实验教科书　中国历史：七年级上册［M］．北京：人民教育出版社，2006：目录页．

是2001年底，上海师范大学历史系通过竞标取得编写权的，苏智良教授任主编（该套教科书简称“苏编历史教科书”）。

这套教科书改变了以领导者、阶级斗争及战争为主轴的历史观，“文明”成为历史发展的主角，如高一（上册）包含3个主题，主题一：人类早期文明；主题二：人类生活；主题三：人类文化。这样的历史教科书很快引起了关注。2006年9月1日，美国《纽约时报》发表题为《毛去哪里了？——中国修改历史教科书》（*Where's Mao? Chinese Revise History Books*）的文章，称“这套新版标准历史课本不再探讨战争、王朝和共产主义革命，而是把更多的笔墨放在经济、技术、社会风俗和全球化等多种主题上”，“摩根大通、比尔·盖茨、纽约股票交易所、美国航天飞机以及日本的子弹头火车，都在新版教科书中得到了突出。曾被视为世界历史重要转折点的法国大革命和俄国十月革命，如今受到的关注也大为降低。毛泽东、长征、殖民侵略以及南京大屠杀，而今只在初中讲授，并且内容也大幅缩减”。[①]一文激起千层浪，“不再探讨战争、王朝和共产主义革命”等，本质上就是故意忽视它们。“苏编历史教科书”迅速引发了激烈的讨论，批评声铺天盖地，如“淡化‘毛泽东、长征、殖民侵略、革命、战争’，盖茨取代毛泽东；大幅削减古代史内容，用所谓当代文明史取代中国史；营造所谓‘和谐史’，革命、战争、苦难内容被大幅删减”等。[②]

为澄清事实真相，教科书主编苏智良教授接受了《南方周末》专访，2006年9月28日《南方周末》发表《盖茨来了，毛泽东也还在》《是改变，不是“政变”》等文，认为《纽约时报》的报道“带有歪曲和片面性”，“我们希望新版教材能够反映人类求生存、求发展，能够体现人类文明发展过程，把人类从古到今的文明史讲清楚”。

2006年10月12日，《南方都市报》采访了上海大学历史系教授朱学勤。朱教授充分肯定了这套教科书，认为教科书“用文明史来代替阶级斗争史，用社会生活的变化来代替王朝体系的演变，用文明来代替暴力，用千百万普通人生活的演变代替少数帝王将相的历史，这是非常大的进步”。[③]

---

① 袁野. 历史教科书：酝酿八年的进步［J］. 中国新闻周刊，2006（41）：40–42.
② 邓艳玲. 上海新版历史教科书引争议［J］. 基础教育，2006（10）：44–45.
③ 朱学勤. 从沪版历史教科书的改革说起［J］. 教书育人，2007（25）：69–71.

几乎在同一时间，教育部高校社会科学研究中心召集七位以“马工程”（马克思主义理论研究与建设工程）首席专家为主体的历史学家，专门就该教科书事件开会。2006年10月16日《社会科学情况反映》以“著名历史学家评上海新版高中历史教科书”为题，一次印发了六期简报，刊登了这些专家对“苏编历史教科书”的批评意见，认为“上海版历史教科书离开马克思主义唯物史观，只讲现象不讲本质”“该教科书指导思想混乱，明显受到西方史学理论的影响”“该教科书背离了我们党关于历史教育根本任务的要求，会造成思想混乱，进而危及政治安定”，建议“立即停止使用这个新版教材，用国家统编教材替代”。之后，《几位历史学家评上海新版高中历史教科书（二）》进一步把教科书事件升级，以“警惕以学术为名攻击现实政治的倾向”为标题作文，尖锐指出：

“一段时间以来，史学研究领域出现了一种借探讨学术问题来攻击现实政治的倾向。有人以谈学术问题为名，含沙射影地把矛头指向现实政治，反对党的领导和社会主义制度。”

比如，袁伟时认为，“我国当前的中学历史教科书是戕害青少年的‘狼奶’，‘我们的青少年还在继续吃狼奶！’朱学勤日前在关于上海新版历史教科书的访谈中明确提出，‘此前孩子们接受的历史教育，是喝狼奶的教育，不是喝人奶的教育，训练出来的是狼，不是人’”。“这些论述表面上看是关于历史观问题的不同学术观点，实质上是攻击我们党和国家确立的用唯物史观培养社会主义事业建设者和接班人的教育制度。”[①]

2007年2月，中央军委原办公厅主任、原军事科学院副院长李际均中将在《瞭望》发文指出：“有的新版历史教科书，弱化革命和战争，对毛泽东、红军长征、帝国主义侵略、南京大屠杀、狼牙山五壮士等历史都大幅缩减或删除，增加和突出了摩根大通、纽约股票交易所、日本子弹头火车、领带的流行等内容。有的学者说，以前的历史课本重视意识形态和国家认同，新的历史课本较少意识形态的内容，与当前的政治目标一致。这种荒唐的逻辑，匪夷所思。历史课本就

① 原题为“著名历史学家评上海新版高中历史教科书”，2007年9月、10月《环球视野》电子期刊总第180期、第181期发表时改名为“几位历史学家评上海新版高中历史教科书”，见http：//www. globalview. cn/ReadNews. asp？NewsID=12824，http：//www. globalview. cn/ReadNews. asp？NewsID=12921.

是要重视意识形态和国家认同。”[①]

结果可想而知。2007年，主编苏智良教授退出编写组，刚使用不久的新版历史教科书被停止使用，[②]启动新的历史教科书的研制与使用。

---

① 李际均. 振兴国魂军魂［J］. 瞭望，2007（7）：1.

② 周育民. 关于上海历史教科书问题：对北京几位历史学家批评的回应［J］. 开放时代，2009（1）：144–157.

第三章

教科书内容的确定

美国儿童文学家贝琪·B.雪利说过："如果能够记录有史以来美国青少年读了什么书，就能多少弄清楚社会发生了什么事情。"[①]她很看重书本的内容。根据她的思想，我们可以说，中国青少年读什么内容的教科书，对社会影响深远。所以，我们说教什么、学什么优先于怎么教、怎么学。

现代管理学之父彼得·杜拉克（Peter Drucker）曾在他的著作《杜拉克论管理》（*Peter Drucker on the Profession of Management*）中说：以极高的效率完成根本不需要的工作，是最大的无用功。[②]换言之，没有什么比高效地做一件根本不该做的事更加徒劳的了。被誉为中国商业教父的柳传志也曾经表达过同样的观点：在错误的道路上狂奔，工作效率越高意味着将会离既定目标越远。[③]很不幸，在当今大量的教学活动中，杜拉克和柳传志的话被不断实践着。我们在一些不重要的事情上花太多的精力，探索更高的效率。现在我们需要清晰地认识到要优先考虑对于教学来说，什么最重要，然后才是如何高效率地教学，犹如我们要优先关注做正确的事，然后才是正确地做事。

教科书是一种特殊的文本，除了第二章所涉及的特殊性以外，其特殊性还表现在文本内容构成上。作为承载与传递知识、传承与创新文化、反映与体现主流意识形态的教学用书，由于众所周知的原因，它只能容纳部分内容。那么，教科书到底应该优先容纳什么内容？依据是什么？这涉及广义的"什么知识最有价值"的问题。

---

① 巴斯贝恩. 文雅的疯狂：藏书家、书痴以及对书的永恒之爱［M］. 陈焱，译. 上海：上海人民出版社，2014：401.

② 杜拉克. 杜拉克论管理［M］. 孙忠，译. 海口：海南出版社，2000：105.

③ 师北宸. 创业就是持续的证伪？［EB/OL］.（2017-12-17）［2019-11-30］. http://36kr.com/p/5108377.html.

第一节　教科书内容的来源

教科书文本和其他文本的一个重要区别是：教科书文本内容在一般情况下是经过选择的，是从浩如烟海的知识中选取很少的一部分构成的，纯粹原创的少，因而具有显著的依附性，依附于可供选择的外部知识内容。

一、教科书文本内外的知识空间

教科书文本内外存在两种知识空间：一个是教科书外部的原生态的文化知识空间，理论上包含所有的人类文化文明与科学知识，往往被粗略分为两大类，人文社会科学类和自然科学类，也有三分类的，还包括艺术类；另一个是通过教科书研制者的选择等主体行为而构建形成的教科书内部文化知识空间，即构成教科书具体文本的文化知识体系。外部知识空间是内部知识空间的来源和基础，内部知识空间是外部知识空间的浓缩与代表。存在于外部知识空间的资源，理论上均可以作为教科书的候选素材，均有可能成为教科书的内容，我们往往称其为教科书的原生态素材、原生态文本等，[①]它们是教科书的资源性要素。比如对于语文教科书来说，历史上一切文学作品，一切语言文字，中国的、外国的，古代的、近现代的，汉族的、少数民族的，现实主义的、浪漫主义的，小说、诗歌、戏剧，散文、杂文、寓言，演讲、日记、说明书，等等，都是外部知识空间的内容，理论上都可以或可能成为语文教科书的素材或资源。所有数学知识素材对于数学教科书，所有历史文化对于历史教科书，都是如此。当然，对这些原生态的、资源性要素的取舍，本身是有规律可循的，是有讲究、有秩序的，它既取决于这些素材的性质、意义和价值，也往往反映教科书研制主体的价值观倾向与学识水平，反映教科书研究的成果。外部资源性要素取舍的结果，往往就是教科书文本的形成，是特定内部知识空间的形成。

我们强调，教科书天然蕴含选择的基因，因为教科书所承载的内容或所谓内部知识空间的内容，都是从浩瀚的外部知识素材中选择的。这就产生了一系列的选择性问题。比如，由谁来对外部知识空间的原生态素材进行选择，以决定其能

---

① 石鸥，张文. 改革开放40年我国中小学教材建设的成就、问题与应对［J］. 课程·教材·教法，2018（2）：18-24.

否进入教科书？人们依据什么来对浩瀚的外部素材进行取舍？素材选定了，如何来建构和呈现这些素材？……每一个问题都是一个难题。

其中，研制教科书最大的难题就是外部知识空间的原生态素材太多，有太多的东西需要进入教科书，但教科书的容量是极为有限的，且内容选择的标准并不清晰，“精选课程内容”往往成为空泛的口号。难怪联合国教科文组织发出如此感叹：教育内容的确定问题大概从来没有像今天这样复杂和迫切。[①]我们总说要把最有价值的知识传递给下一代，可是“什么知识最有价值？”斯宾塞之问成为百年课程难题，也成为百年教科书难题。是杜威全力推崇的实用知识还是永恒主义精心遴选的经典知识？是更多的唐诗还是宋词？是更多的鲁迅还是曹雪芹？有人重文化传承，有人重文化创新，《背影》到底选不选？《朱德的扁担》到底留不留？不同的文化知识均有其独特的价值。但教学用书，“在不断更新而又范畴极为广阔的科学资料之中，我们仅能选取其中一小部分”，被选择的内容只是该领域内容之沧海一粟。[②]于是，我们必须进行多次选择，然后才能确定进入教科书的内容。

二、教科书内容与学科内容

教科书内容与学科内容既有联系，也有区别，不能将二者等同看待。

学科指的是依据一定的教学理论组织起来的科学基础知识的体系，[③]是就知识体系而言的，是相对独立的。学科用于学术分类时，往往是指一定科学领域的研究分支。学科用于教育时，是指依据一定的教学理论组织起来的知识体系，这时它与科学领域的研究分支有联系又有区别，某种意义上它是系统的科学知识用于教育的术语，是科学及其分支的教育学转换和教育化表达。比如科学体系中的物理学、化学，经过一定的转换，就是教育体系中的物理学科、化学学科，甚至可以转化为物理课程、化学课程，即学科课程。学科课程既反映科学体系，又符

---

① 拉塞克，维迪努. 从现在到2000年教育内容发展的全球展望［M］. 北京：教育科学出版社，2010：202.

② 邹学立. 兰本达教授献给中国青年的书：《物理学家是怎样工作的?》简介［J］. 课程·教材·教法，1991（2）：14–16.

③ 中国大百科全书总编辑委员会《教育》编辑委员会. 中国大百科全书　教育［M］. 北京：中国大百科全书出版社，1985：210.

合教育要求。[1]学科内容是指科学的特定分支的系统知识内容，主要表现形式是科学知识体系——由本学科的重要概念与原理、知识构成，还包括为发展这些知识所积累的实践经验和方法。学科内容的组织依据和逻辑结构是其所依托的科学。换言之，学科划分遵循知识体系自身的逻辑，学科发展的核心是知识的发现和创新，学科内容在一定程度上是科学的转化。如数学学科内容的逻辑结构主体上就是数学科学体系，依托的是数学科学，组织依据是本学科内的概念关系。而科学主体上是一种知识体系，这就必然决定了学科内容主体上是一种知识体系。因为现代教科书是分科设课的产物，是因学科课程而产生的教科书，[2]甚至学科课程决定了教科书的命名——教育中有什么学科，就有什么名称的教科书，所以在以学科为中心的教育体系里，教科书在本体意义上有成为学科本位教科书的倾向。这种教科书的主要内容就是学科知识内容，因此有些人把教科书内容直接理解为学科内容。以传统教科书为中心的教学，必然就是以知识为中心的教学。

但教科书内容还是不同于学科内容。教科书内容既包括学科知识内容（以学科内容为主体，许多时候也以学科逻辑为自己的逻辑），同时需要对学科内容进行不同的取舍、重组、编排，即教学论转换，也要包括学生情感的、道德的教育要素，以及对学生活动、练习、方法的关注，比如必要的评价、技术手段等过程性的内容等。其中一部分内容涉及教科书的情感态度价值观的因素，另一部分内容类似于我们前面所述的教科书的支架体系或助学系统，也可以看成是教科书的认知策略。[3]教科书认知策略的优劣和是否关注学生的情感道德，是决定教科书质量高低的一个重要标准。教科书认知策略也从形式上将教科书与其他文本明显区分开来，一眼可辨——不是系统的学科内容使教科书成为教科书（比如系统的数学知识，或系统展示优秀散文、诗歌、杂文等的选文集），而是包括单元、课、练习、作业、活动、教学要求在内的因素使得教科书能够迅速与其他文本区分开来，被识别为教科书。

教科书既以学科逻辑为依据，也以学生发展逻辑为依据。学科内容的组织依

---

① 石鸥. 教学别论［M］. 长沙：湖南教育出版社，1998：158.

② 石鸥. 最不该忽视的研究：关于教科书研究的几点思考［J］. 湖南师范大学教育科学学报，2007（5）：5-9.

③ 吴小鸥，石鸥. 晚清留日学生与中国现代教科书发展［J］. 高等教育研究，2011（5）：89-96.

据是学科知识体系，而教科书内容的组织依据是人才培养目标及其具体化的课程目标。一般而言，教科书内容（而不纯粹是学科内容）在国家课程标准里被完整涵盖。课程标准除了学科的知识内容标准外，几乎都有教学、教材编写、评价等方面的要求与建议。遗憾的是，后者往往没有被给予足够的重视，人们只注意知识内容标准。比如，根据学科标准，我们在教科书中写入低碳生活的若干准则与知识，这本质上是学科内容。但教育的重心不是让学生知道有哪几条准则、哪些有关低碳生活的知识，而是让学生通过学习能够自主自发地把这些准则与知识应用于自己的生活之中，并影响他人。所以，我们不仅仅选择某些特定的学科内容，还要设计相应的活动来实现通过内容要达成的目标——这就构成了教科书内容。这就是学科内容和教科书内容的区别。

教科书内容有广度、深度、难易度等不同的维度和检验内容的不同标准。内容广度往往是指教科书内容所传播的知识，所叙述的事件、人物和过程，以及所组织学生活动的范围；所谓内容的深度，往往是指教科书所揭示的知识的原理、概念，所反映的事件、人物和过程的错综复杂的因果联系及其他关系，以及对学生知识储备和能力要求的复杂程度；所谓难易度，则是教科书反映的内容被学生理解的困难程度。深度体现知识的质，广度体现知识的量，难易度体现对学生心智水平的适应性。因此，笔者认为，教科书内容的重要衡量标准是合理地确定知识的数量、质量和对学生心智水平的适应性，防止内容上具有过难、过易、过多、过少的随意性。

那么，我们如何来确定教科书内容呢？再直接一点，教科书内容由谁来确定才能保证没有谬误，更不用说没有随意性呢？

第二节　教科书内容确定的主体

教科书内容确定的主体，涉及谁来从浩如烟海的外部知识空间中选择部分知识进入教科书的问题，用专业一点的话说，即涉及谁来研制、编写教科书的问题。但不论是谁，即便是顶级学者，有一点可以肯定：任何人选择（编写）教科书内容时，都会带有一定的主观性，每个人都会有自己的学术背景、人生经历和价值倾向，前视域、主观倾向性会在教科书文本中有意无意地流露出来。

一、教科书内容的确定者

谁来确定教科书内容？谁来从浩瀚的外部知识空间中选择极少量的内容进入教科书、组成教科书的内部知识空间？古代中国，在教材内容选择与确定上做得最好、最具权威性的，当属孔子，再就是孟子、朱子等。他们圈定的以“四书”“五经”为代表的教材内容千百年来成为人们学习与记诵的经典。古代西方，在教材内容选择与确定上做得最好、最具权威性的，当属柏拉图、亚里士多德诸君，至今他们确定的教材内容之精髓仍然是人类文明的经典。从总体上来说，这些内容被这些人确定，有其浓厚的官方背景或皇室背景，也体现文化发展的阶段性特点。

千百年来，教科书内容的确定者的身份大体相同——他们总有皇室或官方背景。中国进入近现代以来，随着社会的发展与民主化的进步，在新式教育的新式教科书发展中，极端权威性和唯我独尊的局面被打破，皇室或官方背景弱化，教科书内容的确定者走向民间，越来越多的人参与教科书内容的确定。其中影响比较大的教科书主要由一批令人仰慕的知识精英完成。张之洞、严复、蔡元培、胡适、陈独秀、张元济、陆费逵、章士钊、刘师培、马君武、冯友兰、陈衡哲、黎锦熙、吕思勉、顾颉刚、叶圣陶、林语堂、丁文江、竺可桢、严济慈等，都是确定教科书内容的重要人物。还有无数知名度没有这么高或一生都没有进入中国文化舞台中心的、默默无闻的甚至被今人遗忘了的、把自己承载的理想转化为朗朗上口的小儿书的学人，他们的启蒙胸怀和育人理念是令人敬仰的。他们从西方文化的汪洋中、从中国文化的浩卷中选定塑造中国广大年轻人的传统文化与知识内容，并不断地强化，铺设了中国课程与教材的发展轨迹，同时也在一定程度上指明并引领了中国一代代年轻人的发展方向，这也是中国社会的前行方向。在多数情况下，这不是由个人单枪匹马完成的，这是一种群体行为。这个教科书编撰者群体往往由本领域优秀学者领衔，和其他人员（包括中小学教师、美术工作者等）共同组成。他们共同完成教科书内容的选择、确定和组织。

中华人民共和国成立后，作为中央官方的机构，集编、审、出版于一体的人民教育出版社在成立初期，从全国范围内集中了一批优秀的学者、编辑，包括叶圣陶、朱文叔、陈乐素、吕叔湘、张志公等，承担并完成了全国中小学教科书的编写出版任务。也正因为出版社集中了编写、审查和出版的多重任务，此后很长一段时间内，教科书的编撰成了特定出版社内部的事务，编辑就是作者。当早期一批优秀学者兼编辑逐渐退出后，再难看到大学者研制教科书的现象了。这是中国特定阶段的特殊现象。这一现象在改革开放后逐渐得到扭转。教科书的多样化趋势，吸引了一批优秀学者进入教科书的建设队伍，尽管从优秀学者到高水平的教科书研制者需要一个艰难的转化过程，但至少已经有了良好的开端。

教科书的研制者或教科书内容的确定者，比作品或文本的原创作者责任重大得多。因为文本或作品只有上了教科书，教科书只有被印出来、发行出去、进入课堂后才有巨大的力量——建设力或破坏力，这个威力比作品本身大得多，因为它已经成为未成年人的指定精读作品了。没有教科书，《最后一课》会产生那么大的影响吗？没有教科书，《背影》或《祝福》会家喻户晓吗？

教科书文本的独特重要性，决定了教科书研制是高度专业化、精细化的过程，更是有浓厚的意识形态性的过程，往往需要团队合作，有不计其数的问题需要不同领域的专家去研究解决。教科书研制需要本领域的科学家，很难想象编写数学教科书的人中没有数学家的情况。教科书研制还需要本领域的学科教育学家，数学是科学，科学的任务是发现与研究未知，培养人那是教育的任务（尽管科学的过程也培养人，但那不是科学的主要任务），把科学的知识有效地转化为教育的内容，并不是那么容易的，好的数学家不一定能够成为好的数学教育学家，好的数学教育学家也不一定能够成为好的数学教科书研制者。数学教科书不仅仅是数学知识的文本，它涉及学生的全面发展，数学教科书的研制最好要有教育学家的参与。教科书研制还需要心理学家，根据学生的不同年龄把数学内容的难度、深度、广度进行有层级、有坡度、有针对性的安排，这决定了教科书能否最大限度地促进学生的发展。当然，教科书研制还需要中小学教师，他们了解学生，了解学生对教科书内容理解的困难在哪里，了解什么样的内容呈现方式学生比较喜欢，有他们参加，教科书质量可以更上一层楼。教科书研制还离不开优秀的美编或插图绘画者，以及版式设计者。试想一下，叶圣陶的国语教科书如果没有丰子恺的插图，会有多大的遗憾啊。

有研究认为，合理的教科书研制队伍一般涉及三个基本结构，即年龄结构、知识结构、工作背景结构。

比较合理的研制组应当由“老、中、青”三个年龄段的专业人士构成。老一辈专家积累了丰富的经验，有的甚至终身都在从事教科书编写职业，他们的青春、生命与教科书事业融在一起，这种丰富的经历是无法替代的。而新生力量是社会进步的象征，常常又是时代潮流的引领者，扎实的专业功底和广阔的学术视野使他们朝气蓬勃，敢于标新立异。所谓专业人士，是指在某个课程领域或专业领域具有丰富知识的人士。各领域专业人士共同构成知识结构比较合理的搭配，他们的专业背景相互补充，既包括学科专家、课程专家、教科书编写专家，也包括优秀的教研员和一线优秀教师，共同构成一支多层面、立体化的教科书研制队伍。学科专家能将其良好的学科素养融入教科书研制之中，这是保障教科书内在逻辑结构准确无误的重要因素。课程专家更加了解学生学习发展的规律，更容易使学科内容与学生的认知发展规律、社会因素相结合。教科书编写专家有着丰富的编写经验，能够更好地将教学目标、课程内容转化为符合教科书常规的结构，避免教科书编写出现一些技术性错误，实现教科书的规范化、标准化。优秀的教研员、一线教师更加贴近教师和学生的实际，更加贴近教科书的最大用户群体的实际，构成保障教科书实用性、操作性的关键性因素。特别地，优秀教师加盟教科书的研制队伍，必然使教科书更加符合课堂教学实际，体现实践层面的真实呼声，这是保障教科书实效性的决定性因素。同时，合理的教科书研制组，最好既有高校的专家学者，也有中小学优秀教师，还有专门从事出版事业的专家等。①

理论上，教科书内容的确定者应是长期研究教育方针、教育原理、教育规律、教育改革与发展趋势的学科、课程、教材专家和学者以及一线优秀教育工作者。正是在这个意义上，我们认同在一定程度上，教科书内容的确定者就是教科书研究者，更是教科书研制者。②但现实中，主管部门仍然更看重学科专家，所以我国教科书普遍存在学科本位、过于突出知识的系统性、忽视学生能力与情意发展等不足之处。

在队伍或整体意义上，教科书内容的确定者或选定者是由学科领域的学者、

---

① 孔凡哲，张恰. 教科书研究方法与质量保障研究［M］. 长春：东北师范大学出版社，2007：320.

② 张贵勇. 教材编写者首先应是教材研究者［N］. 中国教育报，2012-02-16（005）.

教育学和心理学领域的专家、优秀一线教师代表、教研人员以及美术工作者共同组成的一个群体。但不论是谁，即便是顶级学者，充其量也只能完成一科或几科在一个或几个学段的教科书。没有人能够承担所有学科、所有学段教科书的编撰工作。另外，最重要的是，这些专家也好，一线教师也好，必须是能够通过主管部门的认定的，即必须具备起码的教科书研制者的资格。我国教育部对中小学教科书编定人员有五方面的要求：第一，坚持党的基本路线，有正确的政治观点，热爱教育事业，具有良好的职业道德和责任心，能团结协作；第二，能正确理解党的教育方针，了解中小学教育的现状和教育改革发展的趋势，有较好的教育理论基础，熟悉现代教育理论、课程计划和学科课程标准；第三，主要编写人员具有相应学科的高级专业技术职务，有较深的学科造诣和丰富的教学实践经验，有改革创新精神，对本学科的现状及改革发展趋势有深入的分析和研究；第四，了解中小学学生身心发展的特点，熟悉教材编写的一般规律和编写业务，文字表达能力强；第五，有足够的时间和精力完成教材的编写和试验工作。[①]教育部对教科书研制者政治上的要求是非常鲜明的，在五大基本条件中，政治条件占了两条。进入21世纪第二个十年，在教科书研制中，政治方面的要求似乎更为严格，有教科书的主创人员就因为资格问题而被撤换。

实际上政治要求是一个普遍的要求，各国都看重这一点。1945年秋天，战败后的日本的文部省着手编写新的历史教科书时，最先任命两位文部省内部人员为教科书主编者，可是，很快该项目被美国为首的盟军果断取消，两位主编者被剥夺资格，战胜方盟军最高司令部坚决发出指令——日本必须任命与文部省无关的其他历史学家来编撰教科书。[②]盟军最高司令部很清楚由谁来选定教科书内容的重要性。明眼人一看就知道，日本文部省看重的是编撰者的“可靠”，而盟军最高司令部也看重编撰者的“可靠”，这个“可靠”，绝不是历史学知识层面或历史学专业层面的，而是政治、意识形态层面的“可靠”。只能让“可靠的人”来确定或者说来筛选外部知识空间的素材，进而组成教科书的内部知识空间。

---

① 教育部2001年颁布的《中小学教材编写审定管理暂行办法》第七条，要求中小学教科书的编写人员必须具备五大条件。见：国务院法制办公室. 中华人民共和国教育法典18 注释法典［M］. 2版. 北京：中国法制出版社，2014：154.

② 赫茵，塞尔登. 审查历史：日本、德国和美国的公民身份与记忆［M］. 聂露，译. 北京：社会科学文献出版社，2012.

从操作层面分析，教科书内容的确定，涉及两支队伍。前沿阵地当然是教科书研制者，是具体动笔的编写人员，他们实际选择、确定并组织教科书内容，赋予教科书以自己的某种烙印，如民国时期吕思勉的历史教科书、顾颉刚的历史教科书，今天人民教育出版社的地理教科书、湖南教育出版社的地理教科书等。但他们背后还有一支高水平的教科书内容的确定队伍——课程标准或教学大纲的研制者，这支队伍发挥了重要作用，只是一般不为人知。他们率先确定了教科书内容的大致范围，规定了教科书内容的基本广度、深度和难易度。同时，也给研制人员留出了展开的空间。

二、教科书内容确定者的主观性

不论谁成为教科书内容的选择者、确定者、研制者，不论是个人还是群体，不论选择教科书内容的是怎样的优秀专家或专家群，有一点可以肯定：任何人选择与确定教科书内容时，都会带有一定的主观性，每个人都会有自己的学术背景、人生阅历和价值倾向。所有的学者都必须植根于一个特定的背景之中，因而都不可避免地要利用各种前提并无法摆脱各种偏见，而这些前提和偏见会干扰他们对外部知识空间的认知和理解。从这个意义上来说，根本不存在什么“中立的”“客观的”学者。对社会现实进行照相式的再现是不可能的。一切素材都是挑选出来的，这种选择要以某一时代的世界观或理论模式为基础，要受到特定群体所持立场的过滤。在这个意义上，选择的基础乃是历史地建构起来的，因而总是不可避免地要随着时代的变化而变化。恰如华勒斯坦所说，“如果我们所说的客观性是指绝对中立的学者再现了一个外在于他们的社会世界的话，那么我们必须指出，这种现象是根本不存在的”。①

在这一意义上，每个教科书内容的确定者都从自己的“前见”出发去理解教科书的外部知识空间，选择和确立教科书内容。同样是语文专家，有的重古代，有的重现代，有的重唐诗，有的重宋词，有的重文言文，有的重白话文。很难说谁更正确。“前见”使得教科书知识在某种意义上是研制者自己偏好的知识。内容确定者的认识水平、意识形态观念使他们在内容选择时偶尔患“选择性

---

① 华勒斯坦. 开放社会科学［M］. 刘锋，译. 北京：生活·读书·新知三联书店，1997：98-99.

遗忘症”，面对浩如烟海的外部知识，将不合己意的内容略去或弱化，排斥或空无不符合自己主观认识的知识。换言之，教科书内容确定者的主观倾向性会有意无意地在教科书内容的选择与确定过程中流露出来。有人看重传统文化，有人强调现代文化，有人关注民族性，有人突出国际性……这些都反映了不同教科书研制主体对教科书内容的不同看法。

有人说，教科书应该客观地表达真实，确实是这样，但教科书的真实表达不是真实地抄写或照相。而且谁能明晰什么是真实？教科书到底要反映哪些真实？事实经由教科书内容确定者之眼，而后成为教科书内容，研制者的眼睛是在选择性审视。每个内容确定者都有自己的窗口，都是通过自己的窗口来看风景的。于是研制者总在筛选经过自己窗口的事实，事实总被提炼，总被筛选，总渗透了确定者、研制者的主观立场和评价。

在著名史学家吕思勉眼里（他认为自己看到了历史的真实），岳飞不像民间传言中说的那么英勇，秦桧也不是人们传言中的彻头彻尾的卖国贼。[①]在另一个著名史学家顾颉刚眼里（他坚持要有史实证据），三皇五帝只是半神话的故事而已，还不能证明其历史真实性（见本页，专栏3　顾颉刚教科书事件）。当然，还有更多的研制者看到的是：岳飞就是民族英雄，三皇五帝是不能被否定甚至不能被怀疑的。

教科书研制者的主观性特点有着潜在的价值。有时候，很难说哪套教科书质量更高，教科书质量往往是在比较中得出的，比较又离不开教科书研制者的个体差异。

专栏3　顾颉刚教科书事件

1922年顾颉刚接受了胡适的邀请，为商务印书馆编写《现代初中教科书·本国史》（以下简称《本国史》）一书。年轻的顾颉刚在编写《本国史》时，就开始萌发对中国古史的一些“既定”结论的怀疑。他提出了一个假设：古史是层累地造成的，发生的次序和排列的系统恰是一个反背。顾颉刚提出的“层累地造成

---

① 石鸥. 教科书的记忆：1978—2018［M］. 长沙：湖南教育出版社，2019：159-162.

的”中国古史说为他赢得了极好的名声，但麻烦也因此而来。

“古史是层累地造成的”是顾颉刚《本国史》对于“古史”若干问题的基本论点。后来《本国史》在蔡元培主持大学院工作的任期内通过了政府的审定，被允许在中学使用。顾颉刚的《本国史》写道：“太古时代的景象，只凭相传的口碑，附会的记载。所谓洪荒之世，一切太古的传说，只好看作神话，绝不能取为可靠的史乘。什么仓颉、隶首、大挠，都只是集合了无数无名创作者积成的成绩，才显出较有系统的效用的，绝不是突然而来的创始，更无所谓首出群众的圣人！大概古代传说的帝王，都只可说是文化史上几个重要变迁的象征。……这些理想人物，也许并无其人，只是当时社会背景里的一种精神。那黄帝的传说便是代表这造成国家雏形的时期。……不能完全相信这班半神体的圣人！尧、舜的传说，为后世所崇信。我们看惯了，遂以为古代真有一个圣明的尧、舜时代了。其实，尧、舜的故事，一部分属于神话，一部分出于周末学者‘托古改制’的捏造。”

教科书中有这样大胆的话是冒风险的。商务印书馆的这本《本国史》一出，很快就引起轩然大波。有人提交了专案要弹劾此书，认为它“非圣无法”，要求查禁。理论家戴季陶也给教育部写信，认为顾颉刚的历史教材竟然怀疑禹有无其人，实在是太过荒唐，容易误导学生，不应作为中学课本，应予以取缔。当时的国务会议上还有人提议应对这样的书予以重罚。该书发行了大约160万册，以一本一元罚款计，要罚160万元。如果真的罚款，对商务印书馆将会是灭顶之灾。商务印书馆总经理张元济听到这个消息后连忙直奔南京，找国民党元老一级人物吴稚晖斡旋，最后终于化险为夷，没有被罚款，但该教科书还是被禁了。

《顾颉刚日记》（1929年3月1日）记载了此事：“其请禁理由，为书中不承尧舜禹为实事，足以败坏中国人道德云云。”顾颉刚还说道：“那时山东参议员王鸿一就提出专案，弹劾此书，说它‘非圣无法’，要加以查禁。……戴季陶就利用这个提案做文章，说：‘中国所以能团结为一体，全由于人民共信自己为出于一个祖先；如今说没有三皇、五帝，就是把全国人民团结为一体的要求解散了，这还了得！’又说：‘民族问题是一个大问题，学者们随意讨论是许可的，至于书店出版教科书，大量发行，那就是犯罪，应该严办。’……这是我为讨论古史在商务印书馆所撞出的祸，也是中华民国的一件文字狱！”

在顾颉刚眼中，这是“文字狱”，因为他意识中的历史教科书应实事求是地反映历史的客观面貌。而在弹劾者眼里，历史教科书是为政治服务的，必须以作为意识形态的民族主义为指导，所以指责他“不承尧舜禹为实事”、“解散”了“全国人民团结为一体的要求”。

支持顾颉刚的论点的人认为，教科书上的开明观点应该得到尊重。教科书和其他任何文本一样，也应该坚持并表现真理。教科书必须讲真实的内容，教科书讲的内容必须是真实的。站在反对者一边，对顾颉刚历史教科书中否定“三皇五帝”的做法提出批评的学者也不少：“选取学术内容为教科材料，原属文化继承和传播的必要的手段，但学术上的一切发见新说，不尽能，也不必要尽入国民教育的范畴。”在国民政府看来，“三皇五帝”背后隐藏着中华民族的一种珍贵的信仰和崇拜，是维系国家和民族凝聚力的象征。历史教科书如此论述会不利于增强民族凝聚力。“不载三皇、五帝”的疑古史学教科书与国民政府提倡的民族主义历史教育旨趣难免发生严重冲突。这种冲突，宽泛一点说，也是一种求真和求善之间的冲突。

第三节　教科书内容确定的依据

不论谁来确定教科书内容，谁掌握着选择知识进入教科书的权力，如前所述，他们都有自己的主观性，有时还受强烈的政治性这只“手”的制约。[①]这都会影响确定什么内容、选择什么内容。教科书研制者一定会对摆在自己面前的内容素材有所拣选、删略、剪辑、补充。因而，教科书内容只可能有所谓“似真性”，而不能称为真实性。[②]《刘胡兰》是否可以去掉？《背影》到底选不选？不同的研制者可能有不同的选择依据，很难说谁的选择更好。那么，教科书内容

① 石鸥，廖巍. 教科书内容的确立与有效教学的风险［J］. 湖南师范大学教育科学学报，2015（2）：36–42.

② 阿普尔，克丽斯蒂安–史密斯. 教科书政治学［M］. 侯定凯，译. 上海：华东师范大学出版社，2005：94–95.

确定的主要依据是什么呢?

一般来讲，人们是根据国家和社会的需要、各有关学科发展的需要、学生发展的需要来编撰教科书的。这也成了教科书内容选择的三大依据，即依据的是社会主流价值、学科发展内在逻辑以及学生身心发展需要。不论是理论上还是实践中，任何教科书都不能摆脱这三大依据，但现实要复杂得多。这三者并不容易统一和均衡（甚至每一方面都不统一，国家也好、政府也好，主流价值本身就有大量矛盾和分歧），内在的冲突与紧张时时存在。社会主流价值、学科内在发展逻辑和学生身心发展需求，教科书内容确定的三大依据，总是要具体化为某种或某些更下位的、更有利于操作的标准与依据。

一、课程标准是教科书内容确定的显性依据

最明显、最具操作意义的教科书内容确定的依据是课程标准或教学大纲。教科书是直接根据课程标准研制的教学用书。它依据课程标准来选择和决定内容体系。如第一章所述，教科书形成的程序是这样的，先有国家层面的课程方案或教学计划，再根据课程方案或教学计划的要求（比如某门课程的总课时、开课时间、开课年级等），形成课程标准或教学大纲。课程标准由国家主管部门制定，是规定某一学科的课程性质、课程目标、内容框架、内容体系、实施和评价建议的教学指导性文件。课程标准是教材编写、教学、评估和考试命题的依据，是国家管理和评价课程的基础，体现国家对不同阶段的学生的基本要求。多数情况下，有什么课，有什么课程标准，就得编撰什么教科书——有语文课，就得编撰语文教科书；有数学课，就得编撰数学教科书；有艺术课，就得编撰艺术教科书。但在个别情况下，虽然有课程，甚至有课程标准，但国家层面不组织编撰教科书。比如20世纪80年代中学开设的农业知识课和体育课。体育课有教学大纲（近似课程标准的指导文件），但没有由国家组织编写的教科书。今天课程方案中的综合实践活动课，也有课程指南（类似于课程标准），但国家不组织编撰教科书。

课程方案和课程标准都是依据国家主流意识形态与价值观以及科学知识的发展来确定的，同时，最重要的一点是，它们必然要关注学生身心发展的实际。但一般而言，课程标准的实在内容更偏向学科知识，知识是其主体，也是其核心，我们说教科书要依据课程标准，更多的是说依据学科知识标准，它与政治性要

求、学生发展要求相对应。

正因为教科书是课程标准的直接体现，课程标准的研制水平，特别是留白程度对教科书的编写有很大的影响。民国时期的教科书相对而言，个性比较突出，多样化更为显著，这在一定程度上与课程标准本身的宽松和留白有关。课程标准越具体，教科书就越容易编写，但编写的创造性空间就越小，教科书之间就越趋同，互文性就越明显。比如有些课程标准连教哪首诗、哪篇散文都规定了，教科书编写当然只能严格遵循，把这首诗、这篇散文编进教科书。如此，教科书怎么可能不雷同？怎么可能有个性和创造性？反过来，课程标准越简明扼要，越精炼，教科书就越难编写，但教科书编写的创造性空间就越大。所以，教科书质量受课程标准制约。

还需要注意的是，不论课程标准是简是繁，教科书对课程标准的体现永远不能是一一对应的，否则就不需要教科书了。课程标准为教科书提供基本框架，教科书是课程标准的具体化。教科书编写既要严格遵循课程标准的基本精神与本质要求，又要积极自主创新，要创造性落实和体现课程标准。比如，教育部颁布的2001年版初中《历史课程标准》中的中国古代史（二）“国家的产生和社会变革”的内容标准，是这样规定的：

（1）简述夏朝建立的史实，知道禅让制到王位世袭制的演变

（2）了解夏、商、西周三代的更替

（3）说出西周分封制的主要内容

（4）知道春秋五霸和战国七雄的史实

（5）通过商鞅变法等史实，认识战国时期的社会变革

那么，对于课程标准规定的内容标准，教科书该如何体现与反映呢？我们以四个版本的历史教科书为例，来看它们对这一要求的落实情况。

四川教育出版社历史教科书七年级上册第二单元学习主题“国家的产生和社会变革”，用如下5课表述上述内容，共30页（第19—48页）：[①]

第4课　夏朝和商朝；第5课　西周的兴亡；第6课　春秋争霸；第7课　战国争雄；第8课　商鞅变法

---

① 龚奇柱. 义务教育课程标准实验教科书　中国历史：七年级上册［M］. 成都：四川教育出版社，2003.

人民教育出版社历史教科书七年级上册第二单元“国家的产生和社会的变革”安排了6课来体现课程标准内容，共35页（第19—53页）：①

第4课　夏、商、西周的兴亡；第5课　灿烂的青铜文明；第6课　春秋战国的纷争；第7课　大变革的时代；第8课　中华文化的勃兴（一）；第9课　中华文化的勃兴（二）

北京师范大学出版社历史教科书七年级上册第二单元“国家的产生和社会的变革”用了8课讲述课程标准内容，②如果不算第12课练习性质的一课，也有7课，共42页（第21—62页）：

第5课　夏商西周的更迭；第6课　夏商西周的社会与国家；第7课　春秋五霸与战国七雄；第8课　铁器牛耕引发的社会变革；第9课　甲骨文与青铜器；第10课　思想的活跃与百家争鸣；第11课　先民的智慧与创造；第12课　了解身边的“历史”——学习与探究之二

岳麓书社历史教科书七年级上册第二单元“国家的产生和社会变革”，③用了9课讲述上述课程标准内容，除了第12课类似于活动性质的设计外，还有8课。从课文数量来看是所有版本中最多的，页数也排第二位，共41页（第16—56页）：

第4课　夏传子 家天下；第5课 公元纪年法；第6课　西周的分封；第7课　甲骨文与青铜器；第8课　春秋战国的纷争；第9课　战国时期的社会大变革；第10课　春秋战国的科技和文艺；第11课　百家争鸣；第12课　历史文物仿制活动　单元回眸

由此可见，对课程标准的理解既有很相似甚至相同的一面，也有一定的自主空间。自主空间既可以使教科书创造性地超越课程标准，也可以使教科书衰减性地偏离课程标准。同样的课程标准内容，有的教科书用了5课，有的则用了9课，最少的是30页，最多的是42页。3个版本有青铜器或青铜文化，2个版本有甲骨

---

① 课程教材研究所历史课程教材研究开发中心. 义务教育课程标准实验教科书　中国历史：七年级上册［M］. 北京：人民教育出版社，2006.

② 朱汉国，刘军. 义务教育课程标准实验教科书　历史：七年级上册［M］. 北京：北京师范大学出版社，2003.

③ 初中历史课本编写组. 义务教育课程标准实验教科书　中国历史：七年级上册［M］. 长沙：岳麓书社，2003.

文，1个版本有春秋战国的科技和文艺，1个版本有铁器牛耕，甚至有1个版本把文物仿制也安排进了教科书。必须承认，教科书编写既有很大的束缚，但绝不是毫无创造性可言，是可以跳出华丽的华尔兹的。

在创造性落实课程标准的过程中，尤其要关注课程标准中的某些体验性的内容，它们不容易在以反映既定知识见长的教科书中实现。比如课程标准中那些不确定的但又很值得关注的素养，如精神、思维、素质、态度、创造力等，都只能靠教科书的创造性发挥，而不是简单对应、直接表达。比如物理课程标准有要求让学生理解地心说、日心说，以及让学生在学习从地心说到日心说的转变过程中，领悟科学家不迷信、不盲从，执着追求真理甚至勇于为真理献身的科学精神。地心说、日心说的内容是很好表达和反映的，几乎任何教科书都能够实现这一点，但将对科学精神的领悟在教科书中表达出来，这是需要水平的，是对教科书编者的考验，也是教科书能够拉开差距的主要地方。可见，教科书应该是对课程标准的创造性的教学论转化。

二、政治需要是教科书内容确定的隐性依据

教科书具有鲜明的意识形态性，即便它最标榜的是传播科学文化知识，它也从来不掩饰自己的意识形态倾向。所以，教科书研制者在选择与确定内容时，绝不仅仅依据课程标准（而且只依据课程标准也无法形成高质量的教科书文本），另一个非常突出的依据是政治需要，即国家意识形态。教科书内容的确定需要考虑国家或支配阶层的身份文化，考虑一个国家和社会特殊时期的特殊要求。而且这是首位的要求或依据，尽管它是隐性的。

很少有哪个国家会把意识形态要求一条一条列出来写进教科书，但很少有哪个国家不在教科书中反映意识形态。打开教科书，很少看得出明显的意识形态要求，但意识形态体现在字里行间。而且，教科书可以被允许有这样那样的不足，但唯一不被允许的是意识形态的缺陷，这种缺陷会导致教科书被一票否决。

1937年，我国进入全面抗战时期，在平常的教科书系统之外迅速出现临时的抗战教科书，大量抗战内容出现了，这就是一个最显著的案例。另一个突出的案例是“文化大革命”课本及其独特内容的产生。这一依据，在某种意义上是政治需要，是意识形态依据，是国家意志的体现。如果处理不好，这一依据容易与其他依据，比如知识性依据、学术性依据、学生发展依据相冲突。

某语文教科书删除了《狼牙山五壮士》一课，研制者解释放弃该课文的原因是《狼牙山五壮士》所反映的时代与学生的生活环境差异太大，再用这些战争年代题材的课文教育学生，“教”与“学”的作用都不会很大。[①]但这一做法也引起许多人的批评。有人认为，《狼牙山五壮士》代表着民族精神，需要代代相传；[②]还有人认为，“教科书事件”始终是一个敏感的话题，通过教科书让青少年一代了解历史、正视历史，以史为鉴是新时期中国教育的一个重要责任和使命……在没有找到更好地反映抗战这段历史的题材以替代该文之前，盲目从教科书中删除《狼牙山五壮士》一文绝不是可以泰然处之的事情。[③]可见，对于某些人来讲，《狼牙山五壮士》代表了特定的价值，而且该价值唯有该文才能反映，所以不选择这篇课文对某些人而言，就成了严重的政治问题，是政治性的、意识形态性的价值缺失问题。[④]

这一争议涉及依据什么来选择与确定知识进入教科书，是从浩如烟海的知识中选择哪些作为教学内容的问题。在教科书内容的确立过程中，价值是目的，选择是手段，价值引导选择，选择围绕价值展开，有怎样的价值观就有怎样的选择观。一个经典案例是中华人民共和国成立初期对地理教科书内容的批判事件（见第118页，专栏4　中华人民共和国成立初期地理教科书内容批判）。

的确，教科书的生产总是离不开对科学知识的筛选与确定，但这种知识筛选与确定的主要目的之一，是培养个人对国家与特定价值观的认同感。这种认同感是促进社会安定的基础，所以科学知识的筛选与确定其实是价值观的体现。教科书发展史表明，教科书的形成处处要依据政治需求。

我们已经注意到，教科书首先是政治文本，其次才是教学文本。我们根本不可能把教科书内容的选择与确立仅仅理解为一种教育行为，它本质上常常是一种政治行为。作为高度政治化的产物，教科书承载着传播主流文化、传承传统文化的历史使命。

---

① 李祖祥. 试论教科书空无内容的内涵与类型［J］. 教学与管理，2007（1）：78–80.

② 田德政. 教材革新不能无视民意［J］. 新西部，2005（4）：79.

③ 许丽英. 小学语文教材选材的历史性与时代性：由《狼牙山五壮士》一文从教科书中被删想到的［J］. 当代教育科学，2005（10）：7–8.

④ 石鸥，李祖祥. 教科书的空无内容与教师的应对［J］. 教师教育研究，2009（2）：28–32.

难怪有学者认为，世上谁也拿不出一个百分之百客观的地理，拿出来的只能是“某某人的地理”。因为，地理认知与个人的经验积累、价值取舍等密切相关。[①]教科书何尝不是如此呢？编制者对教科书的认知，与编制者所处的社会政治形势密切相关。

三、学生身心发展是教科书内容确定的终极依据

教科书本身是为学生而设的，教科书内容的确定当然需要遵循学生身心发展规律，这是终极依据。学生身心发展规律对教科书内容选择和确定具有引领价值，将课程内容的确定依据从知识在学科中的意义，转向兼顾知识在学生身心发展中的意义，也即注重能够最大程度提升学生素养的那些知识，这才是高质量教科书的特征。[②]

尽管在终极意义上，教科书是为了促进学生发展而存在的。但教科书也是为了传承文化、创新文化，是为了传播科学知识，尤其是为了宣传社会主流价值而存在的，而这一切在教科书文本的构建实践中相互交叉，边界模糊，不那么一清二楚。其呈现方式又往往是成人化的——是成人操作，成人选择、确定和组织内容。当然，这一成人化的过程也会考虑学生的接受度，但现实生活中（有些时期尤为严重），置于优先地位的往往不是学生——学生不是目的，也不是出发点。

有学者描述，在西北山区一个乡村小学课堂上，教师在讲述《司马光砸缸》一文时，学生们对课本中的假山不理解，他们的生活中没有假山，而假山却是城市学生生活中常见之物。还有学者指出现行教科书中提及的“超市”“贷款买房”“公积金”“麦当劳”“肯德基”“证券”“股票”“社区”等，这些词语对城市学生来说司空见惯，但对于农村学生来说相当陌生，教科书素材的选用脱离了农村学生的生活。教科书内容不能被农村学生理解并加以落实，也就不能达到应有的教学效果。[③]

这不是个别时期的个别现象，仔细分析各时代各科教科书，就会发现，教科

---

① 唐晓峰. 人文地理随笔［M］. 北京：生活·读书·新知三联书店，2005.

② 石鸥. 核心素养的课程与教学价值［J］. 华东师范大学学报（教育科学版），2016（1）：9-11.

③ 李长吉，肖欢. 教科书城市化倾向研究综述［J］. 当代教育与文化，2011（1）：72-76.

书内容的确定以学生身心发展为依据的情况基本上是比较少的，大量教科书内容是依据其他因素而选择与确定的，比如民族、社会、国家、学术、科学等方面的要求。我们随机选取20世纪90年代人民教育出版社的九年义务教育语文教科书第七册，在全书的26篇课文中，初步统计，以儿童为题材的仅4篇，占总篇目数的比例仅有15%，其中反映外国贫困儿童的1篇，反映革命年代儿童生活学习的1篇，反映我国现代儿童生活的仅两篇，而这两篇课文均为阅读课文，属于教学内容的弹性范围。由此可见，课文对儿童生活、学习的关注是不够的。而其他题材的课文一般距学生实际生活更加遥远，以古代人民生活为主题的有4篇，介绍革命战争年代、艰苦年代人物事件的有6篇。这就要求10岁左右的儿童在网络时代去较大范围、较大比例地理解和学习古代、战争年代、艰苦岁月中的人物的思想、情操和精神，这必然存在着一定的学习难度。

为什么学生的身心发展是终极依据，却又是脆弱的依据?

首先，这是一个悠久的传统。自古以来，教科书让学生学知识，上学就是读书，读书就是读成人世界的标准——古代的科举考试就是典型。摆脱童蒙状态，是天经地义的事情。

其次，这与意识形态的强大有关。意识形态的目的是培养特定社会特定文化下的人。学生的发展必须服从特定社会的需要，即服从权力。

最后，这与我们的教育理论研究有关。我们一直认为，受教育就是让学生从自然人发展为社会人，就是使学生社会化。而所谓社会人、社会化，就是用成人世界的标准，引领学生发展为成人社会认可的人，而对于学生的社会化与个性发展之间的关系，并没有研究透彻。同时，教育研究还是没有真正解决如何依据学生的身心发展来研制教科书的问题。

选什么、不选什么，这确实是个问题。教科书文本的教诲性、可读可教性等独特性质决定了教科书内容选择的高难度。我们既要站在社会道德、政治与意识形态的立场确定教科书内容，也要站在文学、历史学、数学等学科的立场选择课文，更要站在教育、学生的立场选择课文，不过三者的均衡并非易事。

专栏4 中华人民共和国成立初期地理教科书内容批判

1949年10月3日，中华人民共和国宣告成立的第三天，一场对旧教科书的清算运动开始了。对旧有遗存的教科书的审查首先在地理教科书领域进行。这一天，科学工作者协会南京分会地理组举行了一次中学地理座谈会，座谈会就华东局公布采用的田世英《初中本国地理》（开明书店）、华东教育研究室地理组《初中世界地理》（新华书店）、王成组《高中本国地理》（商务印书馆）、苏继庼《高中外国地理》（商务印书馆）四种教科书进行批判和建议。除对《初中世界地理》评价较好外，对其他三种地理教科书均给予了严厉批评，分别指出其思想性、科学性上的错误和教材庞杂、陈旧等问题。一场全国性的对地理教科书的批判运动由此兴起。

同年11月29日，《人民日报》刊登了中国人民大学孙敬之教授的《人民地理教师怎样贯彻思想政治教育》一文。文章尖锐地批评了当时的所谓不符合社会主义要求的"老课本"，指出当时许多知识分子甚至少数干部存在着"历史课本必须改正，地理课本用旧的无大妨害"，或者说"地理课本只是改变一下观点就可以了"的想法。文章认为地理教学不能停留在对山脉河流、统计数字的讲授上，更重要的是政治任务与教学效果；应该把这门科学当作完成思想政治教育的一个工具。[①]

孙敬之的文章写道：

"我看到在国民党统治时代出版的一本地理书，上面主张'天下一家'，并且自称是'国际主义'；他主张'各国资源和市场也应公开为世人所共有'；共有的方法有三：第一，发展航空。第二，通商。第三，破除偏狭的念头与作风。……他是站在美帝国主义立场上说话的，绝对不是站在人民立场上说话的。

"在葛德石著《中国的地理基础》（开明译本）中，他宣传着马尔萨斯的人口论，他主张用'节制生育'（和平的杀人名词），解决中国土地问题，他反对过早地爆发革命，居心何在，不必再费唇舌了。"

① 孙敬之.人民地理教师怎样贯彻思想政治教育［N］.人民日报，1949-11-29.

孙敬之本人可以看成是社会主义的学者。[①]他的批判颇有说服力，权威性不言自明。

当时，对地理教科书的批评势头很猛，出现了不少批判文章。

有文章批评某地理教材“缺乏人民的立场观点”“否认中国地大物博，降低人民自尊心”“不分敌友，散布崇美、亲美思想”。[②]

有文章提出，某教科书提到在美国农业区“玉蜀黍充当牲口的饲粮”，建议要修改这些内容，要提及在美国，还有许多人吃得比猪还不如的情况，而且不能提英国“地小人多”，因为该说法正是英国向外侵略的一个借口，等等。[③]

南京师范大学周靖馨《对于王成组编著〈高中本国地理〉（中册）的几点意见》一文，尖锐地提出“该书既没有痛恨批判旧社会，更没有热烈歌颂新社会”。该文还特别提到，课本在谈及山陕高原城市时，没有给延安以应有地位，“延安被全国人民称为抗日民主的圣地，伟大的领袖毛主席曾在延安领导全国人民抗战，终于得到胜利。在讲山陕高原的城市时，延安不能没有它应有的地位”。[④]

1950年5月3日，《人民日报》刊载了中央人民政府出版总署金灿然写的《中学地理教本中的几个政治思想问题》一文，对当时使用的、中华人民共和国成立以前编写（中华人民共和国成立后进行了修改）的三种中学地理教科书进行了非常严厉的批判。金灿然在文中开门见山地指出了地理学科教育的新性质：“地理科是进行政治思想教育的有力武器。”接着，金灿然的文章以地理教科书所涉及的“两个阵营”“中苏友好”“地理环境与人口问题”等主题形式对三本地理教

① 孙敬之（1909—1983），河北深泽县人。1929年入读北京师范大学史地系，1933年毕业。先后任教于泊镇师范学校、天津女中、宣化中学。1937年卢沟桥事变后，回到冀中平原，参加抗日救亡运动。先任冀北中学教员，后任安平县抗日政府秘书。1939年，组织保送他去华北联合大学，后留校任地理教员。中华人民共和国成立后，华北联合大学迁入北京并改为中国人民大学，孙敬之担任中国人民大学经济地理研究室主任。20世纪50年代，任中国地理学会第二届副理事长和党组书记。1966年，任兰州大学教授、地理系主任。1979年调回北京，任中国经济地理科学教育研究会第一届理事长、北京人口学会会长、中国人口学会常务理事等职，并在北京经济学院担任教授，负责筹建人口研究所的工作，担任所长。

② 邢世庆. 一本有害的《地理教学手册》[J]. 新教育，1951，4（3）：30.

③ 陈桥驿. 对陈编《外国地理课本》的几点意见[J]. 新教育，1957（3）：27.

④ 周靖馨. 对于王成组编著《高中本国地理》（中册）的几点意见[J]. 地理知识，1952（3）：76–77.

科书[①]进行了分析和批判。

在关于“两个阵营”的主题上，金灿然异常坚决地指出：“全世界的国家已经划分成极其明显的、丝毫不容混淆的两个阵营，一方面是以苏联为首的和平民主阵营，另一方面是以美帝国主义为首的侵略阵营。”“在世界地理的教学中，必须把这两个阵营分开，决不能不分青红皂白，把世界各个国家并列起来，一国一国地叙述它们的地势、气候、产业等等，更不能把世界的资源及物产混合起来，无立场地加以说明与比较。”而《开明新编初级外国地理》“看不出这种分明的界线”，而且一错再错，“尤其不能原谅的是，一九四九年八月印行的本子，依然原样不动地保留了上述的政治上的错误”。

在关于“中苏友好”的问题上，金灿然的文章提出，“中国人民必须倒向苏联一边，已是昭如日月的真理。在我们的地理教学中，必须加强学生对苏联的认识，培养他们对苏联友好的思想与感情，任何有悖于这个宗旨的言论，都是不应该有的”。文章认为，在王成组编的《复兴高中本国地理》中，可以清楚地看出“反苏观点”。

在关于“地理环境与人口问题”上，金灿然认为，“所有旧的地理教本都摆脱不了地理决定论与人口论的影响”“《开明新编初级本国地理》及《复兴高中本国地理》，都很清晰地看得出地理决定论与人口论的色彩”。

这一场大批判对以后编写新的所谓符合马克思列宁主义和毛泽东思想的地理教科书起着极为重要的导向作用。人民教育出版社接下来编写地理课本时，认真考虑了上述意见。例如，1951年6月出版的《高级小学地理课本》第四册在第三次修订版中，对世界地理部分各个国家和地区的介绍顺序和篇幅有明显变更，目录依次为：

苏联（一）；

苏联（二）；

苏联（三）；

朝鲜民主主义人民共和国和蒙古人民共和国；

---

① 这里所说的三本地理教科书是：《复兴高中本国地理》（王成组编，商务印书馆发行，1949年12月改编本）、《开明新编初级本国地理》（田世英编，1950年2月第2、4册修订本）、《开明新编初级外国地理》（韦息予编，1949年8月第1版本）。

日本；

南洋群岛；

中南半岛；

印度和巴基斯坦；

欧洲人民民主国家（一）；

欧洲人民民主国家（二）；

英国；

法国；

意大利、西班牙、南斯拉夫和希腊；

美国（一）；

美国（二）；

巴西、阿根廷和智利[①]

对地理教科书内容的批判事件很好地反映了依据什么标准来选定教科书内容的重要性。地理就在那里，地球就在那里。有不同的政治观，就有不同的地理观。1949年以来，“地理”发生了本质变化，这是一些教科书研制者没有认识到的。优先选择和安排哪些国家、哪些地理知识，这是有特殊的依据和标准的，有时候，政治的、意识形态的依据必须被优先考虑，这是对教科书研制者的一大挑战。

第四节　教科书内容确立的基本原则与基本关系

在确定教科书内容的复杂过程中，平衡多种依据是艰难甚至不太可能的，但是这一追求不能被放弃。为了比较好地选择与确定教科书内容，有几个基本原则需要引起关注，有几对基本关系必须慎重对待。

---

① 刘松涛，黄雁星，项若愚，等. 高级小学地理课本：第四册［M］. 北京：人民教育出版社，1951.

一、教科书内容确立的基本原则

原则即必须遵循的基本要求。教科书内容确定的原则指的是在选择和确立教科书内容的过程中应该注意和遵循的基本要求。

1. 教科书内容要有鲜明的方向性

教科书内容，要反映特定的国家意志，符合主流文化，以社会核心价值观为导向；要吸收和弘扬本民族的优秀传统文化，同时注意借鉴异域文化的优秀成分；要有益于培养学生向上向善的积极的人生态度与世界观；内容的确定应体现时代性，具有国际视野和多元文化观；要与课程标准的人才目标和政治要求保持一致。

2. 教科书内容要有严谨的科学性

教科书内容要避免科学性错误，要反映对客观真理的追求。教科书内容即便体现强烈的意识形态特性和积极的价值导向，也应该尽可能与学科知识体系结合起来，发挥学科育人的独特价值。比如有效地从数学引出对真理的执着追求，从语文引出对日出日落之壮观的感悟，从政治引出公民应有的责任义务与担当；应突出学科的核心概念体系，精选本学科关键的、基础的概念、原理、观点，避免明显的科学性错误，要充分反映社会进步和科学技术发展的成果，适当引入本学科最新研究成果，为学生的终身学习与终身发展打下坚实的科学知识基础。

3. 教科书内容要符合学生身心发展规律

教科书内容必须符合学生的心理接受能力，是学生通过学习能够理解和掌握的；教科书内容容量和难度要适中，以保证绝大多数学生通过努力能够掌握；教科书内容要注意开阔学生的眼界，激发学生的学习兴趣与好奇心，并利于学生核心素养的提升。

4. 教科书内容要处理好与其他学科的关系

教科书内容横向上要妥善处理和相关学科之间的关系，纵向上要处理与本学科的不同学段内容之间的关系，避免不必要的重复交叉。目前的一些教科书，比如政治类教科书、历史类教科书，这方面的问题比较突出。初中的历史应该写到哪里？初中毕业意味着义务教育阶段的结束，有些人毕业后将走向社会，他们是否需要完整的关于历史脉络的知识？如果初中学完了中国历史，那么高中呢，大学呢？理论上是各有侧重，但实际处理起来并不容易。学生学习时总感觉似曾相识，降低了学习的兴趣，影响学习的效果。另外，当今教科书是以学科为中心的教科书，学科本位的缺陷在教科书里也很突出，比如写“水”，化学有化学的“水”，物理有物理的“水”，地理有地理的“水”，如何跨越学科壁垒，让学生真正明白完整意义的“水”？这都是教科书内容确定时需要考虑的。

二、教科书内容确立必须处理的基本关系

教科书内容在选择与确定的过程中，有课程标准即学科的要求与依据，有政治需要的广义道德的要求与依据，有学生身心发展的要求与依据，这在理论上是相对比较清楚的，但在处理它们之间的相互纠缠的关系时却很复杂。最直接的表现是如何处理教科书内容的真（科学性）与善（道德性、政治性）的关系，这是最重要的一对关系，也是最复杂的一对关系。它几乎是教科书研制中永远无法摆脱的、相互纠缠的一对关系。

（一）真与善是教科书的永恒追求

教科书承担着“发现真理、揭示谬误”的求真重任，也担负着澄清善恶、“扬善惩恶”的求善重任，前者往往涉及教科书的科学标准，后者则涉及教科书的道德标准，这就是求真与求善。

教科书中的“真”，表现的是一种倾向性，与“假”或“虚假”对立，主要指教科书内容的客观性、真理性、科学性，是符合客观事实的性质，是事物真实面目的状态。

教科书中的“善”也是一种倾向性，相对于“恶”，它是不同于真实、客观、事实的状态，是在真实、客观维度之外的品质考量。“善”可以用来指某种品质，如公益事业、为人民服务的精神，如仁慈、诚实等品质，甚至也可以具体指星期天风雨无阻地去喂养流浪狗这样一种行为。所以，我们认为，“善”的品质总体上类似于常识意义上的“友爱”“关怀”“美好”，“民主”“自由”“奉献”“高尚道德”“嫉恶如仇”，以及“爱国主义”“人类大同”，甚至是“乌托邦理想”等正面的积极的品质。人们主观上或有意识地认为它们有利于人类的生存与发展，对社会的发展具有正面意义和价值，符合社会和绝大多数人的根本利益，符合学生发展的根本利益。“善”的出发点是对美好、善良、积极人生的追求，是为了避免可预见的“恶”。

“真”和“善”，在一定意义上是所有优秀教科书必备的两种品质。所以，

求真与求善是所有教科书的预期目标和努力方向。

现代教科书是以学科为依托，本体意义上倾向于学科本位的教科书。这种教科书的主要特点是重学科知识内容的完整性、系统性、科学性，这种教科书的重要功能是传播科学知识。这些因素指向教科书的“科学知识本位”，强调科学知识的客观性、真理性。科学知识的本质是求真的、客观的，教科书要传播科学知识，内容的真实、客观是其重要的质量维度，求真是教科书永恒的教育使命。

同时，我们也清晰地认识到，教科书是需要培养学生求善、向善的品质的。这个“善”是广义的，是有历史性、阶段性的，是相对于一切真实、客观的追求而言的，是对真实、客观维度之外的任何教科书文本的品质考量。只要教科书主体没有故意歪曲、撒谎、欺骗等明显是恶的行为，只要教科书主体有意识地追求正确的人生态度、友爱的人际关系、奋发向上的精神面貌、强烈的爱国主义，我们都可以倾向于认为它是求善的。教科书追求的“善”，至少是教科书主观上或有意识地认为有利于多数人的美好、和谐、友爱、关怀，那些对社会的发展具有正面的意义和价值、符合社会和绝大多数人的根本利益的都可以视为善，诸如向学生宣扬一些做人的道理，让学生明白什么事可以做、应该做，什么事不可以做、不应该做，知道自己应该做怎样的人、不应该做怎样的人等。多数情况下，教科书是在宣扬社会主流文化和特定价值观，至少主观上是为了促进社会稳定与发展，促进民众安居乐业，所以一般是能够被大众接受甚至认同的。因为教科书往往以追求美好的理想、为人类谋福祉的面貌出现，并以此培养年轻人的奉献、友爱、忠诚、爱国等品质。教科书为学生日常的行动提供理由，为祖国的未来提供希望。这些主观的价值追求，促使学生们选择避免丑恶、积极向善的行为。这就是教科书的求善的一面。

求善最大的风险是主观色彩浓，历史性、阶段性明显，容易被支配阶层利用。不同的人对同一事物、同一行为，会有不同的看法和观点，有人认为它符合大家的意愿，有利于社会进步，是善行；有人认为它不符合大家的意愿，不利于社会进步，不是善行。但只要不是故意的“恶”，不是故意地自私害人，不是故意地危害社会、打压善良，分歧是可以接受的，它不能阻挡求善的终极追求及其绝对价值。至于“善”的分歧，是可以通过不断对话、讨论达到阶段性相对一致的。

可见，教科书对待“真”与“善”有时代性特点。“求真”“求善”似乎不应该存在孰优孰劣或孰前孰后的问题。“求真”的努力相对明了，且看起来实现的可能性大，而“求善”要艰巨得多，最佳模式是二者兼顾。问题是，教科书对“真”与“善”的平衡或兼顾非常复杂和困难。理论上，教科书应该很好地平衡“求真”和“求善”的关系，既“求真”又“求善”，以达到教科书文本的最佳状态。一般而言，优质教科书是比较好地平衡了“真”与“善”的关系的教科书。然而，在教科书研制过程中，平衡是非常困难的，不平衡几乎是不可避免的，冲突总是存在。

教科书内容要平衡“求真”“求善”的关系并不是不可能。教科书在内容的考量上，确实可以既确保真实、理性的一面，又力争善良、正义性的一面。比如，依据“求真”的标准，物理教科书中对于地心说、日心说内容的确定以及使学生掌握并不困难，其重点是关注这些客观知识本身的呈现及其如何被学生真正掌握。但这样做显然不够，教育所真正追求的比这个更多，即还有“求善”的一面。若依据“求善”的标准，重要的不仅仅是让学生知道地心说、日心说有哪些基本知识点，它们的发展过程是怎样的，关键人物是谁，还需要让学生通过学习它们，真正领悟科学家不迷信、不盲从，献身科学，为真理而执着追求的品质，使学生逐渐养成良好的“科学态度与责任”。[①]这才是教育特别需要的、唯一不变的、贯穿所有时代的优秀品质，也是教科书应该努力实现的目标。教科书的“求真”和“求善”在这一意义上统一起来了，不过这种统一要达到很高的水平仍然很艰难。

教科书内容要平衡“求真”“求善”的关系在现实中比较困难。无论何时，只要“善”和“真”被当成教科书的必然意图，它就力图引领并限制编者们对主题和素材的选择与利用，因此在现实中很难平衡，往往有所偏颇。如前所述，使学生了解地心说、日心说的目标可以实现，也相对容易实现，但领悟科学家追求真理的精神实质却是有难度的，对教科书、对教师都是严峻的挑战。因为前者更多的是认知层面的任务，心理学、教育学在这方面的研究已经取得重要成果，后者更多的是情意层面的任务，科学研究进展并不大。平衡“真”与“善”的关

① 石鸥，张文. 学生核心素养培养呼唤基于核心素养的教科书［J］. 课程·教材·教法，2016（9）：14–19.

系比较困难，还因为二者的重要价值随着时代的变迁而变迁，它们并不是一以贯之的。一个时期的教科书的价值，在另一个时期可能会发生很大的变化，导致教科书研制者难以处置，典型的例子如吕思勉的“本国史”教科书，它出版于20世纪20年代，是第一本白话文历史教科书，该书以某些史料为依据，对岳飞的评价不高，而对秦桧则持同情态度。此教科书出版后的一段时间内，没有引起特别反响。但进入20世纪30年代，日本侵略我国东北三省，时代背景发生很大变化，此教科书的观点显然不合国人同仇敌忾、奋起抗敌的需要。于是，形势陡变，该书一下子成为被批判的靶子，甚至使批判者与被批判者对簿公堂，险些使日后的史学泰斗吕思勉身陷囹圄。①

（二）恰当处理好“求真”与“求善”的关系

最好的处理方式当然是平衡“求真”与“求善”二者的关系。但如果解决不了二者的平衡问题，换言之，一旦“真”的追求与“善”的追求发生冲突、很难平衡，怎么办？“善”的追求在教科书发展历史和现实中往往被优先考量，理论上笔者也倾向于优先考量“善”，尽管很多人不会认同这一点。

第一，教科书内容的确定过程中，“求善”永远是终极追求。

如前所述，教科书内外存在两种文化知识空间，一个是教科书外部的原生态的文化、知识空间，另一个是通过选择而呈现出来的内部知识空间。教科书内容是对外部知识的选择与确定的结果，是主体对外部知识空间原生态素材的主动选取与保留。这里的“主体”是指教科书的主创人员，“主动”是指不同的教科书研制者在内容择取时是相对自主的，内心有自己的选择标准。从表面上看，选择是纯粹的挑选和择取，主体不会改变被挑选的原素材，不会也不应该对原素材施加影响，没有也不应该有加工的痕迹。有人不认同教科书文本的任何变动，主张教科书应该纯粹客观、原封不动地把被选择的文本作品搬进教科书，就是立足于这一认识的。他们以为教科书仅仅是选择性的文本，只选不写，只选不改。也是基于这一认识，很多人包括教科书研制者自己都相信教科书编撰的工作就是选文，学界也把教科书的创作贬称为教科书编辑，是纯粹的剪贴编辑。所以现今教科书的著作方式都写为“编”，几乎没有写“著”的。

---

① 石鸥. 教科书的记忆：1978—2018［M］. 长沙：湖南教育出版社，2019：158-162.

事实上，选择绝不是被动的，没有纯粹的选择。一旦决定选择什么，就意味着主体性起作用了，主观出场了，只是它的出场是隐性的，它的控制是无痕的。它可以不在任何地方，也可以存在于任何地方。选择是主体性的放大、延伸与具体化。选鲁迅不选周作人，选巴金不选张爱玲……这其实已经有主体发声的成分了。在这一过程中，教科书悄然行使着文化知识的屏蔽权与过滤权，绝不是一视同仁地看重“真”、看重客观，而是贯穿着一种“以选代论”的主体意志。这样的主体意志都可以视为对“善”的追求，是一种广义的“善”——比如出于某种主流文化的需要、出于特定社会对培养特定学生的需要、出于国家特殊的需要（如抗战教科书）等。可见，选择本质上具有道德说教的“善”的行为特质，是需要主观价值判断的。

选择哪些原生态素材进入教科书，无论如何棘手，实际上都是一种主观干预，是一种主体的价值指引的自主行为。这时候，主体的价值取向显示出来了，“求善”显示出来了。选择就是主体行为，就是主体的控制行为。从来没有纯粹客观的选择，凡选择，就是主体性的；凡选择，就有了主观成分。我们称这类主观控制为无痕控制。这种控制的差异，绝大多数是由对原生态素材的教育价值的认识差异造成的。但教科书内容里选鲁迅不选周作人，选蔡锷的“护国军讨袁”，不选蔡锷与小凤仙的故事就是一种求善的期盼。选择的内容当然要是真实的，当A、B、C、D都是事实时，选择的A、B表现的是真，放弃的C、D也是真。此时的状态，与其说表现的是“真”，不如说是“善”了——主观上都是希望通过这种选择，在培养人的实践中目标更正确、效果更好，因此是局部的“真”、终极意义上的“善”。至于到底是选平型关大捷还是选台儿庄战役；是重点选阶级斗争史、农民起义史、共产党革命史，还是选人类文明史、经济发展史、科技发展史；是突出选唐诗还是选宋词，表面上都是“求真”的问题，是学科知识意义上的分歧，但绝大多数情况下，这些分歧都是“求善”意义的认识差异造成的——或期望中国社会的长治久安、中华文化的传承创新、培养学生对中国特色社会主义的热爱，或看重国际视野、多元文化，培养学生的人文精神……不论哪一种观点占优势，不论选择确定哪种内容，都可看成是“求善”行为的结果。不能认为选择以农民起义史为主的内容就是错误的，当然也不能得出相反的结论。在这里（以及在大多数教科书的处理中），可以善意地认为，任何一方对教科书内容处理的不同认识都不是故意的“恶”。

教科书内容确定的“求善”还表现在主体实施内容选取时有目的地“放弃”。放弃的对象有可能是重要的，也有可能不重要。这与研制者个体有密切关系。放弃有可能是主观故意的，知道某内容重要，但因为某种原因，必须把它阻挡在教科书之外；也可能不是主观故意的，是教科书研制主体的个人因素所导致的非主观性放弃。有些教科书不选《朱德的扁担》，不选《狼牙山五壮士》，可以认为是有意放弃。有些教科书对女性文化的忽视、对乡村文化的忽视……同样可以认为是放弃，但它是非故意的放弃。[①]

故意的也好，无意的也罢，结果都是一样的：部分内容进入教科书，大量内容不能进入。这导致教科书成为一个事实上的“过滤器”，进行文化的屏蔽与过滤，将某些内容留下，某些内容舍弃。这种情况下，非要考证华盛顿小时候是否砍了樱桃树、司马光是否确实砸了一口大缸，难道还有普遍意义吗？真实与否的价值在这里降低，而道德教育的“善”的价值上升。教科书文本的最本质的特征是容量有限，导致其内容必须精选，它的容量迫使它必须选择、必须放弃。

即便教科书内容确定的主体选定了内容，而且是按真实的历史或现实面貌选择并呈现的，但关于真实的历史或现实的解释完全可能是主观求善的，是超越真实而追求某种理论倾向或意识形态倾向的。下面是对一个事实的表述。

这是一个令人震惊的统计数字：世界上最富有的80个人拥有的财富与整个地球上最贫穷的那一半人一样多。这是乐施会（Oxfam）[②]发布的内容，发布时正好赶在了这些亿万富翁中的几位在2015年初抵达达沃斯参加世界经济论坛（World Economic Forum）这一时间点上。这个事实有着意识形态的倾向性。它给予了人们一种强烈的指向这些富人的不平等的感受：那为数不多的几个人霸占了一大部分世界资源。但对这一事实也完全可以是另一种表述，即世界上最富有的80个人拥有全球约0.7%的财富（这还是很多，但是给人的感受已经不

---

① 李长吉. 防止教科书对农村的遗忘［J］. 课程·教材·教法，2011（6）：23-28；张盈堃. 性别与教育：批判教育学观点［M］. 台北：师大书苑有限公司，2001：40-42.

② 乐施会是一个具有国际影响力的发展和救援组织的联盟，它由14个独立运作的乐施会成员组成，1942年在英国牛津郡成立。它是跨越种族、性别、宗教和政治界限，与政府部门、社会各界及贫穷人群合作，一起努力解决贫穷问题，并让贫穷人群得到尊重和关怀的组织。“助人自助，对抗贫穷”是乐施会的宗旨和目标。

一样了）。这句话反映了这样一个更重要的事实：即35亿人（约地球的一半人口）——他们中的大多数都处于发展中国家——实际上完全不拥有任何财富。一个新生儿都比世界上最贫穷的那一梯队的人拥有的财富多——他们所有人都处于负债状态。世界上最贫穷的那一半人中，没有人拥有超过3650美元的财产。此时人们的愤慨开始指向更复杂的社会、国家和政府。主体对事实的解读显示了突出的主观性。广义而言，“真”的追求落脚在“善”的呈现上。

这再次印证了我们的观点，教科书必须呈现事实，但不一定所有的事实都能被呈现，而且对事实的呈现或解读是多样化的。此时，我们可以说教科书在“求真”，也完全可以认为，教科书在“求善”。“求善”是教科书的终极追求，是教科书内容确定过程中看不见的刚性标准。

第二，教科书内容的确定过程中，“求善”总是民众的首选意愿。

不能以为只有支配阶层、主流社会想要通过教科书宣扬主流价值，宣扬他们认定的“善”，以最大限度地让教科书为执政者服务。其实，在很多情况下，恰恰是被支配者主动呼吁严管或控制教科书，他们呼唤教科书扬善，他们管不了教科书能“真”到什么程度，他们只要某种“善”。所以，首先是他们对吕思勉的教科书，对顾颉刚的教科书（见第108页，专栏3　顾颉刚教科书事件），对人民教育出版社的教科书（认为宣扬西方好、中国差），对北京版教科书（认为宣扬宗教），感到愤怒、恐惧。他们比学院内的专家更紧张，更重视教科书的内容。历史地看，在教科书发展演变过程中，从教科书的内容得到社会和民众的认同角度而言，“善”的选择确实优先于“真”的考量。不论是吕思勉的教科书，还是顾颉刚的教科书，或是人民教育出版社的、北京版的教科书，都不是由教育部门官方审查发现其所谓的问题，这些教科书都是被审查人员审查通过的，它们被发现的问题，往往首先来自民间，被民间认为是问题。准确地说，“求善”往往是立足于但又超越于“求真”的。在特定的历史年代，教科书常常会被赋予更加切实和紧要的政治宣传和动员功能，为民族独立和人民幸福作出贡献。比如在枪林弹雨的抗日战争时期，我国的爱国知识分子，研制出完整的《战时教科书》和《国防教科书》，其中最为“求真”的算术教科书被命名为《战时算术教科书》《国防算术教科书》，其民族精神、国家意志、意识形态本质上或广义的“求善”努力可见一斑。[①]为什么民国时期发行量最大、最受欢迎的教科书叫《共和国教科书》？为什么民国时期第一套教科书叫《中华教科书》？为什么在日本轰炸了商务印书馆后，商务印书馆立即启动研制出版的抗战期间最有影响的一套教科书叫“复兴教科书”？都德的《最后一课》在文学史上根本谈不上顶级作品，为什么能够进入中国教科书且经久不衰？这都是国家意志、民族兴亡、爱国精神的体现，是“求善”的体现。即便“文化大革命”期间出现的《工业基础知识》（包含传统意义上的物理、化学等学科内容）、《农业基础知识》（包含生物和化学、地理的部分内容）、《革命文艺》（取代音乐和美术课本）等教科书，主观上也是一种特定道德的表达、一种政治的表达，一种不能被简单归为故意的“恶”，而是广义的改革性质的求“善”行为。难怪阿普尔如此说：关于学校应该教授什么，如何教授这些知识以及如何评价这些知识的辩论，受到了不断变化的意识形态氛围的影响。[②]

华盛顿砍樱桃树、司马光砸缸、爱迪生救母、牛顿受苹果落地的启发而发现万有引力等，都是人类的愿望、人类的理想，其精华已经成为人类文化的组成部分。就教科书而言，它不造假，它选择与确定的内容应该真实，但这是历史的真实，是公认的、经典的，教科书一般不承担证实或证伪，即澄清这些经典是否真实的责任，它没有义务去考证各国优秀传统文化中的典故的真实程度，它看重这些典故的教育价值、善的价值。只要教科书主体自身没有故意造假作恶，只要他们选择的是各国文化中的经典，比如司马光砸缸、曹冲称象，甚至爱迪生救母，[③]那么，就可以视为“求善”的行为。

第三，教科书内容优先对“善”的追求，有其特殊性。

首先，教科书内容的真实性应该超越现实的单一真实性。因为教科书是面对

---

① 石鸥，魏天飞. 课本抗战之胶东版《国防教科书》［J］. 中国教师，2015（8）：36-39.

② 阿普尔，克丽斯蒂安-史密斯. 教科书政治学［M］. 侯定凯，译. 上海：华东师范大学出版社，2005：7.

③ 2002年选入人教版语文教材引起了社会批评。其实，早在1983年的初中英文课本第5册第9课中，已经选用了一篇题为*Edison's Boyhood*的课文，其中写到了爱迪生救妈妈。而小学语文的这篇课文就是根据这些材料编写的，而这个故事的原型是1940年美国拍摄的电影*Young Tom Edison*，里面就有一段爱迪生救妈妈的情节。这个故事遂广为传播。

未成年人的，内容的真实应该是未来的、希望的、理想的、教育的真实，表现人类的未来、希望与理想，符合人类的未来、希望与理想。换言之，教科书内容可以是想象的真实、期望的真实。“先生早，小朋友早”，[①]这是“真”的，这更是“善”的。所以，教科书所面临的真正问题不是“真”或“不真”，而是如何将这些“真”的事实整合进一个具有教育价值的真实情境中去，这时教科书所关心的不是事实本身的“真”与“不真”，而是对事实的解释，是真实的教育情景中必然会有的现象，是通过事实达到怎样的教育效果的问题。我们选择这个事实不选择那个事实，是因为这个事实为我们提供了更高远、更具教育价值的视野或平台，是真实情景中更可能发生的事，是因为有些事实比另一些事实，具有更好的良善基础，有利于学生建构完美的心智结构。

教科书中理想的内容既要真实，符合真实，又要能够带来更多的思考和反思。绝不是真实本身决定教科书质量，而是能够引发反思的真实。一本优质教科书的价值，更多的是由对真实的解释，而不是由真实本身所决定的。而一旦涉及对真实的解释，往往就可能是“善”的行为。

其次，教科书尽管必须求真，但往往是通过求真达到求善，至少是在求真的同时实现求善。教科书必须表现人类发展史上的重大事实，但教科书的容量有限性的特点决定了它对事实是有选择地呈现。如前所述，教科书对事实的表达，先要经过仔细选择，然后会在表达事实时毫不掩饰教科书研制者（和审定者）的观点和倾向，他们运用既定的价值观念和主流意识形态来审视和剖析现实，因而有时候具有强烈的意识形态性。教科书中的事实是研制者用以达到预期目标的手段，这个预期目标既有对真理的勇敢追求，也有对人性的无畏探索。教科书是在“通过事实进行雄辩”“通过求真进行求善”。

再次，教科书尽管必须求真，但往往是局部求真、整体求善。如前所述，对于同为真的A、B、C、D多个事件、多个任务，选任何一个都应该是真实的，但一旦选择，就意味着放弃，就可以视其为局部求真而整体上是求善的，是主观价值倾向的体现。黄山、黄河，长江、长城，南方、北方，东部、西部，汉族、藏族……教科书选择任何部分都是真实的，但也都是不够的。这个

① 叶圣陶.开明国语课本：第一册［M］.上海：开明出版社，2011.

不够，是对完整的客观对象的呈现而言，万千对象中只取一二，何有客观之言？但这个不够，实际上也是可以理解、可以接受的，这就是教科书的求善本质——为了达到教育目标。

最后，教科书是一个庞大的家族，不同的教科书，对真与善的追求是不一样的。在生物教科书中，一定会叙述到这一原理：人的生命是有限的，随着人一天天长大，也一定是一天天走向死亡。而在语文教科书中，也许有很多“善意的谎言”，如祝老人寿比南山，祝小孩长命百岁。1925年，鲁迅写了篇短文叫《立论》，讲了个精彩的小故事：一家人生了一个男孩，全家十分高兴。孩子满月的时候，抱出来给客人看，自然是想得一点好兆头。一个客人说，这孩子将来要发财的，他于是得到一番感谢。一个客人说，这孩子将来要做官的，他于是收回几句恭维。一个客人说，这孩子将来是要死的，他于是得到大家合力的一顿痛打。仅仅关于真实，这文章对于不同教科书，都具有启发意义。多数教科书一般不会选择这种“真实的内容”，这不是人们期盼的、理想的，现实中第三个人被打也是可以理解的。

第四，慎重对待教科书内容中“善”的优势地位。

对“善”的追求是教科书内容确定过程中需要优先考虑的要素，但对“善”的追求一定要慎重，要提高警惕，因为对“善”的追求比追求“真”更有风险——在教科书处理中，有意地去追求“善”可能会被利用，被个别利益集团利用，被某种主流舆论控制，甚至消解对“真”的追求，使“真”在“善”的冲击下变得不重要了。必须引起警觉的是，教科书的积极力量虽然可以启蒙民主政治，可以痛击专制独裁与歪曲的意识形态；但反过来，教科书也完全可以巩固它所痛击的。

过于突出善的意义，可能忽视重要的内容，使教科书内容的选择与确定过程过于随意、过于主观。而且，过于突出善，可能为教科书的枯燥灌输、生硬说教找到借口或理由。同时，过于突出善，还可能削弱创造力、淡化思想自由。

因为教科书具有权威性和经典性，它在追求“善”的旗帜下，通过传播知识、灌输道理、探寻关系的功能，能够严重影响年幼的学生们的思维与认识，很容易在学生心目中造成这样的结果：教科书所表现的世界既成了这个世界应该如何存在的范式，也成了人们应该追求的世界，这种世界在学生眼里已经不再有丝毫奇怪的可能了，即不再有丝毫值得怀疑或去动摇它的可能了，它们都是“善”的、理想的，也是真实的。而事实上，我们已经反复论证过，对教科书是大可以提出质疑的。教科书很难避免编写者的偏见，教科书的编写总是或多或少地受编写者的哲学观、社会观和课程观等一系列主观意识影响和左右。“即使编写者想竭力保持公正客观的态度，但选择什么内容，删除什么内容，以及问题讨论的方式都反映出编写者的主观意识。”[①]所以，我们认同教科书对“善”的追求，但这是需要予以高度警觉的。

① 钟启泉，崔允漷，张华．为了中华民族的复兴　为了每位学生的发展：《基础教育课程改革纲要（试行）》解读［M］．上海：华东师范大学出版社，2001.

第四章

教科书内容的设计

教科书设计的目标是研制出达到“真”“善”“美”高度统一的教科书文本，最终实现培养学生的目标。教科书通过知识选择以达到科学真理的传播，通过伦理价值的灌输以达到学生的社会化，通过“美”的视觉感受，提升学生的审美素养。教科书文本设计的重点就是将设计者的基本意图融会其中，通过内容和形式的合理配置、组合，使教科书文本兼具实用与美感之价值，达到更加有利于教与学的目的。教科书设计包括两大部分，一部分是教科书的内容设计，也叫内容呈现，这是最主要的部分。另一部分是整个文本设计，是全文本设计，主要指的是形式设计，包括排版、开本、纸张等方面的设计。本章重点分析内容设计，这是决定教科书质量的内在因素，也是难度最大、最重要的因素。

第一节　教科书内容设计概述

教科书内容的选择与确定固然十分重要，但内容的呈现，也就是对选定的内容的设计和安排也很重要。候选内容在第一环节是原生态的，是存在于教科书之外的素材。一旦原生态素材被选定为教科书内容，便具备了准教科书内容的身份，但它们还只是建构教科书的材料或“砖石”，需要依据特定的标准进行结构化的组合，这一过程就是教科书内容的呈现，我们更倾向于称之为内容的设计。

我们使用“教科书内容设计”来取代“教科书内容呈现”是有原因的。“呈现”的重心在于就现成的材料或选定的内容加以整理，并表现、展示出来。内容呈现略显消极，主体的创新空间和主动性略显不够。“设计”的重心则是在正式做某项工作之前，根据一定的目的要求，预先制定方法、图样等，并付诸实施。它更突出主体的创新性、主动性，创新空间更大。同时，“设计”在本章中，除了内容的设计这一中心工作以外，还包括版式设计等，范围更广泛一些。所以，有时候，我们把“教科书内容设计”简称为“教科书设计”（尽管二者是有一定区别的）。当然，“教科书内容设计”和“教科书内容呈现”的目的是一致的，就是力求用候选素材构建高质量的教科书文本。

一、教科书内容设计的重要性

教科书应该精心选择内容，尤其应该精心设计内容。教科书内容选定后，就有一个内容的组织或结构化问题，即便是精选的内容，也需要有巧妙的设计与结构，才能发挥最佳作用。好的内容放在不恰当的地方，一样发挥不了应有的作用。所以，教科书研制一旦启动，最关键的工作就是把精心选择的、确定的、想要展示的素材或内容组织好、设计好，以最佳方式呈现出来。这与选择和确定内容的重心不一样，很大程度上会影响精心选择的内容的效果。比如，语文教科书研制者选了鲁迅的若干篇文章，那么先教哪篇，后教哪篇？哪些放在初中，哪些放在高中？各有什么不一样的教学要求？又如《背影》，有的在初一上学期语文教科书里呈现，有的在初二上学期安排，也有的在初二下学期安排；[①]而且安排在不同的单元里，有不同的教学要求。这些安排总有最佳与否、高效与否的区别吧。这些都是非常重要的、细致的甚至是具有学术意义的工作，做得好不好，直接影响教科书的质量。在这一意义上，教科书研制者绝不比内容的原创作者的重要性差，是他们把各种高质量的营养个体进行科学组合，配制出学生们的精神食粮。

教科书内容设计之所以重要，原因之一就是其作用深远、影响无痕。多数情况下教科书对学生的影响是隐性的，为了造成最佳影响，为了潜移默化地影响，就需要花大量精力在设计上。教科书的目标就是用一种貌似非常理性的，能够被学生、教师以及社会所接受的方式，为特定的历史和文化提供一种特定的解释，

---

① 2008年北师大版的教科书将《背影》安排在七年级上册《语文》中，2001年人教版教科书将《背影》选入了八年级上册《语文》，2003年语文出版社的教科书则将《背影》选入八年级下册《语文》。

以培养学生成为特定的人。为此，教科书就得精心设计，确保高质量、高效率。

教科书内容设计，简单来说，就是教科书内容的组织或编排，它与教科书设计稍有区别。后者是将教科书编制的计划、规划和设想传达出来的活动过程，强调整体性的安排，而前者主要指对选定的内容的安排。设计者要根据课程标准或教学大纲的要求，把事先从人类知识文化宝库中选择出来的适合于教育对象、能够达到预期教育目标的内容素材，依据一定的逻辑形式与原则进行组织，再以可见的形式，如文字、图片等表达出来，最终转化为具体的教科书文本。

二、教科书内容设计的两大倾向

在教科书编制过程中，内容的精选固然重要，内容的精心设计也同样重要甚至更为重要。教科书内容本身和针对内容的设计安排尽管联系密切，但二者不是一回事。教科书内容的设计主要是指对教科书内容进行定位、组织、编排、逻辑关联等加工活动及对相关学习活动的安排的过程。

教科书内容的设计根据不同的风格，可以有多种形式。有以传统教授为基本特色的呈现与展开，有以能力发展为基本特色的呈现与展开等。而不同的教科书，其设计风格又各有特色，如语文教科书，可以有以主题为线索的呈现（如亲情、友谊），也可以有以文体为线索的呈现（如散文、寓言）；可以有以文本选择与教学为主的呈现方式，也可以有以活动设计为主的呈现方式。从大的倾向上看，教科书内容的设计犹如内容的确定一样，大体有知识倾向（学科倾向）型和能力倾向（素养倾向）型之分。

知识倾向也可以称为学科倾向，以学科知识的获得为目标，教科书内容设计更注重学科价值，更注重学科知识内容的设计，强调知识体系教学，突出学科知识的有效传授，普遍情况是学科内容偏多、学生活动偏少。在呈现方式上大体依据学科内容的逻辑，可分为直线式、螺旋式、范例式等模式。教科书内容的设计以学科为依托，优点是知识的系统性、逻辑性强，单位时间里知识教学效率比较高，缺点是容易造成教科书的“学科本位”“知识本位”，过于强调知识的权威性、真理性，过于崇尚分科知识，过于关注学科知识概念和理论的呈现。以学科逻辑为主要叙述方式，容易导致分科的知识本位，只见知识不见人，只见学科不见人，对人的培养、对人的素养相对不太关心，容易忽视对学生的情感、态度、价值观的培养，容易忽视对创新能力、批判思维的培养。学科倾向的弊端还表现为容易造成学科之间相互隔离。在单一学科的视野里，只需要保留本学科重要的理论、概念、原理、观点、知识框架等纯知识性质的内容，并在此追求下往前推进，不断探索未知，不断积累更多的知识，舍弃旁枝，保留主干，与其重要知识关系不大的人、事、细节等，均可以忽略不计。

能力倾向是可以称为素养倾向或学生倾向的教科书内容设计模式，以学生能力发展或素养发展为目标，看重围绕学生发展而进行的学科知识的创造性重组，看重有关学习活动的设计，看重学生的学。[①]教科书内容设计突出素养价值，强调学习活动过程，在内容设计上比较多地从素养或能力的培养出发，比较常见的是螺旋式编排，同一能力或核心素养在学科不同的内容中不断出现，逐渐深化，逐渐提升水平。在能力倾向的教科书中，除了重要的学科知识以外，那些培养人的内容也是重要的，有些人、有些事、有些细节，也许对于科学知识而言不是极为重要的，属于“旁支”系列，但它能够启迪人、感动人、震撼人的心灵，对于人的培养意义重大。局限于某一学科领域，难免只见部分不见整体，只见学科不见实际，只见知识不见人。狭隘的学科观点必定阻碍质疑、创新和综合，与科学的质疑精神、批判思维和跨学科的追求背道而驰。

关注学生能力发展的教科书内容设计绝不否认学科知识的重要性，因为没有这些学科内容，能力发展就是空中楼阁，但它要求兼顾另一种线索或逻辑来选择学科知识内容，即依据学生发展来提出、整合、确定和重组学科内容。换言之，判断某一教科书的质量，既要看选择的知识内容的价值，也要看它对能力和素养发展的价值。我们既要依据学科逻辑来设计教科书内容，又要依据学生的发展逻辑来设计教科书内容。

三、教科书内容设计的三大重心

教科书是教学之书，有利于教，特别是有利于学是其最重要的特征。这是教科书内容设计的出发点和归宿。

内容的设计要有利于教师的教。要便于教师科学设计教学情境、有效组织教学；要为教师自主选择、增补和调整教学内容预留空间；要能够促进教师改

① 石鸥，张文. 学生核心素养培养呼唤基于核心素养的教科书［J］. 课程·教材·教法，2016（9）：14–19.

进教学实践，引导或激发教师创新教学，如活动设计、内容的类型、建议的评估方式等。

教科书内容的设计要有利于促进和激发学生学习。教科书不应该是结论的再现，而应该注重引导学生主动探究、“建构”知识、获得结论，为学生提供质疑与探究的机会。教科书内容设计要注重为学生提供个性化学习的机会，给不同学生留下一定的学习空间，要注重为学生提供学习方法的指导，促进学生形成良好的学习习惯和思维习惯。

近年来我国的教科书建设已经取得了重大进展，在有利于教师的教上，进行了持续的卓有成效的努力，但在有利于学生的学上还有很大的差距。笔者认为，当前在教科书内容设计上，应该特别强调三大重心。

1. 为学习而设计

为了更好地促进学生身心的全面发展，教科书研制者要坚持并勇于为学生的学习而设计。教科书是教课之书，遵循教的逻辑、有利于教师的教是当然的，但教科书更是学习之书，遵循学的逻辑、有利于学生的学是最重要的追求。以往的教科书更多地遵循一种教的逻辑，而不是学的逻辑，教科书的基本立场是教师本位、教的本位，教科书的基本特点也主要是有利于教师的掌控和教师的教学。真正为学生提供结构化了的、帮助学生建构自己的学习的教科书还不多。[①]在过去，这是可以理解和接受的，因为传统教科书的主要功能是作为知识的重要源泉，担负着知识提供的重任，而现在教科书的一些功能，特别是知识传授的功能正在发生剧烈变化，培养学生主动学习、学会自己寻求知识资源的功能大幅度上升，这是现代教科书内容设计的重要背景。

为学习而设计，关注学科活动。教科书要努力为学生提供结构化的学习情境，要积极通过内容呈现、活动编排、结论获得、学业评价等方式，激发学生学习的主动性和探究性，为学生的学习，为发展和提升学生的心智水平设计丰富的互动机会和拓展空间。教科书不应该是结论的再现者，而应该成为引导学生主动探究、建构知识、自主获得结论的学习活动的设计者。比如，我们确定了以低碳生活的若干原理、意义与基本准则为教科书内容，目标之一必然涉及让学生知道

---

① 石鸥，张文. 学生核心素养培养呼唤基于核心素养的教科书［J］. 课程 · 教材 · 教法，2016（9）：14–19.

并懂得这些原理、意义和准则，但显然这不是全部目标，重要的目标是情感态度价值观的培养，是核心素养的培养。而这些素养的养成不仅仅是让学生知道低碳生活的原理、意义以及准则，重要的是让学生通过自主探究、跨学科学习、社会调查等获得这些原理与结论，能够深刻认识低碳生活的重要性，自觉、自主、自发地把这些原理、准则应用于自己的生活之中，并影响身边的人。很显然，要达到这些素养上的目标，光靠知识传授是不行的，需要设计围绕目标的系列学科活动来促进它们的发展。这里所指的学科活动是与学科学习紧密相关，源于学科、超越学科的学习活动，它以探究、综合、自主（往往还需要跨学科）行动为基本特征，它需要创设新的情境，能够促使学生运用所学的原理，处理新的问题，而这正是学生全面而有个性发展的重要途径。

学科活动的设计，应该减少演绎性质的活动，改变按照演绎方法来安排和组织学习的教科书研制的主流传统，增加学生探究性学习的活动与机会。这实际意味着更多的归纳意义上的学习。在引导学生主动探究、建构知识、获得结论，为学生提供质疑与研究性学习的机会方面，教科书内容的设计、归纳总体上较演绎更有积极意义。有研究比较了中国和德国20世纪90年代的教科书中的实验设计，认为德国理科教科书普遍提倡和规定学生应参与和体验自然规律发现过程，并建构对自然科学的认识和掌握自然科学的方法。教科书设计往往让学生先从做实验开始，让学生在实验中获得对客观世界的了解，然后建构起关于某些规律的认识。我国的教科书也有各种实验要求，但往往是从验证某种定律出发的。在这方面，德国的教科书更多地采取了归纳法，让学生通过实验，了解事实真相，然后自己归纳规律，而中国的教科书是让学生知道定律后再去验证一下。前者重视的是过程，后者重视的是结果。[①]杨振宁教授也指出过这一现象："中国学物理的方法是演绎法，先有许多定理，然后进行推演；美国对物理的了解是从现象出发，倒过来的，物理定理是从现象归纳出来的，是归纳法。演绎法是对付考试用的办法，归纳法是做学问的办法。"[②]当然，这对教科书的研制者来说，压力更大，因为它不仅要倚重学科体系，还要倚重素养发展的逻辑，而后者远没有前者

---

① 李其龙. 从德国教科书看当代教学论思想［J］. 全球教育展望，2001（3）：19–23.

② 周洪林. 中美教育的比较反思：杨振宁话教育（下）［J］. 教育参考，2000（5）：50–52.

清晰。

为学习而设计，提升教科书助读系统特别是作业系统的质量。助读系统也称为支架体系，是帮助学生学习教科书的一切辅助系统，包括目录、注释、练习作业等。为了更好地实现教科书的预期目标，提升助读系统的质量（特别是练习和作业的质量）至关重要。设计基于学生发展的教科书，要适当增加发散性、跨学科性的活动作业，这是没有预设唯一结果或答案的、需要运用多学科知识的作业；要重视练习活动的质量，避免目前课堂实践中比较普遍的仅仅抛出问题的做法。对于发展学生核心素养的学习来说，在教科书内容的设计策略上，恰当的要求比仅仅抛出问题更重要。观察结果表明，当教师遇到教科书中泛泛提出的系列问题，或者比较单一的识记性的作业时，更趋向于让学生集体回答或再翻看一次书，而受益者往往是成绩好的那些学生，得到提升的更多的是寻找标准答案的能力。如果教科书提的是学习要求，则更能够保证活动参与的普遍性，引导每个学生都积极地去探究。比如，关于抗日战争的学习内容，如果设计系列问题，如抗战时期卢沟桥事件发生在哪个地区？是什么时间？主要参战部队和主要指挥官有哪些？胜负如何？则既倾向于有唯一的标准答案，又倾向于学生集体回答。如果改为学习要求，比如，收集卢沟桥事件的资料，分析其发生的起因、事件的过程与结局及其对整个抗日战争的意义，分析卢沟桥事件是否可以避免等，这类学习要求更倾向于由个体探究完成，且结论往往具有开放性。

2. 为开放而设计[①]

教科书不应该封闭自我，做资源的提供者、结论的再现者，而应该开放自我，成为学生主动建构知识、自主获得结论的学习情境的提供者和引领者。基于学生发展的教科书内容设计，一定是开放的，能够为学生提供质疑与探究的机会，能够为学生拓展、开发内容资源提供更大的可能性，帮助学生建构自己的知识体系和方法体系。

为开放而设计，须打破教科书内容设计的封闭性。所谓教科书的封闭性，是相对于开放性而言的。这里的封闭和开放，不简单等同于落后与先进。封闭性就是把教科书设计成一个完整而自足的系统，教科书构成了教学上的自封闭循环，

① 石鸥，张文. 学生核心素养培养呼唤基于核心素养的教科书［J］. 课程·教材·教法，2016（9）：14–19.

不需要求助于其他途径就能完成或基本完成教学。这种教科书对学生完成学习任务提供了所有指示、全部说明或手段，包括教学所必需的所有因素和条件——内容、方法、练习、标准答案、考试评价等，列出了一整套完整的程序、活动、步骤等。在一定意义上，不需要求助于其他教学资源和教学途径。

教科书的开放性是指，教科书是一种有待根据具体情景由学生（和老师）来补充、完善的教学材料，学生有比较多的学习自主空间，诸如没有单一答案的问题、需要通过其他途径获得资源或支持才能展开和完成的学习活动、有待完成的小结等。教科书的开放性包括内容上的开放和方法上的开放。内容的开放，比如给学生留下对所在地区的地理、动植物进行补充的空间，从而来完善教科书；还有对某些概念的补充，要求学生用自己思维的结论或认识对教科书内容进行补充等。方法的开放则把重点放在引导学生追求解决问题的不同途径与方法，比如实验、访谈、查资料、另一种解题方法等。教科书不要指望能够包容所有需要的信息、资料与手段，它需要刺激学生在需要的时候通过多种途径去探查和寻找完成学习的补充信息。在教科书的开放性维度，有学者甚至认为教科书是“范例”，教科书“不再是课堂教学的全部内容，而只是为展开教学活动以使师生互动产生知识提供的一种范例和素材，以便师生能够以这些‘范例’为基础，积极主动地开展教学活动，在理解和建构教科书内容意义的基础上，获得知识与技能、过程与方法、情感态度与价值观的全面发展”。[①]

封闭与开放不是绝对的。没有绝对的开放，也没有绝对的封闭。不同的教科书往往处于两端之间，倾向于开放或倾向于封闭。

一般而言，在经济文化欠发达的时代，在教育资源匮乏、师资条件差的地方与学校，可能更需要相对封闭的教科书，主体上通过教科书就能够完成教学任务。进入网络时代后，随着我国基础教育资源明显改善，师资水平明显提高，对开放性教科书的需求越来越大。设计开放性大的教科书的任务越来越艰巨。

为开放而设计，充分利用信息技术。在今天，为开放而设计的最大动力、压力和可能性就是信息技术的发展。没有信息技术的充分应用，今日之教科书就不可能真正开放。基于学生发展的教科书要高度重视与现代信息技术的整合，要

---

① 毕华林. 教材功能的转变与教师的教科书素养［J］. 山东师范大学学报（人文社会科学版），2006（1）：87-90.

在信息技术为教科书的教、学、评价提供支持方面下更大的功夫，为数字教科书或电子书包的发展提供必要的引领、拓展和规范空间。当文艺界惊呼“三年一代人”时，教科书如果还是“老面孔”，自我封闭，就注定让读者痛苦。今天的教科书读者是在动画、漫画、游戏中成长的，他们的世界是“网络”，他们阅读的是电子书，他们的朋友是网友，他们的生活是网络生活。面对这样的读者，教科书如果视而不见，它必将迅速成为虽然发行量很大但与读者脱节的文本。过去，人们最关心的是谁能研制出最高水平的纸质教科书，从今以后，人们最关心的将是谁能研制出最有吸引力的以数字为基准的立体教科书。这是革命性的转变，也体现了教科书最大的开放性。

为开放而设计，给开拓更多的学习资源留下空间和进行指导。教科书内容设计要有开放性和弹性，在保证基本内容的完整性和系统性的基础上，能够为学校和教师拓展、开发内容资源提供可能性。高水平的教科书内容设计，除了教科书文本自身的设计外，还要充分留下空间，便于编写相应的教师用书和学生课外自主学习材料。教师用书是一种帮助教师在教学实践中更好地使用教科书的书，它是为学生使用教科书服务的，常常依据教科书，在教科书出版之后或同时编写出版。教科书的设计还要为其他辅助教学材料的建设提供指导和引领，比如数字资源，帮助提升教科书教学辅导材料的基本质量。在这一意义上，开放性强的教科书可以开辟新的教科书多样化途径。

3. 为个性发展而设计

面临着知识经济与信息技术的发展，有远见卓识的人都会认识到，只有构建一套大不同于以往的能力与素养体系，才能使得公民“更好地参与经济生活，做更好的社会公民以及更好地休闲”。[①]这应该成为学校教育，当然也成为学校教科书不得不应对的挑战。教育影响人的发展，不可能脱离社会发展对于人的素养提出的要求，在某种意义上，教育实质上就是将社会对人的质量需求转化为人的现实素质。信息技术社会要培养学生“适应个人终身发展与社会发展的必备品格与关键能力”，必然要求“以学生为本”。

全球教育都注重学生的“自主发展”，实质就是学生的个性发展，是共同发

---

① ANANIADOU K，CLARO M. 21st century skills and competences for new millennium learners in OECD countries［J］. OECD education working papers，2009（41）：1.

展、普遍发展之上的个性发展。教科书内容设计如何体现、促进学生的个性发展，是一个值得不断深究的议题。目前可以肯定的是，基于共性之上的个性发展必将是教育不变的追求，特别是在这样一个将创新作为衡量人才重要标准的时代。因此，教科书在内容上就需要体现选择性，既要面向全体学生，又要考虑学生发展的差异，在保证每个学生达到共同基础的前提下，充分考虑学生不同的发展需求，结合学科特点，适当安排一些自学或拓展学习的内容，以适应不同学生的学习需要，引导学生形成个性化的学习方案，促进学生的自主发展。值得期待的是，随着信息技术的发展，教科书不断开放，为学生提供个性化的学习资源与引导应该不是一件很困难的事情，教科书也许将以一种我们完全想象不到的形式出现。那时，教科书是叫电子书还是数字教科书，也许并不重要，教科书如何促进学生个性化学习才最重要。是否会有教科书个人定制的那一天呢？教科书—数字技术—活页形式……立体化的教科书时代也许正在到来！

教科书设计除了内容设计外，还可分为“文本设计”“版式（版面）设计”“图表设计”等。文本设计主要是指教科书中各个部分的总体内容布局的安排过程，如一般我们可以将小学语文教科书文本设计为标题、目录、课文、生字、作业等各个部分。版面设计则是指在平面设计过程中，根据内容、目标功能系统的要求，把文字、图片、图表、装饰、色块等视觉元素按照设计创意要求进行选择和加工，并运用造型要素及形式原理，把构思与设计以视觉形式组合配置在特定版面上的过程，也就是寻求艺术手段来正确地表现版面信息，是一种直觉性、创造性的活动。[①]版面设计涉及教科书的纸张、开本、封面、封底、扉页、版权页、印刷等因素。图表是教科书必不可少的组成部分，尤其对中小学低年级教科书而言，恰当的教科书图表和教科书图表的恰当安排是教科书设计的重要内容，图表设计就是对教科书中的图表进行精心选择与布局的过程。

---

① 陈宜挺. 大陆与香港小学语文教科书结构比较研究［D］. 金华：浙江师范大学，2008.

第二节　教科书内容设计的基本环节

教科书内容的设计可以从广义与狭义角度来看待，广义的设计包括从内容的确立到内容的呈现，甚至包括排版样式；狭义的设计类似于传统意义上的内容呈现，即内容的排列组合、辅助系统和版式等。这里主要从广义的设计来全过程分析教科书文本的形成环节。

一、教科书内容的确立——选择与空无

如前所述，教科书文本最大的独特性是其内容主要是从外部知识空间选来的。

（一）内容的选择

教科书文本构成的第一个环节是内容的确立，而内容的确立主要通过选择这一手段完成。选择几乎总是和放弃、空无联系在一起的。本书多次提到，教科书文本和其他文本的一个重要区别是，教科书文本内容主要是选择性的，是从浩如烟海的外部知识中选取少量内容构成的，纯粹原创的少，因而具有显著的依附性，依附于可供选择的外部知识内容。

前文分析过，教科书存在内外两种知识空间，一个是教科书外部的原生态的文化知识空间，一个是通过选择等主体行为而构建的教科书内部文化知识空间。外部知识空间是内部知识空间的来源和基础，内部知识空间是外部知识空间的浓缩与代表。存在于外部知识空间的资源，从理论上说均可以是教科书的候选素材，均有可能成为教科书的内容，我们往往称其为教科书的原生态素材、原生态文本等，[①]它们是教科书的资源性要素。对这些原生态的资源性要素的取舍，往往反映教科书研制主体的价值倾向与学识水平。

选择是教科书内容构成的第一环节，也是最重要的环节，教科书研制者在这一环节的自主性或主体性很强。

选择的另一面表现在主体实施择取时有目的地“放弃”。只要有选择，就有放弃。选择与放弃是同时启动的，选A就意味着放弃B，甚至放弃一切非A。

---

① 石鸥，张文. 学生核心素养培养呼唤基于核心素养的教科书［J］. 课程·教材·教法，2016（9）：14–19.

选择并不需要在浩瀚的外部知识空间中平均使用力量进行取舍，选择者往往已经具备某种习惯性期望框架，他们在选择时，符合其期望框架的内容会自动跳入他们的视野，这些内容实际上对于选择者而言是凸显在他们面前的。跳入视野进入期望框架的内容构成候选内容，它们会远远大于教科书实际需要。这意味着候选的内容不可能都进入教科书，于是，此时就有了细细的比较，有了反复的斟酌，结果就产生了放弃或舍弃。选择放弃有两种情况，发生两种过程：一是没有自动进入研制者视野的内容，它们必定不会出现在教科书中，它们进入教科书的可能性极小。这一现象或过程，我们称为忽略。二是进入了研制者的视野，成了教科书的候选内容，但最后因为多种原因而没有成为教科书的实际内容，这一现象或过程，我们称为舍弃。

忽略是没有被引起注意而导致的放弃，是因为没有进入选择者的视野而没有被选择，它往往不是故意的。忽略的对象有可能是重要的，也有可能并不重要。这与研制者个体有密切关系。舍弃是主观遗弃，故意不要、不选，是进行了权衡比较之后主观上认为必须放弃、不得不放弃的内容，是主动的有意识的行为。这可能是主观故意，知道它重要，但因为某种原因，必须把它阻挡在教科书之外；也可能不是主观故意，是教科书研制主体的个人因素所导致的非主观性放弃。日本有些教科书不选南京大屠杀的内容，可以认为是有意放弃，是故意屏蔽，是主观的、蓄意的行为。我国的某些教科书对乡村文化的忽视……同样可以认为是放弃，是没有被选择，但它往往是非故意的忽略。故意的也好，无意的也罢，结果都是一样的：部分内容进入教科书，大量内容不能进入。教科书成为一个事实上的“过滤器”，进行文化的选择与过滤，将某些内容留下，将某些内容舍弃，呈现出来的是精心过滤的符合特定意图和价值的内容。不论是什么原因，是客观还是主观故意，一旦放弃了非常重要的内容，就可以称为空无。[①]换言之，空无是放弃了重要的、不能放弃的、不应该放弃的内容。[②]很显然，教科书的空无现象是重要的、值得关注的。

---

① EISNER E W. The educational imagination［M］. New York：Macmillan，1979：97–101.

② 石鸥，李祖祥. 教科书的空无内容与教师的应对［J］. 教师教育研究，2009（2）：28–32.

（二）内容的空无

有时候，教科书中没有说什么和它说了什么一样重要。有时候，对于教科书而言，沉默也如言说，是一种表达、一种记述、一种对待。教科书是教学的最主要、最权威的材料。教科书的内容源于对知识的选择，是对浩如烟海的知识的选择。但在不断更新而又范畴极为广阔的科学知识之中，我们仅能选取其中一小部分纳入教科书，我们文化中的内容并非都很重要，也不具有同等的价值，因此要保证学校传播和发扬各种文化中最精华的部分，维护与传播文化的精髓，就必须对文化进行严格的选择。[①]换言之，一部分知识被选择进入教科书，而另外一部分则必然被排除在外，然而问题的关键恰恰在于谁能肯定自己选择的内容才是最精华的部分。是否存在应该选择、应该纳入却没有选择、没有纳入教科书的内容呢？这些被排除的内容是否确实是应该被排除的？按照美国课程论专家兰本达的观点，许多未选入教科书的内容如同被选取的内容一样，也具有重要地位，[②]甚至比已经纳入教科书的内容还重要。如果这样，不选它们就真正成为问题。不选它们本身就是一种发言、一种言说、一种表态。

1. 教科书的内容空无

艾斯纳（Eisner）于1979年在《教育想象》（*The Educational Imagination*）一书中首次提出，既往的课程研究只关注学校的实存课程，但这是不够的。实存课程之外还存在着空缺的领域，这个领域中有些是应该选入学校课程并必须重视的。他认为，教什么、不教什么以及没教什么，对它们的研究同等重要。既要考虑教什么，也要考虑不教什么以及没有教什么。[③]艾斯纳视野中的“空无课程”不仅拓宽了课程研究的领域，也为我们研究与思考教科书问题提供了新的视角。

作为承载知识的教学用书，由于多种原因，教科书只能承载部分知识，即它必然会放弃许多内容。这样，教科书展示的内容只是学生应接受的内容之沧海一粟。可以推断，由于前述教科书内容的选择带来的谁来选、选什么、依据什么来选、为谁选、选得如何等现象的存在，多数情况下还存在某些没有纳入教科书，

---

① 石鸥. 教学别论［M］. 长沙：湖南教育出版社，1998：161.

② 邹学立. 兰本达教授献给中国青年的书：《物理学家是怎样工作的？》简介［J］. 课程·教材·教法，1991（2）：14–16.

③ EISNER E W. The Educational Imagination［M］. New York：Macmillan.，1979：97–101.

但学生应该甚至必须接受、发展价值甚至超过教科书中已有内容的内容。参照“空无课程”的概念以及上述有关分析，我们将教科书中应该存在、必须存在却没有存在的内容，称为教科书的“空无内容”，这个放弃不该放弃的内容的过程可以称为教科书的“内容空无”过程。

这个定义的关键是“应该”“必须”，这里的“应该”“必须”是相对于学生、社会和科学发展而言的，是学生有必要学甚至必须学，但教科书却没有呈现的那些内容——它们被遗忘、放弃、忽略了，没有选入教科书。当然，这个“应该”和“必须”具有很大的主观风险，不同主体也许有不同的认识，有不同的“应该”和“必须”。

首先，这里的“应该”和“必须”是相对于学生发展而言的。在过去、现在乃至未来很长时间里，教科书是学校教育的最重要材料，因而也是促进儿童发展的重要手段或媒介。考察或评价教科书的价值，首先要看它对学生的发展价值。如果教科书在促进学生发展上没有很好发挥其价值，那就不是高质量的教科书，教科书就没有完全实现其功能作用。而教科书能否很好地实现自身价值，在一定程度上，与其是否选择确定了学生发展最需要的教科书内容密切关联的，也与教科书上的内容是不是学生终身发展离不开的内容密切关联。

其次，这里的“应该”和“必须”是相对于社会发展而言的。教科书具有重要的社会价值，体现主流意识形态，旨在使年轻人更好地社会化。教科书承担着传承优秀传统文化和创新文化的功能。人类文明精华是靠教育进而靠教科书来确保其传承的，不同社会的主流价值观、特定的意识形态都需要教科书来传播。[①]离开教育，离开教科书，保存下来的只能是文化的碎片。教科书如果没有传承最重要的人类文明精华，教科书如果没有很好地体现特定社会的主流意识形态，都可以在一定程度上视为质量不高，甚至其有可能保不住教科书资格。但即便是质量比较高的教科书，也不一定能够确保社会核心价值观的传递，仍然可能传递一些而忽视另一些核心的价值观，可能忽视重要的主流意识形态，如果是这样，也可以认为是教科书内容的某些层面的空无——忽视了在意识形态和社会主流价值角度看来不该忽视的、必须进入教科书的内容。

---

① 石鸥.弦诵之声：百年中国教科书的文化使命［M］.长沙：湖南教育出版社，2019.

最后，这里的“应该”和“必须”是相对于科学发展而言的。教科书具有传播科学知识的功能。人类千百年来发明、发现的知识体系或科学体系，只有基于教育才能确保其传承，也只有教育培养出来的人，才能在依据前人的科学知识的基础上，进一步推进科学知识的创新。问题是，教科书文本的有限性决定了它只能选择性传播非常有限的科学知识。日益增多的科学门类、分分秒秒在增加的科学知识，到底哪些必须进入教科书？没有进入教科书的内容是否一定不适合进入教科书？是否存在必须由教科书传播的科学知识但没有进入教科书的情况？事实上，教科书完全有可能空无或轻视了某些重要的科学知识。从广义上看，近年的高考改革，许多学生不选考，即不选学物理学科知识，由此带来了激烈的讨论。从某种角度看，这对于科学发展而言，本质上就是空无了物理学知识，而这些学科知识是不能空无、不能缺少的。

因此，对于学生发展、社会发展、科学发展而言，教科书的内容都有可能空无。教科书的基本功能虽然在于划定某一可能的知识或教诲范围，收纳、选择某些内容，张扬某些内容，使某些内容经典化，但同时也会使某些内容消失于特定读者群的视野之外。十几年的教科书阅读、学习甚至是诵记，将很有效地塑造读者，不知不觉张扬某些思想，而贬低或干脆使读者不知某些思想。但这一定是从知识的科学性、重要的价值维度来设计考虑的，如果弱化或排除的是不应该弱化或排除的内容，则明显不能构成高质量的教科书。

教科书内容空无，实质上是内容空缺。空缺的内容当然就是缺失的内容，是不应该被遗忘或放弃但确实被遗忘被放弃的内容。正因为它是不应该被遗忘或放弃的内容，所以如果不补上，将直接影响学生发展，不利于社会发展、科学发展。如果是垄断型教科书，是一套国定本教科书或统编教科书，那么一旦空无了某些内容，就是绝对意义的，是普遍性的缺失，是全局性的损失，很难普遍弥补。

教科书内容空无与教科书设计中的“留白”“留有余地”等技术层面的策略是有本质区别的。前者是对重要内容的忽略、遗忘，是妨碍预期教育目的实现的现象，它既可能是故意的，是试图抹掉或回避某些内容，本意就是要彻底遗忘，不让学生掌握，使其不进入学生认知系统；也可能是无意的，无意地忽略了本不该忽略的内容——研制者驾驭不了本领域的知识与发展，导致了空无。后者是有目的的教育活动，是一种实现预期教育目的的策略，是有意识地设计和控制内容的出现和不出现，有意使自己想要表达的“意”不能通过眼睛一览无余地“读”出来，而是要通过探究思维从空白中“发掘”出来，即最终它是要让学生掌握并理解的，目的不是使其彻底消失在学生认知系统之外，它们是隐在已呈现的内容后面、供师生去挖掘的内容，不是通常所说的“空无内容”。

空无是最高级别的否定。其目的是让人彻底不知道，慢慢地就这样消失了，好像从来就没有发生过这样的事，从来就没有存在过这样一个人。教科书中的批判、否定至少还是在提示人们，而空无则使相关内容几乎没有机会再出现在人们心中。所以，空无比否定更可怕。犹如电影《寻梦环游记》所揭示的，一个人彻底的、最终的死去是世界上再没有一个人还记得（知道）他（她）。

当然，是不是空无，算不算空无，也因不同的主体而不同。也许在某人、某集团、某阶层看来空无了的内容，在另外的人、另外的集团、另外的阶层看来不是空无。这一问题更为复杂，涉及教科书的价值判断，甚至涉及教科书是不是有终极价值的问题。

2. 教科书空无内容的类型

如前所述，教科书空无内容的存在，既是不争的事实，有时候也很严重，其内容和形式多种多样。根据不同的维度，它可以分成不同的种类。由于教科书的生产是多方力量博弈、妥协的结果，尽管各方力量在教科书的生产过程中尽量在社会价值、学生发展价值和知识发展价值等方面求得平衡，但不同的教科书建设主体必然用不同的眼光来选择不同的内容，因而某些内容的倚重和某些内容的空无就在所难免。这种不同价值的冲突、妥协和平衡以及对不同价值的满足往往构成教科书空无内容的不同类型。

第一，偏于社会价值的空无内容。

这主要是从支配集团、国家主流意识形态或人类和平发展的角度去判断的空无内容，是特定社会价值内容的空无。一般而言，这类空无内容主要涉及特定社会阶层的利益，或涉及国家利益，或涉及民族团结，或涉及重大历史与现实甚至未来发展的问题。

有时候偏于社会价值的空无内容是官方与主流社会特别关注、学生社会化（尤其是学生政治社会化）所必需的内容，往往具有重大政治与社会意义。此时，如果存在严重的社会价值内容的空无，教科书极有可能受到严厉的批判甚至遭否定。我国“上海版高中历史教科书”的命运更能加深对教科书内容空无的严重性的理解（见第93页，专栏2　上海版高中历史教科书事件）。

“上海版高中历史教科书”的研制者们以为今天的人们只需要文明的东西，可以空无或搁置阶级的内容、意识形态的内容；而反对者则认为，阶级的内容、意识形态的内容是万万不能缺少的，而文明史的内容可以缺少、可以空无。

历史教科书究竟“写什么样的历史”[①]仍然是一个非常严峻的问题。尽管历史学家吴晗认为应该“写多数人的历史，写劳动人民的历史”，尽管李际均认为“历史课本就是要重视意识形态和国家认同”。[②]如果历史真相与意识形态发生冲突怎么办？是要真实，还是要认同？“历史教科书问题的核心不在于审查制度，而在于其内容。作为记载和传播民族历史记忆手段的历史教科书，应该如何写？特别是涉及一国不光彩的历史时，如何向学生讲述？这是困扰各国历史教育者的重要问题”。[③]

历史教科书如此，其他教科书何尝不是如此呢？所有教科书不同程度地存在这一问题，选择、确定什么样的内容，不写、放弃、空无什么样的内容？“空无”昭示了不可以教什么，“选择”则明示应该教什么。对任何特定内容的选择或确定都是重视，对任何特定内容的空无都是一种轻视。教科书（及其编撰者）易被攻击，是因为对选择什么、不选择什么的处理无法很好地平衡不同取向的冲突。多方的意图、强调的重点，甚至基本结论会随着教科书的展开而分裂。平衡谈何容易？满足了对“A”的宣示和某些特殊标准，就很可能空无了对“B”的传播和另一些特殊标准，反之亦然。

有时候偏于社会价值的空无内容是从人类命运共同体发展来讲的，是社会和人类发展所必需的内容，往往超越具体的民族和集团、阶层，具有重大的文化与社会意义。我国一段时期里教科书中对乡土文化的缺失，就属于此类缺失或空无。乡土文化是乡村在漫长的发展变迁过程中积淀而成的地域、民俗文化，是我国传统文化中的重要组成部分，有着稳定乡村、协调人际关系、建构乡村生活秩

---

① 张伟，吴晗. 谈历史教科书编撰的两件档案史料［M］//王兆成. 历史学家茶座：第二辑. 济南：山东人民出版社，2010.

② 李际均. 振兴国魂军魂［J］. 瞭望，2007（7）：1.

③ 赫茵，塞尔登. 审查历史：日本、德国和美国的公民身份与记忆［M］. 聂露，译. 北京：社会科学文献出版社，2012：“序”.

序的弥足珍贵的意义与价值。乡土文化在中国文化、中华民族精神发育中具有极为重要的地位，它本身是中国传统文化的重要组成部分，它是千百年来中华民族发展的精神寄托和智慧结晶。长期以来，中国是一个以农耕文明为主要文化态势的国家，同一块土地上的人们世世代代生于斯、长于斯，安居乐业，对养育自己的“土”有着天然的珍惜与崇拜，对陪伴自己的“乡”有着天然的亲密与眷恋，有一种天然的“与乡人处，由由然不忍去也”的故土情怀。这种自然的情感经由儒家文化的浸润与规训，成为一种让国人安放心灵的乡土文化，而乡土文化又更加丰富和强化了中华传统文化。可以说，中华文化产生于乡土文化，它是在一块一块的乡土中生长出来的。中国社会以乡村为基础，并以乡村为主体，各种文化，多是从乡村而来，又为乡村所有。这就可以解释为什么中华文化具有明显的乡土特征：人们在乡土中寻找做人的价值与准则，以故土命名学术思想，如著名的“洛学”“浙东学派”“泰州学派”“桐城学派”；人们以自身为故乡代言并以故乡为骄傲，如柳柳州、程伊川、张南皮、袁项城、绩溪胡氏等，故土成为我们的立身之本。遗憾的是，今天的教育，包括教科书，太缺乏乡土文化元素了，本质上是教育乡村学生远离乡村、“逃离乡土”的教育。在这种教育下，乡村学生从来不会对自己的乡土文化感到自豪。犹如甘地所说，他们受到的教育程度越高，就越想远离自己的故乡。他们的先辈所创造的文化在其眼里被看成是愚蠢的、原始的和低级的。这种教育就是要使学生与其文化决裂。[①]那些从精神上完全失去了乡土、乡亲、乡情的“乡土的后代”，将如何面对日益严重的感情无法寄托带来的精神危机？今天我们又怎么能够依赖这种“乡土的后代”来实现乡村的振兴？发展人的全面发展的教育应该是具有乡土元素的教育，是关注乡土文化的教育，是教育学生了解乡村、热爱故乡、为家乡而自豪的教育。很显然，实现这种教育最重要的工具之一是教科书。教科书应该让学生因自己的乡村文化而骄傲，应该培养学生深厚的乡村情感和健康的乡村价值观，应该成为乡村少年生存自信、文化自信的认识论基础。这是一种面对城市化，以开放的文化心态，积极接纳现代文明的自信，这也是振兴乡村最重要的精神力量。[②]这种文化内容的空无，就可以看成是

---

① PRAKASH M S. Gandhips postmodern education：ecology，peace and multiculturalism relinked［J］. Wholistic Education Review，1993（6）:8–17.

② 石鸥. 振兴乡村视野下的乡土教材［J］. 华东师大学报（教育科学版），2019.

大的文化意义、社会发展意义甚至是人类发展意义上的内容缺失。

这实际涉及教科书本质的认识分歧，有三只眼在看教科书本质，三只眼看到的不同风景决定了教科书面目：第一只是社会主流文化之眼，第二只是学科逻辑之眼，第三只是学生发展之眼。在关键时候，睁哪只眼、闭哪只眼，或同时睁眼，或同时闭眼，会导致完全不一样的教科书出现。

第二，偏于学生发展价值的空无内容。

从学生全面而有个性地发展的角度去判断的教科书空无内容，是学生发展价值内容的空无或缺失。有时，学生发展内容的空无同时伴随社会价值内容的空无，既是学生发展价值内容的空无，也是社会价值内容的空无。

有些空无虽然是善意的，但会造成对学生全面发展不利的影响。比如小学语文教科书中的《跳水》省略了托尔斯泰原著的一段内容："船长看到这儿，突然间，好像嗓子被什么捅了一下似的，大声地呜咽起来。为了不让人看到自己的这副模样，他赶忙一头钻到自己的船长室里去了。"日本的小学语文教科书中也选了这篇文章作为重点阅读课文，不同的是，日本的教材完整地保留了托尔斯泰的原文。通过这种简单的对比，可以初步地判断我国小学语文教科书中《跳水》一文省略的一段实为"空无内容"。或许，我们的编者认为，"哭"与威武、果敢的高大船长形象不符，所以果断去掉这部分内容。但他们没有考虑，最后一段的原文才是人性的真实表现。

有时，学生发展内容的空无与社会价值冲突。教科书的人物形象是学生习得社会规范、做人道理的重要载体。但普遍事实是教科书较多地塑造了伟人、学者等各类名家，却少有对农民、残疾人等弱势群体的描述；高大的人物刻画得具体生动，而弱势人物却寥寥数笔（或者只停留在群的身份），人物形象不具体、不丰满。

比较明显的空无是教科书中某些素养领域的整体性缺失，使得学生无法通过教科书提升自己的特定素养，导致学生的"片面发展"。比如在发达国家，艺术类内容往往是基础教育阶段的重要内容，但在我国中小学，重要内容是语文、数学等，艺术类内容少之又少，在一定程度上被空无了。从发展的角度看，这些领域是学生应该更多接触和学习的。对学生而言，目前教科书最严重的内容空无是批判性思维的真空。首先，教科书呈现的多为单一、纯粹、有着正确结论的内容，学生需要的仅仅是背诵，缺乏足够的能引起学生质疑、批判、具有道德张力的材料。其次，教科书内容的选择与呈现局限于“控制性说服”，[①]缺乏深层的探讨和辩证的思考。如大篇幅论及科学技术的正面意义，对其负面性的重视非常不够；大篇幅论述阶级斗争史、农民起义史，对文化发展史、经济发展史关注明显不够。对于科学，对于人类认识，好的内容应该是作为大体定论的内容、作为真理的内容。而对于教育、对于学生发展，好的内容有时候则应该是作为问题的内容、作为激发思维的内容，不一定是有定论的内容。再次，教科书不但在内容选择上体现了单一、平面、静止的思维方式，空无了培养学生批判性思维的重要内容，在呈现形式上也呼应了这一特点：肯定为主，质疑很弱；演绎为主，归纳很弱；表达课文主题的句子多为陈述句和感叹句，疑问、反问等句式在题目与主题句中较少出现。陈述句以其直接的肯定或否定，单向地告知学生，无须双向互动，学生只需接受就是。疑问式、反问式语言在抛出问题的同时，需要学生互动反馈，并将其怀疑的意识和发问的勇气传递给学生。它们的缺失，无疑使怀疑、质问的空间缩至很小。

第三，偏于知识发展价值的空无内容。

即从特定知识或学科的发展逻辑来看应该有却没有的内容。比如生物学教科书只讲米丘林，不讲孟德尔，就是一种显然的科学知识的空无。历史教科书不论是只讲阶级斗争不讲文明进展，还是只讲文明进展不讲阶级斗争，都是学科意义上的不全面，都空无了某一个方面。语文教科书只讲唐诗不讲宋词，散文不讲周作人，小说不讲张爱玲，是不是一种空无呢？我国传统数学教科书对数理统计与概率等内容的忽略就可看成是知识发展价值上的内容空无。知识方面的内容空无在“文化大革命”时期教科书中表现最为极端和典型，此时的教科书完全被极端政治话语、革命话语占据。数学成为农村会计，语文成为政文，物理化学成为工业基础知识，生物地理成为农业基础知识，音乐美术成为革命文艺，导致教科书严重“去知识化”，成了“非知识”甚至反知识的文本。

这三种空无内容基于不同价值需求，但有可能重叠交叉，也有可能互相矛盾甚至对立。

---

① 石鸥. 教育困惑中的理性追求［M］. 长沙：湖南师范大学出版社，2005：32–33.

教科书内容空无的成因非常复杂，有政治性限制，也有研制者主体水平的限制。某些人及其作品或某些内容被允许或被要求“学习”，留在教科书里，进课堂、进入学生头脑；另一些人及其作品或某些内容只允许在教科书中成为匆匆过客，一笔带过；还有一部分人及其作品或某些内容根本就不允许进入教科书，无影无踪。是什么决定了这一切呢？在何种意识形态话语中能够把进入和不能进入理解为一种教育行为而不仅仅是政治行动呢？教科书内容空无的形成是一个复杂的政治学与教育学过程。

意识形态的干预无处不在，存在于教科书生产的整个过程，时时“监视”教科书的形成，有时候很强势地迫使教科书的其他价值服从自己。又如“文化大革命”期间的教科书，其课本与与主流意识形态的革命话语保持了高度的同一与同步。教科书成为规范思想，制造统一的话语、统一的文化与行为的工具。当时的革命课本把意识形态与青少年宣传强行结合在一起，发挥了不可替代的作用。而在这一过程中，公开或无形地排斥压抑了那些注定无法纳入课本的、具有异质作用的内容，如人的发展、个体生存、个体意义、个性解放、人道主义观念等。这些人性意义的内容，都被当时的教科书空无了、消隐了。另一个最明显不过的例子是，极端的意识形态干预是日本历史教科书对其第二次世界大战中罪行的掩盖或对这一内容的空无。

同时，研制者的视域局限与差异也是教科书内容空无的原因之一。教科书研制往往只是专家的“事业”，研制和审查者主要依据课程标准或教学大纲，依据心理学、教育学的原理，依据当下的国家意志或主流意识形态的基本要求，选取和组合内容，最终形成教科书。在此过程中，一方面他们较少调研和考虑其他相关人士，尤其是教师和学生的需要，使得教科书内容的供应主体和供应途径偏少；另一方面，每个接触并关心教科书的人都有自己的“前见”，他们已有的文化背景、传统观念、知识水平以及思想状况等，成为自己理解事物、生成意义的基础。他们会不自觉地从“前见”出发去理解和要求教科书，“前见”的差异使得每个人眼中的教科书是不一样的，研制者看来完美的教科书，审查者不一定认同，其他人看来则更可能有许多瑕疵，其中一些问题与内容空无有关，在不同的人看来，教科书还需要补充不同的内容。这样，教科书出现不同主体眼中的空无内容就在所难免。多数情况下，研制者出于某种考虑，故意删减、有意识地进行信息控制，“造成”空无内容。

二、教科书内容的结构化——单元

当教科书研制者意识到内容空无的严重性，并最终选定了内容后，此时的内容严格意义上说还只是提上了议程的候选内容，它们还是原生态的，原生态内容被选择，即具备了准教科书内容的身份，但它们还只是建构教科书的材料或“砖石”，等待着被建构成教科书文本。它们需要依据特定的结构、经过特定的技术手段进行组合，其中一种比较常见的结构和手段我们称之为“单元”。单元是组合教科书内容、完成教科书文本的重要结构，单元工作或内容的结构化工作是教科书内容设计的重要环节，也是教科书文本形成的重要策略。

1. 单元

教科书作为以选择性内容为主的文本，一般不会对选择的内容一视同仁地自然排列，而会再进行主观化、人工化的结构设计，这一过程，往往以“单元”的名义出现。单元是构成教科书文本的基本单位，是教科书的有机组成部分，更是教科书设计的基本模式。它由教科书内部的具有某一或某些比较接近的特质的系列的具体素材组成，体现教科书编撰宗旨和编辑方针。单元内的素材往往具有接近的特质。换言之，单元内的课文，空间排列上相近相邻，性质接近或相似。单元和单元之间既有联系，也有区别。教科书中的单元，应该是一个清晰的教学单位，它有自己的开始和结束，而且通常有自己的动力，可以推向深处，在某种意义上，一个单元就是一本小教科书。单元与单元之间可能要解决的是相互支撑的问题，一个单元结束了，就为下一个单元创造了基础。也可能单元和单元之间，虽有联系但没有特别的递进关系，教师完全可以跨越单元顺序进行内容处理，实施有效教学。

有些教科书直接以“单元”的形式出现；有些教科书表面上没有出现单元，而是只以课文的形式出现，甚至以章节的形式出现。但绝大多数教科书还是有内在单元结构的，尤其是教科书这一文本成熟后，几乎都是单元化的文本，有些教科书虽以章节的形式出现，但本质上仍然可以视为一种特殊的单元。

2. 单元的意义

单元既是教科书研制者引领主题的形式，又是读者阅读的向导，是教学的指南，更是文本内容的组织方式。

单元化过程其实就是教科书研制中的结构化过程，也是一个对内容的再创作过程。教科书外部知识空间的原生态素材，在价值倾向、表述方式或文本类别上是不尽相同，甚至大不相同的。然而，它们一旦被选择、被确定为教科书内容，就意味着在教科书研制主体的眼中，它们有着某种共同的特质，能够述说某些相同的思想，于是，它们就有了互为照应的可能。一旦原生态素材被纳入特定单元，那些看似互不相关的素材就会汇集成一种有力量、有新意的内容体系。尽管单元内每种文本都会试图显现出自己独特的影响力，但任何文本都必然会受到单元内其他文本的制约、干预、响应或支援。原本仅仅属于单一文本的意义，便有可能在与其他文本意义的呼应和对比中，产生一定程度的"放大""强化"或相反的效应。

如20世纪50年代初，《背影》被批判是因为它被安置在特定的单元，在某些教师看来，这一结构化处理使得它的被公认的、特有而独立的意义消减甚至颠倒了，取而代之的是被单元内其他文本对照而产生的新意义（当然，这不是教科书研制者的本意）：

《背影》的前一课是《母亲的回忆》，后一课是《辽尼亚和他的祖母》。前一课朱德司令母子间有伟大而健康的爱；后一课……祖孙之间也有伟大而健康的爱；只是这一课《背影》是表现朱自清父子间狭隘而不健康的爱的。这好像把一个盆栽放在大森林去对比。那该显得多么贫弱而不健康啊！在这样一个鲜明的对照下，……学生……内心里一定能分别哪一方面是伟大而健康的，值得学习的；哪一方面是狭隘而不健康的，需要抛弃的。[①]

且不评价这一认识是否牵强，但某一作品置于特定单元确实会引发不一样的思考。一般情况下，单元有自己的主题，即构建依据，或依文体，或依主题，或依其他标准。主题或依据不同，单元的功能或教育价值就不同。同一选文如《背影》，归入命名为"亲情"的单元，还是归入命名为"散文"的单元，教育追求是不一样的，教学重点也不同。

综前所述，2001年人民教育出版社将《背影》列入八年级上册语文教科书第二单元，与《阿长与〈山海经〉》《台阶》《老王》《信客》几篇文章组成一

① 张海帆. 问题在于教者的思想政治水平［J］. 人民教育，1951（10）：48.

个单元。这个单元以“爱”为主题，几篇课文都在诉说对普通人，尤其是对弱者的关爱。2003年的江苏教育出版社的语文教科书将《背影》编选在八年级上册第三单元，与《甜甜的泥土》《人琴俱亡》《我的母亲》《父母的心》组成一个以“至爱亲情”为主题的单元，因为这 几篇文章表达的都是亲情。而2008年6月北京师范大学出版的七年级上册语文教科书第三单元“亲情歌吟”的第一课就是《背影》，而且在同一单元，还收录了当代作家梁晓声的《慈母情深》，意在把《背影》所表达的平民化的亲子之爱延伸到当代。在中国台湾地区翰林2011年版语文课本一年级上册收录了《背影》，和陈之藩的《谢天》组成“感恩的心”单元。香港《初中中国语文新编》（启思出版社，2005年）中一年级教科书把《背影》收录在“亲情暖人心”单元里。在2003年语文出版社的语文教科书里，《背影》被选入课本八年级下册第一单元，与《永久的悔》《铁骑兵》《苏珊·安东尼》几篇文章组成一个单元。这个单元是“散文”单元，把《背影》放在这里，更关注的是文章的文体形式。前几个版本的语文教科书关注课文的人文价值，后一个版本的语文教科书，关注的是课文的工具价值。教师的教学重点显然不一样，学生的收获就不一样，《背影》发挥的作用也显然不一样。

可见，文学作品的《背影》和课文《背影》确实可以不完全一样。如果能够巧妙设计，使得课文《背影》有单元内容的烘托、支撑或对照，其意义可能就会不同于文学作品《背影》。这意味着，内容素材选定后，还有一个内容的排列、呈现的问题，这个问题处理得好，效果就会扩大，影响力就会增强。

教科书虽以选择为己任，却又同时具有相当于创作的建构任务。若干貌似分散的原生态素材一旦被选取，就成为准入教科书的“砖石”。通过对众多“砖石”的多种形式（单元）的建构，教科书造就了新的知识空间，这些“砖石”就会以新面目存在，因为它们隶属于一种叫“教科书”的奇特文本，在这一奇特文本所构筑的知识框架内，具体素材形成新的认知脉络。可见，原生态素材在组织形式上的重要性绝不亚于其自身的意义。好的教科书不但要精选好的原生态素材，还要对这些素材进行恰当的单元设计。单元组合的多样性，决定了教科书知识空间的多样性，也为教科书多样化、差异性提供了现实基础。比如同样是地理教科书的世界地理部分，我们却可以看到大相径庭的组合结构：

不同版本的地理教科书		
《高级小学地理课本》1951[1]	九年义务教育初中教科书《地理》1995[2]	义务教育课程标准实验教科书《地理》2006[3]
苏联（一） 苏联（二） 苏联（三） 朝鲜民主主义人民共和国和蒙古人民共和国 日本 南洋群岛 中南半岛 印度和巴基斯坦 欧洲人民民主国家（一） 欧洲人民民主国家（二） 英国 法国 意大利、西班牙、南斯拉夫和希腊 美国（一） 美国（二） 巴西、阿根廷和智利	第八章　东亚 第一节　概述 第二节　日本 第九章　东南亚 第一节　地理位置和自然环境 第二节　居民和经济 第十章　南亚 第一节　概述 第二节　印度 第十一章　中亚 第十二章　西亚和北非 第一节　地理位置和自然环境 第二节　居民和经济 第三节　埃及 第十三章　撒哈拉以南的非洲 第一节　自然环境 第二节　居民和经济 第十四章　欧洲西部 第一节　自然环境 第二节　国家和居民 第三节　德国 第十五章　欧洲东部和北亚 第一节　范围和国家 第二节　俄罗斯 第十六章　北美 第一节　概述 第二节　美国 第十七章　拉丁美洲 第一节　政区和自然环境 第二节　居民和经济 第三节　巴西 第十八章　大洋洲 第一节　概述 第二节　澳大利亚	第七章　我们邻近的国家和地区 日本 东南亚 印度 俄罗斯 第八章　东半球其他的国家和地区 中东 欧洲西部 撒哈拉以南的非洲 澳大利亚 第九章　西半球的国家 美国 巴西 第十章　极地地区

注：［1］刘松涛，黄雁星，项若愚，等. 高级小学地理课本：第四册［M］. 北京：人民教育出版社，1951：目录.

［2］人民教育出版社地理社会室. 九年义务教育初中教科书　地理：第一、二册［M］. 2版. 北京：人民教育出版社，1995：目录.

［3］课程教材研究所地理课程教材研究开发中心. 义务教育课程标准实验教科书　地理：七年级下册［M］. 3版. 北京：人民教育出版社，2006，目录.

地理就在那里，世界就在那里，好像很实在、很客观，本不该有什么大的不同，但是，从上表可见，1951年版教科书的地理观、1995年版教科书的地理观、2006年版教科书的地理观是大不一样的。同样的地理内容，经过不同的结构化处理，教育意义已经大相径庭了，不同时期的学生获得的地理知识与地理观也将大不一样。很明显，即便内容相同，但单元设计不同，对读者的知识结构和价值倾向也会有显著不同的影响。单元化体现了一个重要的事实：表达思想的方式与思想本身同样重要。

单元设计或内容的结构化展现了在教科书这一独特的知识空间中，研制者选裁内容、化为己用的主观性和自主性，表明研制者拥有掌控知识、引领价值的权力与能力。教科书在将各种素材整合选入课本的过程中，显示出自身看似无痕实则强大的主体意识。单元设计是在用别人的文本说自己的话。有时教科书研制者甚至先确定单元主题，然后选择素材来实现主题，以达到自我言说、自我实现的目的。

三、教科书内容的精致化——修饰

教科书研制首先是素材选择即内容确定，然后使之结构化为单元。这都是主观行为，有创新空间，显示了研制者的主观创意加工。这些加工过程是对确定的素材的隐形打磨、无痕创作，其特征是没有明显更改文本或素材。教科书研制或设计的另一个重要策略被称为“修饰”，它是对已定文本的显性打磨，是有痕加工或创作，对文本的外在形式进行更改、订正、润色、增补或删减，这是一种精致化过程，是显性加工。

1. 修饰及其必要性

所谓修饰，即对确定的文本进行修改润色与订正，使之更完善、更精致化、更符合研制者的意图。原生态素材被选择，被安排进入特定的单元，虽然已经具备准教科书内容的身份了，但很多时候还不够，距离要想成为被认可的法定知识的定稿还需一番加工，还要经历一番修改打磨，才能被定格为教科书文本。教科书研制的任务，就是将原始状态的文本，即被选择的准文本提炼上升为被认可的法定内容。在此过程中，由于与教科书宗旨不符，被选择的文本中所包含的不被认可的杂质会被滤除。出于强调并充分表达教科书的宗旨与本质的这一目的，任何哪怕在其他情境中顺理成章的内容，只要与教科书宗旨氛围不符，都会被修改加工。正是这种精心打磨，教科书意图得到了充分宣扬。不论谁来研制教科书，不管谁掌握着选择原生态素材进入教科书的权力，他们都有自己的主观性，往往会对摆在自己面前的素材有所删略、剪辑、补充与完善。教科书往往不会原封不动地接受所选择的、来自外部知识空间的原生态素材，修饰是必要也是必然的。

第一，从内容来看，教科书内容是从浩瀚的外部知识中选择的，是多中选少、选优、选精。很显然，教科书所选取的原生态素材——即便是经典如鲁迅的作品——它们产生或形成的原动力、它们的初衷与目的、它们的表现形式，几乎都不是针对未成年人的。只要承认教科书选用的许多文本明显是针对成人的（看一下那些屈原的、荀子的、鲁迅的作品，大家就会明白），那么就容易理解——它们产生之时、它们进入教科书之前并不是以学生作为出发点的，并不是为教科书而作的，教科书的意义与被选入教科书中的作品的意义是两码事。教科书研制者也与作者创作时有不一样的意图，不能把作者、作品的意图等同于教科书、教科书研制者的意图。原生态文本美好也好，崇高也好，都不一定适合特定年龄阶段的学生，所以，如果选择它们进入教科书，如果把它们作为学生最重要、最基础的学习依据，进行契合教育目的的适当加工就完全正常，甚至必要。换言之，如何使它们成为特定年龄阶段的学生所理解的对象，如何使它们适合教科书这一特殊文本，就是教科书研制者的责任了。此时，需要就内在的、逻辑的要求对某些素材进行改编。胡适主张，中学语文教科书应收选中国古典小说名著，针对其中不适合学生的内容，他建议："有一个救弊的方法，就是西洋人所谓'洗净了的版本'（expurgated edition），把那些淫秽的部分删节去，专作'学校用本'［即如柏拉图的'一夕话'（*Symposium*）有两译本，一是全本，一是节本］。商务印书馆新出一种《儒林外史》，比齐省堂本少四回，删去的四回是沈琼枝一段事迹，因为有琼花观求子一节，故删去了。这种办法不碍本书的价值，很可以照办。如《水浒》的潘金莲一段尽可删改一点，便可作中学堂用本了。"[①]改编的意义在于使某一素材或原创文本适应一个与其原本背景不同的教育背景。中国百年教科书发展的历史，甚至世界教科书发展的历史，就是不断改编、不断适应教育需求和学生发展需求的历史。

---

① 胡适. 中学国文的教授［M］// 胡适. 胡适文集：第2册. 北京：北京大学出版社，2013：154－155.

认识到教科书的许多文本在各自的时代明显是针对成人甚至是有较高文化素养的成人的——比如那些鲁迅的作品，人们就容易明白，它们产生之时、它们进入教科书之前压根就不是以学生为出发点的。再比如贾平凹的《秦腔》，文章有气势，但显然是针对成人读者的，有些语言表述对正在学习语言的学生而言不是很合适。这样，值得尊重的教科书研制的下一步工作就应该是，如何使它们成为学生所理解的对象，如何使它们适合教科书这一特殊文本。于是，这也就注定了原作不一定要原封不动进入教科书，进入教科书也不能保证其永恒地位。为了学生的全面成长，某一作品移出了教科书，另一作品进入了教科书，某一作品进入教科书时被适当改编了、修饰了，都应该视为正常，不必大惊小怪。

第二，从教学来看，即便所选的个别素材是为了学生而作，比如儿童文学，但也不是为了学生在学校、在课堂上、在教师的引导下的学习而作，即不是为了在教学环境中的学习而作。比如课是一节一节上的，是非连续性的，仅仅在这一点上，好的教科书文本应该是适合花一节课或一节课的倍数时间完成学习的。这样，适当的修饰就非常必要了。最司空见惯的改动就是对长篇巨作进行节选。

第三，从时代来看，大多数可能进入教科书的素材，都产生于特定的时代，有特定的背景、特定的意识形态。如果用之于现代，显然需要一定的变更或修改，使之更适合于现时代的教育需要，典型如前文提到的吕思勉的本国史教科书的例子。

还有很多其他理由，比如不同的意识形态的需求——这方面我们已经有足够的展示了；比如教科书文本本身的性质。教科书文本是要让所有学生（和老师）都相信那些理论上或理想上将是但实际上在当时并不一定完全如此的各种事情，教科书的目标是对学生不能直接了解透彻的内容（关于未来、关于理想、关于信念）进行有说服力的说明，超越他们日常生活的现实。它们呈现出来的内容，本质上必须与主流社会的世界观保持一致，它们传达的更多的是应然而不是实然，是应该如何、将会如何，而不是实际上如何。教科书的基本目的是把重大问题转换成学生便于理解的形式。所以，对教科书设计而言，为了特定目标，重组、修改等手段都是重要的、必要的。没有任何理由认为存在于外部知识空间中的原生态素材，必须原封不动、不得经任何人为修饰地进入教科书。为了教学目标的需要，某一篇课文被适当改编了，某一课文原来的注释变了，都是很正常的，理论上没有任何文本具有不可替代的育人价值。“可怕的永恒”才是教科书研制特别需要避免的。

需要强调的是，教科书研制者对文本修饰的主要依据是学科发展、培养目标以及特定时期的政治需要。这是教科书研制的最高原则。教科书研制的所有工作都是为了适应学科发展需要、实现培养目标、满足国家意志与政治需要。如果教科书的原生态素材被认为与学科发展、培养目标、政治需要不符，它所包含的不被认可的成分就必须被滤除，它就需要改变（历次课程改革最后都要落实到教科书的编制上，近年流行的核心素养对教科书的要求，就是典型例子）。但研制者对教科书内容的修饰也不完全是上述三方面的诉求，有时纯粹是为了突出研制者本人的理念与追求。

在教科书的发展史上，教科书对选文的加工修饰几乎没有停止过。课本中的扩写、缩写、改写，甚至文白对译、古诗新译、英中互译等，本质上不都是修饰、创作或修饰性创作吗？文学经典改编成电影、电视、戏剧等，有人提出异议吗？为什么一旦教科书改动了一些作品，就会如此兴师动众，甚至恼羞成怒呢？教科书为什么不能改？永恒不变、不可更改才是教科书研制中可怕的一幕。

当然，改，有可能更好，也有可能更糟。改是有风险的。但不是说改是不应该的。所以，修饰，既是应该的，也是必须极为谨慎的，因为稍有不慎，改编修饰就会异变为篡改或歪曲。若有可能，不妨把教学意图向选文的作者说明，请作者自己动手修改。如统编本语文教科书中贾平凹的《月迹》删去了200多字，就征求过作者的同意；金波的《沙滩上的童话》，也请作者按照教科书编写意图做了修改。满足国家需要、学生发展需要、学科发展需要，体现善、真、美，在一定意义上是所有优秀教科书所具有的必然的性质，也是修饰的目标。但修饰面对的三大需要、体现的三大特质一旦发生冲突，就是非常棘手的难题。历史上的教科书往往是超越学生发展需要而比较注重追求国家需要、学科需要；往往是超越真和美而追求善，而对善的追求比对真的追求有更大的风险（“善”是最容易被利用的）。

2. 修饰的形式

旨在对原生态素材进行精修打磨的修饰有多种形式，如统整语体，统一风格，规范译法，节制原文中过分外溢的爱、性、色等内容。对插图的剪裁是最明显又最容易被忽略的修饰。一般而言，修饰的主要形式是删减或增补，它可以是很小的修饰，小到也许只有一个语词、一句话被删去，如朱自清的《荷塘月色》中“又如出浴的美人”一句，第五段中“月光是隔了树照过来的，高处丛生的灌木，落下参差的、斑驳的黑影，峭楞楞如鬼一般”的“峭楞楞如鬼一般”一句也都曾经长期被语文教科书删去。

修饰也可以是大幅度的变更，比如教育部多次在数理化教科书投入使用后又紧急发文要求删减部分内容，[①]以及近年教科书被要求改8年抗战为14年抗战（内容必然会有较大调整）就是典型。2015年丹麦电影《开战日》（*9. April*）中有这样的一个情节：在呼啸的子弹声中，士兵握着步枪，紧紧贴着墙，大声向中尉桑德喊着，“排长，命令是什么？排长，命令是什么？！”排长桑德暂时丧失了指挥能力。一个士兵胸部中弹，倒在他身旁，胸口不断涌出鲜血来。他一边呻吟、一边艰难地呼吸着。另一个士兵突然喊道“我们没有子弹了！”那是在1940年4月9日下午的日德兰半岛。桑德率领的丹麦自行车步兵排，此时此刻面对的是欧洲大陆上最为强大的战争机器——德国国防军，德军的步兵跟随在坦克后面碾压过来，桑德中尉和他的战士手中只有简单的步枪。在这一天，他们已经被德军击溃过两次了，但他们又拿起了步枪。而在历史教科书中，这场代号为“威瑟堡行动”的战争被简单的一句话概括：1940年4月9日凌晨，德军突袭丹麦，丹麦旋即投降。由于教科书的描述，至今在不少人的认知中，认为丹麦甚至没有抵抗就投降了。[②]桑德和那些丹麦士兵的坚持到下午的战斗和牺牲，大概只能让那些为数不多的细心的历史学家感叹了。令人遗憾的教科书，让多少感人和适合育人的细节被舍弃。但有时舍弃又是必须的，舍弃是为了给教师更大的教学空间。

对原始文本进行修饰的另一种主要形式是文字印刷。比如对文字加黑、加

---

① 以物理为例，教育部在1950年2月发布《物理教材精简纲要》，首次删减教材。1954年7月教育部再次颁布《关于颁发“精简中学物理、化学、生物等三科教学大纲（草案）和课本的指示”的通知》，要求删减1952年版物理教学大纲和课本中艰深的和次要的内容。1955年教育部再发《关于精简中学物理教学大纲（草案）和高中二、三年级物理课本的指示》，对物理课本再度精简。1983年教育部发出《关于颁发高中数学、物理、化学三科两种要求的教学纲要的通知》，1985年教育部的《调整初中物理教学要求的意见》要求进一步减少内容、降低难度。

② 郁喆隽. 历史的脚注［J］. 书城，2015（11）：1.

粗、加大字号，以强化编者的意图与情绪。教科书内容是通过文字、符号、图像来传播的，然而文字符号因素是可以被研制者利用并更改的，黑体、粗体、变色、下划线、换字体等异样的文字符号，使得一篇纸上的文章，仿佛具有了研制主体的笔触，显示出研制者借别人之文、述自己之想、抒自己之情的主观意愿。此时此处，研制者的"声音"高亢响亮，迫使读者注意研制者（而不一定是作品的原作者）希望注意的内容。文字字体、字号、字形的差别就是一种意愿的加强、一种主体发声，有形有痕。通过这种形式，教科书研制者宣扬了原作没有宣扬或宣扬程度不够的情绪，强化了原文没有强化或强化程度不够的思想。可见，精明的研制者从不松懈、从不懒惰，他们的思想，不但通过选择和结构化不同素材来表达，有时还要通过对文本的更改，甚至通过文字字形变换、颜色变换等形式来发声、来强化。

修饰的特殊形式就是加注释，也可以看成是一种助读策略。对一些历史悠久、公认的经典文本，比如《论语》，研制者会采用一种独特的办法，即加注释，来达到修饰和引导的根本目的。这些注释都是后人对文本的理解，理解不一样，得出的认识也不一样。对于用怎样的注释引领师生，研制者是有一定空间的。比如"学而时习之，不亦说乎"一句，教科书中多注释为"学习并经常温习（复习），不是很快乐的事吗？"但这句话的解释有很多种，朱熹在《四书集注》中的解释是："学而又时时习之，则所学者熟，而中心喜说，其进自不能已矣。"杨伯峻在《论语译注》中的解释是："学了，然后按一定的时间去实习它，不也高兴吗？"也有人认为是"学到的东西有机会付诸实践，这难道不是一件值得高兴的事情吗？""学习后经常实践所学的知识，不也很令人愉悦吗？"有些人甚至认为教科书中的解释是完全不对的。可见，注释（解释）的意义不得小觑。

教科书研制中的修饰，显示出研制者自我发声的顽强努力。确实，修饰就是主观意志的表达，一定意义上也是创新，是再创造。但修饰蕴含的创新与再创造毕竟是有限创造，更多的是借别人的口说自己的话。它类似于心电图，多围绕着原作之轴线上下波动，不会有太大的突破。鉴于此，教科书研制主体有时候可能会不满足于这种再创造，他们完全可能甩掉文本原作者的面具，直接发声：让我们自己来！

四、教科书内容的导引机制——助学系统

“让我们自己来！”是教科书研制者最没有遮掩的、无所顾忌的主体性干预，是教科书主体的最强的意愿表达，也可以看成是最外显的创新，当然，也是教科书文本设计的很重要的环节。选择内容、组织内容和修饰内容虽然都是主体干预，是教科书研制者的主观行为，是教科书文本设计的必要环节，但它们必须服从于原生态素材，这些素材主要是出自他人的，无论研制者怎样构建单元、怎样删改，以达到借他人之酒杯浇自己心头之块垒，借他人之口说自己之话的目的，都不那么酣畅淋漓。对于思想表达来说，最畅快淋漓的方式莫过于“让我们自己来！”莫过于“我手写我口”“我手写我思”。然而在绝大多数人看来，对于教科书这一独特文本，“我手写我口”“我手写我思”几乎是天方夜谭，是不可实现的神话。

果真如此吗？不！聪慧和强势的研制者自有办法打破天方夜谭，实现不可实现的神话。他们主要借助引导性或导读性的话语，比如“编者的话”“告家长书”“致家长的一封信”“致读者”，比如开辟“看一看”“做一做”“想一想”“议一议”等栏目，比如各种课后讨论、作业、探究活动等，不断发出自我声音，宣示自我主张。这是教科书设计的最后也是最容易被忽视的环节与技术手段——研制者自己发声。目的是进一步突出研制者的意图，道出研制主体想说的话，引导学生的发展。

这一研制者直接引导读者的行为系统，我们往往称为助读系统，或助学系统，国外多称为教科书的“支架体系”，是教科书研制者为读者设计、帮助读者理解教科书，以使读者方便地使用教科书的手段与工具。支架体系包括技术性支架和教学性支架。①技术性支架就是帮助目标人群自如有效地使用教科书的手段，是对使用教科书的帮助，包括前言、目录、索引、使用说明、注释等。教学性支架就是帮助目标人群教、学教科书的手段，是对学习教科书的帮助，包括前言、目录、小结、作者简介、教学步骤、教学提示、注释等（我们的教科书很少列参考文献，这不利于学生的进一步研究与学习，也不利于培养他们规范写作的

---

① 热拉尔，罗日叶．为了学习的教科书：编写、评估和使用［M］．汪凌，周振平，译．上海：华东师范大学出版社，2009：233.

意识）。严格来说，支架体系不仅仅帮助阅读和学习，它本身就是引领者，代表教科书研制主体的思想，就是学生需要认真对待的内容主题，具有重要的不可替代的价值。

支架体系或助读系统本质上是希冀读者循依教科书研制者的意图去学习理解教科书，所以我们更倾向于称之为助学系统。它的目的是帮助与引导学生在学习过程中去思考和讨论有关内容，引导学生进行自主学习和探索、交流，有助于学生进行观察、操作以及猜想、推理、交流、反思等活动。

利用助读系统是我国教科书发展史上的重要经验。商务印书馆的《最新教科书》（1904）初小国文第一册共459个字，引导性助读文字近2400字，以近5倍于课文字数的导读来直接引领甚至左右读者的教与学，研制者的掌控意图非常明显。2017年部编本“三科”教科书，在投入使用之前，即书还未见，主创人员已频频发声，目的也是力求引领读者。如温儒敏在《部编本初中语文教材使用的几点建议》《用好部编本小学语文教材值得注意的11个问题》文中做的论述。

教科书的编者大意、前言等助读系统，表面上均为正式课文之附属，然而其一旦启动，便会形成自己的逻辑，其主导性就将强烈地发挥作用，它们是教科书研制者再明白不过的自我声音，是自创文本，与教科书的知识体系构成微妙的关系，或冲突，或呼应。书中内容或是“自我声音”的注释与强化，或是“自我声音”的消减与弱化。在此环节，研制者主体的声音处于强势地位，成为“文本中的文本”。一般的文本意义来自两个方面：一是文本本身，二是读者的理解。但教科书文本的核心读者（学生）则比较复杂，它总被读者旁边的人（教师）所引导、所干预，而教师又被教科书研制者特别是他们的所谓助读系统所引导、所干预。所以教科书中选入的作品的意义，常常被这一独特的教科书文本（通过多种策略，包括助读系统）所影响。在一定程度上，助读系统决定了教科书主题或内容所能达到的高度和深度。

总之，教科书研制主体在内容选择中会尽量考虑社会主流文化所弘扬的话题，回避激进话语和敏感话题，在设计上以一种广泛的选材布局和严格的删改相结合的方式，重构与优化出一套属于教科书自身的话语体系和知识系统，努力营造一种既注重学理阐释，又符合主流价值传输的教科书体例和风格，逐渐打造出一个独特的被世人称为“教科书”“课本”“教材”的文本类型，以区别于其他文本。

第三节　教科书文本设计的意图及其实现

教科书是设计者设计行为的最终结果，设计者在实施设计、编制行为之前，必然在心理上形成一个目的（如让学生掌握特定的知识，形成特定的价值观），并对如何通过教科书来达成这一目的进行构思和计划（比如教科书选择什么内容，采用何种编排形式）。因而，教科书的设计行为必然包含了意图的成分。“意图”是一种能引发和指导个体有目的行为的心理表征的状态。[①]我们把“教科书设计意图”理解为设计者在进行教科书设计时的内心动机、构思和计划，是在启动教科书编写之前，教科书的编创决策者对于所要完成的结果的预期。教科书的设计意图更多的是考虑选什么内容，以什么逻辑形式、何种表达方式来达成何种目标。比如今天很多教科书自称要贴近学生生活、要激发学生兴趣、要反映最新科技成果等，这都是教科书的设计意图。

一般而言，教科书的设计意图整体上是考虑比较周全的，是不会有明显问题的，是符合特定社会的主流价值、学生身心发展特点和知识本身特征的。可以大体判断，如果教科书的设计意图实现了，那么该教科书应该是有质量保证的。

一、教科书设计意图的实现取向

莎士比亚笔下的预言家、名剧《亨利四世》中的人物欧文·格伦道尔（Owen Glendower）吹嘘说：“我可以召唤地下的幽魂。”霍茨波（Hotspar）的回答也很干脆，给他泼了一盆冷水：“啊，这我也会，什么人都会。可是您召唤它们的时候，它们果然会应召而来吗？”能发出召唤不是最厉害的，最厉害的是发出可以得到响应的召唤。教科书亦然，教科书的设计意图不是最有价值的意图，最有价值的意图是可以得到呼应、能够实现的意图。确定教科书的设计意图是一回事，实现是另一回事。教科书设计者宣称要贴近学生生活，但是否真正贴近了学生生活？教科书设计者宣称传播的价值观、体现的政治理念，是否真正能够在学生心目中得到落实？我们不能只听设计者言，我们要看实际的教科书文本。

---

① FLAVELL J H. Cognitive development：children’s knowledge about the mind［J］. Annual review of psychology. 1999（50）：21–45.

教科书设计意图的实现，是指作为设计行为完成品的教科书对设计者预先意图的达成。现实中，从最终的成果（完成品）到原始的设计意图，完全吻合的情况极少，教科书文本的走样、偏离几乎是不可避免的。所谓“偏离”，基本上可以看成这样一种现象：实际达到的目标与预期达到的目标有偏差、有距离，即应该到达或实现A，实际到达了或实现了B或非A。教科书设计意图的偏离是指事先设计好的教科书预期目标在转化为物质文本的过程中并未完全实现。物质层面的教科书在性质、状态或形式上不同于预先设计的文本。

按常识理解，教科书设计意图或预期目标的偏离是令人遗憾的事，是设计者不想看到的，它意味着设计意图未达成，意味着文本不太理想，在多数情况下现实确实如此。但理论上也有可能出现这种情况：有时偏离也会产生积极的意义，它会生成新的目标、新的成果，它会调适设计意图使之体现更高意境、更贴近时代与生活，从而使教科书成为比预想的质量更高的产品。因此，偏离可以分为两类：负偏离与正偏离，或衰减性偏离和超越性偏离。

负偏离或衰减性偏离是指教科书完成品对预期目标的“背叛”，即在精神和本质上背离教科书研制者的预期目标，与预期目标背道而驰，达不到教科书的基本要求。衰减性偏离会引起教科书文本一定程度的“变质”，导致预设的目标不能得到真正意义上的落实。

所谓正偏离或超越性偏离是指教科书文本虽然没有忠实达到研制者的预期目标，但它却对预设目标进行了创新、调适和完善，使教科书成品变得更加切合实际，在某些方面实际得到的比预期得到的更有价值。[①]

与两类偏离有关，教科书设计意图的实现取向体现在三方面。

其一，忠于设计意图，即不偏不倚，指完成品完全反映了教科书设计之初的意图，或者说，编制出来的教科书文本完全符合设计的预期目的。这是一种理想状态，现实中几乎不可能出现。

其二，超越设计意图，是指完成品对教科书构思和设计的一种突破，具有创新的元素，使其能够更好地体现教科书应有的价值。它虽然没有忠实地吻合预定目标，是对预期目标的偏离，但实际上给目标带来了调适和完善。这是一种正偏

① 石鸥，雷冬玉. 课程改革预期目标偏离的原因与对策［J］. 中国教育学刊，2008（7）：47-50，72.

离，是一种超越。

这二者情况都较好地实现了设计意图，即作为设计行为完成品的教科书对设计者预先意图比较好的达成或实现。

其三，背离设计意图，指设计意图未能实现，完成品偏离、违背了教科书的设计意图，是教科书对设计意图的一种“背叛”和背离。这种与设计意图背道而驰的偏离，降低了教科书的质量。这是一种负面的、衰减性的偏离，在现实中最为普遍。

二、影响教科书设计意图实现的因素

教科书成品在反映设计意图的基础上，或多或少都会产生一些偏离。这些偏离的产生有其必然性，也有其偶然性。我们既要承认教科书研制时预期目标偏离存在的必然性，又不能对预期目标的偏离熟视无睹。完全否认偏离的存在，发现偏离性的教科书就斥之为失败的教科书，是一种盲目的理想主义；而完全认同偏离，以为任何偏离性的教科书都是创新，则会导致毫无目标。厘清影响教科书设计意图实现的因素，才能更好地促进教科书的设计与良性发展。

1. 教科书研制者的素养影响设计意图的实现

设计者自身素养会影响设计意图的实现。教科书研制是一项非常专业化的工作，要求很高，与做一般学术大不一样。它既要有很高的学术造诣，又要有能够把高深的学问转化为学生们感兴趣的话题和内容的能力。所以，能够编写出优秀教科书的一定是高水平的学者，但高水平的学者不一定能够编撰出优秀的教科书。更何况特定的时代有特定的约束，教科书不是一般文本，这就容易导致研制者们虽然有很好的蓝图与设想，但受制于自身的学识、视界、价值观，也受制于时代，很难完全实现这个蓝图与设想。晚清政府学部编撰国定教科书的过程就是典型例子。编撰者知道教科书应该是什么样的书：“教授儿童之书宜简不宜繁，宜实不宜虚，宜变换不宜故常，又必就其习见习闻之事，引其推究事物之兴趣，且副于智育、德育、体育之宗旨，切于今日国民之应用。”[①]于是，学部“聚23

---

① 晚清政府学部. 学部第一次编纂初等小学国文教科书：第一册［M］. 学部编译图书局，1907：序言.

省之人才”“几经讨论，几经弃取”，但还是不能实现自己的蓝图。[①]他们编写的教科书，“分配之荒谬、程度之参差，大为教育界所垢病”，[②]甫一出版，批评之声就不绝于耳，发行伊始即遭社会舆论的广泛抨击，使得学部教科书恶劣之声不绝于教育社会。[③]学部编译局的研制者理想与蓝图的幻灭虽然不是很普遍，但几乎所有教科书都有这个方面的问题，仅仅是程度不同而已。

研制者队伍结构的影响也会影响设计意图的实现。教科书的研制是一项高度专业化、团队合作的过程，研制人员结构的不完善与合作的不彻底都会导致教科书设计意图难以实现。教科书设计者是教科书生成的决策者和指挥员，是教科书蓝图的描绘者。但教科书的特殊性之一是它的系列性，一套教科书比较庞大，有多册甚至十几册、几十册，需要一个团队来完成，设计者或主编往往自己并不亲自编制具体的文本，不参与蓝图的实现工程，实现蓝图的人往往不是设计蓝图的人，这就必然在实现蓝图、转化设计意图的过程中产生对意图理解的偏差。更有甚者，设计者的意图又不完全是固态的，它会随着文本研制的进行而发生调整，这种临时性的动态调整会带来“施工者”理解的困难，加剧文本生产的误差。比如南方某省的小学英语教科书意图面向中小城市和农村小学，但主要设计者是大学教授，编写人员均来自香港和某省的大学与科研单位的外语教学专家，缺乏足够数量的一线教师的参与，更没有人来自农村。这种人员组成，容易造成教科书与教学实践的脱节，更容易导致设计意图的偏离。这是直接导致该版小学英语教科书在2003年初版发行后，读者普遍反映内容偏难、容量偏多的主要因素。[④]

在教科书研制过程中，比较容易被忽视但又非常重要的是教科书插图工作。一般教科书的研制，对文字内容比较考究，力求精益求精，主创人员会字斟句酌地把关，但对于插图可能就没有那么上心，往往文字结束了，才交给美编或插图人员，他们甚至还没有仔细地、完整地品读完课文就进行插图设计了，其质量大多无法与文字媲美，这也会影响教科书设计意图的实现，且这方面的影响是相当

---

① 袁嘉穀.卧雪堂文集：卷8［M］.云南：崇文印书馆，1933.

② 李桂林，戚名琇，钱曼倩.中国近代教育史资料汇编　普通教育［M］.上海：上海教育出版社，2007：200–201.

③ 江梦梅.现行教科书制度与前清制之比较［J］.中华教育界，1913（1）:14–22.

④ 石鸥，吴驰.教科书设计意图及其实现之研究：以×版小学英语教科书为例［J］.中国教育学刊，2010（11）：42–46.

普遍的。教科书使用大量的绘画和插图，其目的就是帮助学生能够更好地理解课文，增加学习和教学过程的形象性和感官性。但是，要真正做到绘画插图与课文内容相吻合，并不是一件很容易的事情，例如，义务教育课程标准教科书某版语文一年级下册有一课《认真》，课文讲述燕子妈妈教育小燕子的故事，其中，课文第二段第一句“屋檐下，燕子妈妈问小燕子”，然而在插图中却是燕子妈妈和小燕子站在一棵柳树上，这样一来，就曲解了课文本要表达的意义。在某版语文教科书一年级上册的拼音教学中，帮助学生理解“祖父”的插图是一位老爷爷，其右手拿着扇子放在背后，左手拿着正在抽的烟斗。现代社会到底有多少人还在用烟斗呢？祖父的形象该如何表达呢？同样在该版一年级上册语文教科书中，《习惯》一课有这样的描写：“天黑了，该睡觉了。小猪躺在草堆上，舒舒服服的。老马呢，还站在那儿不动。”可是，课文的插图却是小猪很精神地站着和老马交谈。可以说这类插图正悄悄地扭曲着课文的原意，或者说消解了作者的意图，使文字的意义更模糊不清了。

2. 教科书设计意图本身质量影响其实现

教科书设计意图是一种构思和计划。它贯穿于教科书的酝酿、设计、编制、使用和评价的全过程，决定着教科书内容的选择及组织、表达形式，是教科书研制的依据。在影响教科书设计意图实现的诸多因素中，意图本身的质量也是其中一个重要变量，并非教科书预期目标设计得越好就一定会实施得越好，但是，如果预期目标设计得不好，肯定会影响目标的达成。在某种意义上，教科书设计者有怎样的意图，也就大体预设了怎样的结果，心中无宏图，就不要指望有意境高远的教科书产生。预设意图既指明了教科书研制的理想和努力的方向，又在通往理想的途中设置了潜藏的障碍。这主要体现在以下几个方面。

其一，教科书设计意图的时代性。任何教科书都是特定时期、特定社会所需要的，教科书设计者无法逃避时代的制约。体现时代要求是教科书设计必须考虑的要素。清末的教科书、民国的教科书、中华人民共和国成立后的教科书，甚至“文化大革命”时期的教科书、改革开放后的教科书，各有时代色彩。至于抗战后的教科书，更是鲜明地烙上了时代印记。但时代性有时候又容易遮蔽教科书的本质特征，比如传播真理、传承优秀文化、张扬人的个性等。在清末至民国初年的教科书中，在抗战时期的教科书中，我们能强烈地感受到“救亡压倒启蒙”

的特点，而在“文化大革命”时期的教科书中，我们感受到的是“革命压倒启蒙”“阶级压倒个性”的特点。所以教科书设计者一定要立足时代、跳出时代，既反映时代要求，又关注教育本性，要认识到教科书有一定的稳定性要求，这个稳定性是教科书温暖人性的一面，要注重挖掘人性，澄明理想，设计并研制优秀的教科书作品。

其二，设计意图表达的明确性。能否对设计意图进行明确的表达和理解，是影响意图实现的一个关键因素。从陈述技术上来讲，只有清晰的表述，才能提高设计意图的可操作性，才能让教科书“施工者”明确地知道要选什么内容，以何种形式来编排、呈现和教学。因此，越是明确的设计意图，其实现程度就会越高。设计意图如果表述模糊，执行者就会产生不同的理解，甚至背离设计的初衷。正确的意图并不必然导向有效的行动，只有明确的意图才能被行动主体领会。被充分领会的意图才能真正对行为起引导和规范作用，才能让研制者明确地知道自己要做什么、能做什么、怎样做是适宜的，实践中发生的偏差也比较容易发现并及时控制。

其三，设计意图的适切性。适切性即对教科书适用对象的认识和把握的准确程度。如果一部教科书在设计时忽略了对学习对象各方面的分析，就会无的放矢，也绝对成不了一部好教科书。

其四，设计意图的可操作性。教科书设计意图作为教科书研制行动指南，总是充满“美好的向往”，可一进入实践领域，多少会事与愿违，这在一定程度上与意图本身的可操作性相关。可操作性强的设计意图在实施中衰减较少，反之，必然会带来很高的负向偏离。教科书设计意图的可操作性与意图是否具有细化的执行方案有关，如许多教科书的设计意图中提到按“图文并茂”的形式处理内容。但由于对“图文并茂”的意图没有具体化，不可操作，造成了实践上的多向性，出现了很多图“茂”但不合文的情况，出现了图文不匹配、图片过于复杂难以理解、图片安排过密让人眼花缭乱或过于松散的现象。这一点特别值得注意，因为教科书设计者只要求插图配合，而有些内容的插图是很难达到设计意图的。关于插图前面已经有所分析，我们再举几个例子来看，比如在人教版20世纪90年代义务教育小学语文教科书第七册中，有些课文插图并没有起到帮助学生更好地理解教科书的作用，其中《观潮》一文中的《观潮图》，色彩模糊，视线遥远，学生看后无法认同是“二丈多高”的浪花扑面而来，插图不能反映“战马飞奔”“山崩地裂”的气势。为这种内容配好插图是不容易的，它是否一定需要配插图也是可以再斟酌的。再如《颐和园》一文中的《昆明湖》插图，图中的昆明湖色彩模糊，学生如果以此为据，恐怕要怀疑课文中“静得像一面镜子，绿得像一块碧玉”的描写是否真实了。

其五，教科书设计意图应该是有层次的，较低层次的意图是上一层次意图的逻辑展开与分解，并依次支持和服从上一层次的意图。有时候，教科书的整体意图是合理的，但因为没有实现每一局部的理性，这种整体理性并没实现。

研制优秀教科书的困难不是缺乏意图和目标，真正的问题是总的意图和目标是否给下层意图和目标的分解限定了合理的范围和空间，意图和目标能不能在每一阶段、每一过程以及每一方面及时地被分解和清晰化。要使设计意图和预期目标能够较好地实现，就必须注意让上层意图和目标给下层意图和目标的分解限定合理的范围和空间，使分解后的意图和目标能够保持上下贯通、方向一致，能够给通往意图和目标的行为策略的制订提供有效的指导。特别是一整套教科书的设计意图，涉及许多册，需要在过程中细化和分解的机制，否则，意图和目标的负偏离就在所难免。

3. 教科书性质的局限性制约设计意图的实现

教科书容量具有局限性。教科书不可能呈现所有已知的东西，其内容必须是精选的，篇幅会受到种种限制。所以，教科书呈现给学生的只能是人类文明的精华，这就导致两个问题。第一，什么才是真正的精选，精选的是不是非选不可的？第二，精选的内容构成教科书的成品，但这些内容成为人类文明精粹是有一个进化过程的，教科书的容量局限使得其间的复杂进化过程不得不被简化或省略，力求使学生在有限的时间内接触最有价值的知识，但往往寻求真理的过程要比真理本身更加珍贵。过程的忽略、间接经验和现成结论的学习对于学生的成长是不是最好的？

教科书内容具有滞后性。由于教科书从设计、编写到审定，直至投入使用，是一个比较长的周期，面对知识的更新，教科书内容就会带有固有的滞后性，跟不上形势的发展。尤其是当今互联网时代，发展飞速，变化巨大，有一部分内容需要在教科书中得到及时体现和反映，要使学生尽早了解与学习，这是教科书文本难以克服的一大局限。比如在英语教科书中，我们不容易学到变革发展的语言表达，听不到新近的英文歌曲，了解不到英语世界的最新动态。

教科书指向具有普遍性。教科书性质的局限还在于其指向的普遍性，以及使用的个体性。从大体上说，教科书的设计者总希望有绝大多数学校使用，它只能关注普遍情况，但各地的发展存在着较大差异，适应所有地方的教科书不存在，且每个具体的使用者的个体差异也很大，适应所有学生的教科书不存在。教科书的普遍性必然忽视地方和个人的特殊性。如果想要使得教科书更贴近学生生活，稍不留意，就会出现很尴尬的现象，比如某版本教科书，第一课是《我是山西人》，而该教科书的研制者和出版者显然还是很乐意其他地方的学校也使用该教科书，所以我们遗憾地发现，在另一个省（它与山西省相差千里）的学校里，学生竟然大声朗读着《我是山西人》这篇课文。

教科书使用具有强时效性。教科书的一大特点是使用的时效性极强，不像任何其他文本的面世，总可以拖延三五天，拖延十天半个月的，除非是非常时期，否则教科书必须在学生上课前人手一册（这一点和报纸杂志很接近，但它本身的复杂度高得多）。可见，教科书的编写与出版的时效性几乎比任何文本都强，所以几乎所有教科书都会有“龙头蛇尾”的结局和痕迹——都是开局从容，结局匆匆。这在一定程度上也影响了教科书的设计实现。

教科书表现手段具有有限性。有些对学生发展意义很大的经验不易通过印刷的书籍来实现。教科书的表现手段比较单一，不可能呈现生活的所有层面。

教科书是一种特殊的文本，其教诲性非常突出，也有明显的商品性。这些特征决定了教科书文本既易受意识形态因素的干预，也会受市场因素的干扰，比如可能受出版机构的束缚。为了具有广泛的适应性和赢得最大的教科书市场，出版商有时会要求研制者尽量回避有争议性、有挑战性的内容，而编写一些普通的，甚至平庸的、非争议性的、四平八稳的内容，这对于一些有特殊潜能需要的学生的发展是非常不利的。所以，虽然教科书生产者有很好的设计意图，但实施时往往容不得设计者完全按设计蓝图行事，结果对意图的偏离几乎就不可能避免了。

而且，除了教科书所处的特定社会背景外，公众对教科书的关注、支持和认识水平，都会影响教科书的研制。教科书引起社会的关注本来是一件好事，但如果把一个非常专业化的行为误解为谁都可以做的工作，未必就是好事。社会需要理性地对待教科书文本，教科书可以讨论、争论，但没有必要动辄就上升到意识形态的高度，这不利于教科书的积极建设，感情用事不能取代教科书的学术研究。近几年一再掀起的教科书风波，很多情况是公众对教科书认识的不到位造成的，反过来也压制了教科书的进一步创新发展。事实上，近年的教科书改革与创新确实开始出现停滞现象，这一定程度上与现象级的教科书风波有关。

三、防范设计意图衰减性偏离的策略

1. 确保教科书设计者的高素养，充分发挥其主体作用

教科书设计者作为教科书建设的能动性因素，从设计意图的确立到实现，都起着至关重要的作用。要确保教科书设计者的水平与素养，应尽量做到研制成员的多领域化，从学科角度、地域角度、团队角度等多方面考虑研制队伍组成。

在任何时代，教科书研制者都有很大的主体性发挥的空间，都存在研制者的个人责任与个人素质问题。虽然系统的压力时常让他们不自觉地放弃一些内容或不情愿地叙述另一些内容，但是仍然不能将一切责任都推给外因或制度，每个教科书研制者都有空间研制更好的教科书，他们应该而且可以承担起自己的主体责任，去传播科学、启蒙心灵。至于选择用什么方式、打造什么特色的教科书，本身就是一种主体责任。

在这一意义上，教科书编撰者就是教科书的研究者、设计者、创作者，绝不是简单的编辑者，必须纠正和扭转这一见解。这不是对某些人某种工作的评价问题，这是对这一庄严而复杂的事业的评价。教科书不是被动的二手文本集。教科书不满足于仅仅是知识和主题的选择者、排列组合者，它也是知识的创造者。教科书研制者应该充满自信地行动起来，为学生打造高质量的精神食粮。

2. 提升教科书设计意图的品质

设计意图是教科书研制的标杆，蓝图出了问题就可能会造成“失之毫厘，谬以千里”的偏差。我国目前教科书的主要问题，不在于主题，不在于科学性和思想性，而在于前瞻性，在于品位境界，在于独立人格，在于语言和形式。教科书要能够荡涤精神的污秽，让学生面对澄明的世界。以往有些教科书让人看过之后，还想再看；现在的一些教科书，很难引起学生以外的人的兴趣。即便是学生，也不感兴趣，他们对教科书的关注，只是一种无奈之举。

因此，教科书设计意图本身要有高品位。高品位的教科书强调联系学生生活

和社会现实，但这不够，高品位的教科书尤其要告诉学生为什么我们的世界是这个样的，我们的世界以后将是什么样的，至少我们期望它成为什么样的，我们如何让这个期望得以实现。高品位的教科书旨在教学生学习他们应该学习的东西，学做他们应该要做的事情，而不是教学生只去学习考试要考的东西，只去学做教师要他们做的事情。

教科书设计意图要明确恰当，表述要易于理解、不产生歧义，要便于操作，这样才可能防范教科书设计意图的衰减性偏离。如前所述，教科书设计大处不能迷茫，但小处也要精细。

要注重教科书设计意图刚性与弹性的结合。教科书设计意图是教科书研制的行动指南，必须具有确定性，绝不能模棱两可，只有确定的目标和设计规划才能指导教科书的研制，成为评价教科书的尺度。教科书设计意图的确定性是与它必须遵循的课程标准或教学大纲相关联的。但意图的确定性并不排斥灵活性，灵活性开辟创造的空间，开辟调适的余地。教科书设计意图的制定必须处理好确定性与灵活性的关系，注意刚性与弹性的结合。教科书设计的弹性主要看它是否以及如何兼顾学科、社会、个人发展之需要，是否以及如何顾及编写技巧与美学问题，是否以及如何吸引学生、影响学生。

加强设计意图的可操作性。既要充分考虑设计意图与当前社会实际的契合性问题，又要减少意图中笼统和抽象的表达，让意图有细化的执行方案。为了避免设计意图难于理解，其表达应该力求通俗、详细，使意图的实施者能理解、能弄懂，避免设计意图在实践中的衰减性偏离。

第四节　教科书文本设计要处理的基本关系

如果说教科书在内容的确定过程中，要处理的最基本的关系是求真和求善的关系的话，那么，教科书文本在内容的设计或呈现过程中要处理的最基本的关系是教材与学材的关系，是教与学的关系，还有政治性与教学性的关系。

一、教材与学材的关系

1. 教材还是学材

教科书长期以来是作为教材而存在的，主要是教的材料，是要有利于教的，是知识倾向（学科倾向）的。教科书将着眼点放在学科知识本身，重视知识的价值，甚至知识本身就是教学的目的。教科书的设计是以教师如何方便有效地传递知识为努力方向。杜威在《民主主义与教育》中给“教材”下的定义是：“所谓教材，就是在一个有目的的情境、在发展过程中所观察的、回忆的、阅读的和谈论的种种事实以及所提出的种种观念。”[①]在这里，杜威是把教材作为活的知识来把握的。换言之，在他看来，“教材即知识”。不过，这里的“知识”绝非死的、静态的、现成的知识，而是活的、动态的、生成的知识。[②]这是从教材的内涵来谈的。如果从教材的形式来看，教材就是适应和方便教学的材料。这里的教学，更准确地说是教师的教学，是教。这样，作为教材的教科书，更突出的是它作为教师教学材料、教学资源、教学权威甚至是教学目标的一面，教师只能绝对服从教材、解读教材、执行教材、落实教材。把教科书视为教师的教材的观点，源于以教科书为知识传授的载体的认识，受“圣经式教材观”的影响。教师对教材极为尊重，遵从教材内容，教师的作用就是把教科书内容很好地传授给学生，学生的任务就是掌握教科书内容，甚至是背记教科书内容，整个教学的目的落实在教材知识点的获得上。

教科书作为教材是相对于教科书作为学材而言的。日本筑波大学高仓翔教授认为，作为学材的教科书应当发挥更多的偏向学生的功能，如激发学习欲望的功能、提示学习课题的功能、提示学习方法的功能、促进学习个别化与个性化的功能、巩固学习成果的功能等。[③]作为学材的教科书，具有“学习资源”的性质，具有了即便教师不在场，一定程度上学生也能够自主地学习的“学习参考书”的性质。就是说，学材不是单纯地通过文字传递知识、信息的媒体，而是能够引发学生自学的兴趣爱好，促使学生独立思考、理解内容，甚至是在一定程度上提

① 杜威. 民主主义与教育［M］. 王承绪，译. 北京：人民教育出版社，1990：192.

② 钟启泉. 确立科学教材观：教材创新的根本课题［J］. 教育发展研究，2007（12）：1–7.

③ 钟启泉. 现代课程论［M］. 上海：上海教育出版社，2015：387.

示解决方法，帮助学生自主地建构知识的材料。

在反对教科书过于从教师的角度进行设计，对学生的发展考虑不足的现状下，有一种矫枉过正的倾向，即强调教科书是学材，是学习用书、学生用书。

在课程改革大背景下，有学者提出教科书的“学材论”，强调教科书要以学生的发展为本，面向学生的生活世界，发挥学生的主体性，促进学生的主动学习和全面发展，甚至认为“教科书应代行教师的一部分职能，是即便教师不在场学生也能够自主学习的‘学习参考书’”。[①]简而言之，教科书应为学生的学习提供工具，是学生使用的“学材”；作为“学材”的教科书应该促进学生乐于学习、易于学习。

也有人从反对学科本位、突出学生本位，反对知识中心、突出生活中心的角度出发，提出要改变过去那种“教材是学生的世界”的传统，“让今天的世界成为学生的教材”。“过去教材是学生的世界”，说明教材的重要性；“今天世界是学生的教材”，说明今天是个知识泛化的时代。我们虽然不能让教材成为学生的全部世界，但我们也绝不能放任，让“今天世界”自发地成为“学生的教材”。[②]教科书需要精选内容，需要在泛化的知识世界里为学生树立起主流价值，引领学生朝未来温暖的世界前行。

2. 教科书是兼顾教与学的特殊文本

教科书不是纯粹的教本，不是纯粹的教材，教师用书才是真正的教本；教科书也不是纯粹的学本，不是纯粹的学材，社会上大量的课外读物、参考资料才是学本、学材。

教科书既不纯粹是教师用书，不是教的材料，也不纯粹是学生用书，不是自学材料，它是兼顾教和学的书，是教师和学生共同使用的书，二者不宜割裂开来。学生有大量的用于自学的书，一般不需要教师的指导和引领，但学生在学校用的教科书，则是有独特意义的、一般而言必须在教师指导下学习的书本。否则教科书就等同于普通读物，就等同于课外参考资料了。

---

① 钟启泉. 确立科学教材观：教材创新的根本课题［J］. 教育发展研究，2007（12）：1–7.

② 蒙石荣. 教科书：在泛化的知识世界树立起主流价值——专访首都师范大学石鸥教授［J］. 今日教育，2016（10）：30–31.

如前所述，教科书文本是一种特殊的文本，学生的阅读是不完全主体性的，是在教师的引领下进行的，是在同学们的共同学习中进行的，有一定时空的要求，更有学习目标上的要求。没有教科书，就不能架起教师与学生之间沟通的桥梁，就没有教与学的桥梁。换言之，整个教学活动在一定程度上是围绕教科书展开的。在学生学习教科书的过程中，教师承担着帮助、引领、点拨、提升的作用，正是有教师的帮助，学生才能够比较深刻地体会到教科书所蕴含的道理与智慧，才能更加理性地对待知识与智慧，才能较好地知晓自身的优势与不足，教科书的目的才能实现，教育的目的才能实现。正因为这样，教科书不可能完全转变为学材，单纯的学习材料（比如练习册、训练读本、自学辅导手册）不能取代教科书，同理，单纯的教学材料（比如教师用书）也不能取代教科书。教学不是学生的自学，教科书也不是自学的材料，它是“教学用书”，在一定程度上可以说是“以学为主”的材料。

作为兼顾教与学的特殊文本，它的设计需要讲究教与学的需求，既考虑教师教的需要，也考虑学生学的需要。比如需要特定的高质量的支架体系或助读系统，需要考虑文本的音韵特性，需要留出探究与个性化学习的空间，需要符合学生身心发展规律的循序渐进的内容安排，需要具有美学意义的版式设计……

在一定意义上，教学就是为教科书价值的实现而特别建构的（反过来也成立，教科书就是为教学而建构的），就是要实现“书”的价值，所以以前（今天在世俗意义上也是这样）往往把教学称为“教书”，现在仍然是“教书育人”，学生和家长把上学往往也称为“去读书”。因此在教学中设置教科书就是很有必要的甚至是理所当然的。“教书”“读书”即意味着任何“教科之书”都不是已经完成了的。作为教的活动内容和学的活动内容，它们永远要求教者和学者去共同实践完成。可以说，教科书的价值之所以实现，就是因为教与学。没有教学，或者说只有教、只有学，教科书都不能很好地实现自己的价值，而只是一堆纸张的某种构成形式。教学不但实现教科书的价值，而且检验教科书的价值，它是对教科书价值的进行性的检验。

二、政治性与教学性的关系

教科书具有强烈的意识形态特性，它是一个国家的主流价值的体现，反映政治要求。教科书的主要功能之一在于政治社会化。所谓政治社会化是指“社会成员在政治实践活动中逐步获取政治知识和能力，形成政治意识和政治立场的过程。它是社会成员与政治体系之间相互联系、相互影响的互动过程，是社会意识继承与创新的统一，是一个持续不断的过程”。[①]在一定意义上，教科书首先是政治文本，其次才是教学文本。特别是政治、历史、语文等学科的教科书，它们承载着传播主流价值的历史使命，因而其促进学生充分自由发展的功能，有时候不得不服从于这些使命。

尽管在一定程度上，几乎任何教科书都有政治教科书的要素与功能，但教科书毕竟不是政治文本，教科书的根本属性是教学性。它是教科之书、学科之书、教学之书，这一特性要求教科书把政治性、意识形态性较好地糅合到科学知识的传播中，达到春风化雨的效果。

所谓教学性，是指教科书适合课堂教学活动的对象性。[②]教科书的教学性包括可教性、易学性、增效性、合宜性等基本特质。[③]它以课程标准为基本依据，通过学科知识的教学论转换，使文本具有易教易学的特点。[④]教科书的教学性最通俗的表现就是，它是教师教的工具，是学生学的材料。除了教科书，没有哪一种图书是为了教学而专门设计的。教科书向教师提供完成特定教学活动所必需的指示说明和手段，使教师能够引导学生按照特定的程序和步骤完成学习任务。教科书为学生提供了一种学科知识或学习领域的入门指导。作为学科入门指导，教科书依据从简单到复杂、从具体到抽象的原则呈现该学科领域的核心内容，通过提供学生学习所需要的基本信息、概念、规则、原理等内容，使学生按照自己的进度掌握知识、达成学习目标。教科书不仅要帮助学生掌握一系列的学科知识，而且要让他们掌握认知技能和学习方法，形成良好的学习习惯，提升实践能力。教科书还为教师与学生提供了检查和评估学习状况的工具，有助于师生明确学生是否达到足够的学业水平，是否达成了特定阶段的学习目标，从而帮助他们及时了解学习状况和提高学习水平。[⑤]

---

① 吴琦. 意识形态与国家安全［M］. 武汉：华中师范大学出版社，2011：70.

② 孙智昌. 教科书的本质：教学活动文本［J］. 课程·教材·教法，2013（10）：16.

③ 李新，石鸥. 教学性作为教科书的根本属性及实践路径［J］. 课程·教材·教法，2016（8）：25-29.

④ 王攀峰，宋雅琴. 论教科书的内涵与属性［J］. 当代教育科学，2018（1）：9.

⑤ 王攀峰，宋雅琴. 论教科书的内涵与属性［J］. 当代教育科学，2018（1）：9.

教科书是师生开展教学的主要文本，是学生全面发展、人格健全发展等最直接、最主要的载体，这一特征无疑凸显了教科书对学生学习和成长的重要性，赋予了教科书最为重要的地位。在此意义上，教科书最终指向的是如何促进学生的成长和发展（当然，是特定社会意义的成长与发展），如何为学生提供最有营养和丰富的精神食粮。因此，教科书要有利于学生学习，否则学生的成长和发展便缺乏真正有力的实体支撑，教科书便不再是学生学习的有力帮手，无法发挥其应有的价值。同时，教科书是教师教的主要依据，教科书要有利于教师教，否则教师便没有了活水之源，教学的有效开展便无法得到正常的保证，教学秩序和教学管理等都会因此而产生混乱，更无法对教学内容进行深层次的挖掘和探究。教科书的教学性特性，不仅将教科书与专著和学术论文等区别开来，而且也将其与连环画、故事书等一般课外读物区别开来。①

如果说，教科书的政治性重点在于追求“谁的知识最有价值”“用谁的知识去教育学生”，那么，教科书的教学重点就在于追求“如何把确定的知识最有效地传授给学生”。很显然，教科书就是要平衡政治性和教学性的关系。对成功的教科书而言，重要的是要运用恰当的、艺术的、审美的手法来表现意识形态与主流价值观。要注重变枯燥为生动，变乏味为趣味，使教诲的效果更好。

平衡政治性与教学性的关系，需要很好地处置教科书的内容选择问题。如果内容选择不当，教师无论如何努力，也无法在课堂上提高教学质量。首先，教科书设计者要充分认识儿童发展的作用和重要意义。教科书以儿童为出发点，儿童心中才会有教科书，它才能在儿童的心灵中运转起来、活动起来，构成儿童生命活动的一部分。②其次，教科书研制者要关注读者的独特性。针对教科书教学性中的读者特征，教科书内容要在难度上、容量上和适应性上特别讲究。绝不是政治正确的就一定要进教科书，政治性也得让位于读者的可接受性，否则只能是枉费工夫。最后，教科书研制者需要认识教科书之本质特征，关注教科书的助学系统、习题系统，甚至理科教科书中的实验编排，使得教科书有别于一般意义上的

① 孙智昌. 教科书的本质：教学活动文本［J］. 课程·教材·教法，2013，33（10）：16–21.

② 鲁洁. 回归生活：“品德与生活”“品德与社会”课程与教材探寻［J］. 课程·教材·教法，2003（9）：2–9.

读物，更加突出对知识实践活动性的复原或导引，从而使师生之间开展教学活动成为可能。[①]

平衡政治性与教学性的关系，需要很好地处理教科书内容的表述问题，使教科书真正成为教师引导学生主动学习的工具。首先，要关注呈现形式。教科书的教学性主要体现在教学设计是否合乎教学规律，是否真正有利于学生主动学习的展开，等等。所以，教科书在知识编排上要注意序列化与梯级化，突出教科书对教学对象认识特点、身心发展规律的遵循。其次，要关注表达方式。充斥着陈词滥调的教科书、过于生硬灌输的教科书不仅低估了教师与学生对教科书的清晰认识，还会忽视教科书政治功能的实现，无法激发读者去思考、去得出结论，最后妨碍政治性的实现，影响主流价值观的普及。

① 叶波. 教科书本质：历史谱系与重新思考［J］. 课程·教材·教法，2018（9）：77.

第五章

教科书评价

教科书产品产生后，必然涉及该成品是否合格、质量如何等问题。这就是教科书评价要解决的问题。教科书评价是指通过特定的方法与手段对教科书使用的潜在价值或已产生的价值进行评估的过程。教科书评价的本质是评价主体对教科书质量的判断，简单一点说，教科书评价就是对教科书质量的判断。其目的是通过广泛地收集反映教科书质量的资料和证据，为地方、学校和教师选用教科书提供参考；通过评价的过程和意见的反馈，促进教科书编写质量的提高和学校教学质量的提高。

第一节　教科书评价概述

长期以来，我们对教科书的评价过多偏重于政治标准而非内在尺度，使教科书建设因为科学评价体系的缺失而趋于主观化、经验化和机械化。[①]科学权威的评价标准的缺失，使得对教科书质量的把控缺乏科学性，导致审查通过的教科书最后被发现很多都存在问题，甚至出现教科书严重失误而临时被迫退出教科书市场的现象。如今，我们迫切需要提升教科书评价的研究水平，迅速研制科学、合理且具有操作性的评价工具，来为教科书的发展提供必要的质量标准和发展方向。

---

① 靳玉乐，王洪席. 十年教材建设：成就、问题及建议［J］. 课程·教材·教法，2012（1）：12–16.

一、教科书评价的含义

评价，是人把握客体对人的意义、价值的一种观念性活动，[①]是一种特殊的认识活动。一般来说，评价是评价主体根据一定的评价目的和评价标准对评价客体进行认识的活动。[②]英文中常用的表述“评价”含义的单词有“evaluation”“measurement”和“assesment”，“assesment”意义倾向于评估、评定，多指对某人或者某物的性格、本质、质量和能力的评价和估计，“measurement”主要指测量评价，具有明显的数量化评价的特征，相比之下，“evaluation”更接近汉语通常意义下“评价”的含义，即对某一事情作出价值或者数量上的判断，也是我们所指的教科书评价中“评价”的基本意思。

有学者认为教科书“评价的本质是评价主体对教材的价值判断的问题”，[③]“是对教科书能否满足学生与社会发展的需要以及满足需要的程度作出判断的教育活动”。[④]也有学者更加明确地定义教科书“评价的实质是通过特定的方法和途径对教材的有效性、可靠性、可行性和使用效果进行分析，并通过一定的方式对分析结果加以综合概括，得出对教材的价值的总体认识，也是对教材的总体评价”。[⑤]在笔者看来，教科书评价的关键和核心就是对教科书质量的判断、对教科书优劣及其他特性的判断。

教科书评价可分为静态的评价和动态的评价两大类，静态的评价即对教科书文本本身的评价，重在考察教科书的设计和编制方面的水平；动态的评价则是对使用过程中的教科书的评价。

与之对应，教科书的质量可以细分为绝对质量与相对质量。绝对质量主要指教科书文本的质量，相对质量主要指教科书实施的质量或成效。绝对质量是根本质量、是内在质量，相对质量是衍生质量、是外在质量。绝对质量决定了相对质量，相对质量体现绝对质量，依赖绝对质量，同时也超越绝对质量。这里的绝对质量并不是一成不变的、绝对的、固化的，而是指教科书文本本身的质量，相对

---

① 冯平. 评价论［M］. 北京：东方出版社，1995：2.

② 杜栋，庞庆华，吴炎. 现代综合评价方法与案例精选［M］. 北京：清华大学出版社，2008：3.

③ 邝丽湛. 教材评价的本质及其价值分析［J］. 教育研究，2002（7）：33-36.

④ 丁朝蓬. 新课程评价的理念与方法［M］. 北京：人民教育出版社，2003：93.

⑤ 高凌飚. 关于教材评价体系的建议［J］. 全球教育展望，2002（4）：46-50..

而言不受外在环境的影响，就如某些文学经典，不受读者的影响，它们被公认为经典。教科书文本有着这样的特征，不论是在南方还是北方，不论是在今天还是昨天，不论是高水平的学校还是低水平的学校，总体上都会认为这教科书就是高质量、高水平的。不过实施起来，有的读者收获大、困难小，有的读者收获小、困难大，不同的读者有不同的看法。换言之，教科书质量是有基本判断标准的，教科书评价不能因师生水平而弱化文本本身的质量意义，不能纯粹以师生水平来决定教科书文本质量。尽管师生对教科书的接受情况可以在一定程度上反映教科书质量，尽管教科书必须考虑师生实际，但教科书质量的基本判断还是相对稳定的，是超越具体师资条件的。

教科书评价是对教科书质量的检验，检验的初级目的是确保教科书能够通过审定（不能通过审定即不能进入学校，就不能被看作教科书，仅仅是一种供应一般市场的书籍而已）。这涉及教科书内容选择的水平，进而涉及教科书设计的质量问题，最终关系到教科书作为一种特殊的书，应具有的基本质量的问题，具体体现在三方面。

第一，内容选择得如何，即教科书内容的确定问题。教科书内容是从浩如烟海的知识中，由一批优秀的专家学者和教师共同选择的，选什么、不选什么，选多、选少，与编撰者的学识、信念、胆略、教育经验息息相关，当然，也与编撰者所处的社会大环境密切联系。2008年，日本专家对8个国家的初中二年级的数学教科书进行了比较，发现日本的教科书为211页，在厚度上排第七位，美国为651页，法国为256页，英国为248页。为此，日本政府的教育再生恳谈会提出建议，要将教科书的页数增加一倍，并在内容上作出修改。[①]且不说在内容上有什么差异，仅仅在厚度上就有这么大的区别，这明显会影响教科书质量。教科书评价确实是需要关注这一变量的。内容选择质量很显然是以意识形态的眼光（官方之眼）、科学知识的眼光（科学家之眼）、教学的眼光（教师、学生甚至家长之眼）来看待的。

第二，内容组合得如何，即教科书内容的设计（呈现）问题。教科书内容选定尽管带有浓厚的主观色彩，但多数情况下应反映文明的内核、科学的体系、社

① 见《环球时报》2008-7-30（5）。

会的大背景与学生的需要。内容选定后，就是内容的设计或呈现的问题了。如选了鲁迅的若干篇文章之后先教哪篇，后教哪篇？哪些在初中教，哪些在高中教？这些都是非常重要的细致的工作，做得好不好，直接影响教科书的质量。有人片面地认为，教科书质量就是选文质量，所以“文质兼美”的选文成了传统教科书质量的重要甚至唯一的标准，一些人甚至大胆地说自己辑集的文选就是最好的教科书（因为他选的都是公认的美文）。这一观点显然误解了教科书文本的独特性。即便小学一年级教科书全是《关雎》《出师表》之类的作品，也不可能使之成为高质量的教科书。教科书内容设计的质量，一般是以教育学家之眼、教师之眼、学生之眼来看待的质量。这里，意识形态之眼往往是闭着的。

第三，文本印制得如何，即教科书作为书籍的物理意义的质量保障，包括它的纸张质量、开本大小、文字字体与大小、版式设计、印刷质量等。这是教科书的物质形态的质量，是形式意义的质量。内容质量高，如果形式没有跟进，也是一大遗憾，会降低教科书内容的质量。物质形态的质量，多以教育学家、教师、学生、家长之眼，也以书籍装帧专家、出版专家之眼来看待。

具体而言，在评价教科书质量时，教科书的不同利益群体的着眼点不太一样，支配集团更关注教科书的思想性、政治性，学者更关注教科书的知识性、科学性，教师和教育学家更看重教科书的教学性、操作性。有学者主张应该从知识、思想品德与文化内涵、认知与心理规律、编制水平与可行性效果这几个维度对教科书进行质量分析。[①]这是教科书文本质量最基础的维度，是任何教科书都应该依据的质量标准，缺一不可。缺少任何一方面的质量标准，文本都有可能无法通过审查，一旦无法通过审查，教科书就不成为教科书，只是一般书籍。

教科书评价有狭义和广义之分，狭义的教科书评价是指教科书正式发行使用后，依照一套完整的评价程序和标准，对教科书的品质及使用情况，进行系统的描述和价值评估的过程；广义的教科书评价包括了教科书的审查、认可、选用等阶段，甚至教科书发展过程中内部审定、实验、试用等程序，都可视为某种形式的教科书评价。[②]

---

① 高凌飚. 基础教育教材评价：理论与工具［M］. 北京：人民教育出版社，2002：124–126.

② 蓝顺德. 教科书政策与制度［M］. 台北：五南图书出版公司，2006：117.

按照广义的教科书评价内涵，教科书从策划、编制、出版、审查，到选用、使用，以及最后课程的评价，都可以进行评价活动。每个环节评价的主体不尽相同，评价的目标、视角和价值侧重也不一致。另外，教科书从生产到使用的各个环节涉及政治、经济和教育等主要领域。而且，教科书的内容更是公共的潜在话题，极易引起管理部门、公众、媒体等多方的关注。从这一点讲，教科书不仅是教育的重要文本（教育属性），而且该文本还具备明显的社会属性、商品属性、文化属性、政治属性等其他性质。因此，教科书评价不仅要考虑内容是否符合课程标准的要求，不仅涉及是否有利于教和学，以及文本知识是否符合真善美的价值追求，还要顾及教育领域之外的外部性影响，比如教科书的社会学影响，包括性别问题、阶层问题、职业问题、民族问题等，再比如教科书的政治学影响（政府会关心教科书的理念和内容是否符合官方主流意识形态），或者教科书的文化影响（比如传统文化和现代文化应在教科书中扮演何种角色、占多大比重等）。由此可见，教科书评价的一般性含义并不能揭示教科书评价的复杂和棘手，而对教科书本质属性的定位也容易使得评价顾此失彼，所以说，教科书评价需要对各领域、各环节、各种利益主体进行综合分析、具体设计，这样才能有全面的、整体上的把握，评价实施起来也更有成效。

本研究所指的教科书评价，主要是指教科书发行使用后，依照一定的评价程序和标准，对教科书文本的品质及使用情况，进行系统的描述和价值评估的过程。简单地说，教科书评价就是要了解并判断教科书，了解教科书的方方面面，最重要的是了解和判断教科书的质量特点，了解和判断教科书的优劣、难易等性质，为教科书使用、教科书研究、教科书研制与编写提供参考与支持。

对于教科书进行评价，有三点需要把握。

1. 谁来评价

这涉及评价的主体问题。关于评价关系中的主体，需要区分“教科书价值主体和教科书评价主体”。[①]价值主体是价值关系中的直接关系人，所谓教科书的价值主体主要是指教科书服务的对象——教师和学生，教科书要直接满足学生的学习和教师的教学，所以，这一评价关系中的价值主体是学生和老师。

---

① 王郢. 教材研究导论［M］. 北京：人民出版社，2016：79.

评价主体则是独立于价值发生之外的、实施评价的其他主体。评价主体往往是多方面的，有时候，“用户体验至上”，价值主体“学生和教师”就是评价主体；也有时候，“当局者迷，旁观者清”，第三方主体可能更适合作出科学准确的质量判断。教科书的评价主体范围很广，因为从教科书的生产、审查到使用、评价的过程中，各个环节都包含了对教科书优劣的评价，这就使得教科书评价主体既包括了它直接服务的对象——广大的教师和学生群体，又包括了教科书编写者、出版社编审、教科书管理部门的审查专家、地方的教科书选定委员会专家、学科专家、教科书专家，甚至还有家长、大众媒体等主体。针对这些不同的评价主体，又可以划分为局内人评价（insider evaluation）和局外人评价（outsider evaluation），或者也可以说内部评价（internal evaluation）和外部评价（external evaluation）。像校长、教师和学生的评价都属于局内人评价或内部评价，而出版社、行政部门、研究者、大众媒体等的评价，就属于局外人评价或外部评价。一般人会认为教科书的直接利益相关者主要是教师和学生，但随着对教科书研究的深入会发现，很多主体都是教科书的利益相关者，他们也参与了教科书的评价。有学者认为，鉴别这些潜在的利益相关者既有助于认识教科书的功能和外部影响，也有助于保证各利益相关者（无论是直接利益相关还是间接利益相关）应有的权利，如隐私权、知情权、表达权，还将有助于评价的展开和规范化。①

2. 评价什么

这涉及评价的客体。评价必须有评价的对象，即评价客体。评价是一种特殊的认识活动，客体则是我们思考认识的对象。我们说评价要从主体出发，最后还要回归到主体，但是这个环节始终绕不开的是评价的客体。评价是作为一种主体参与认识客体的一种活动存在的。在评价活动中要明确评价的客体，然后根据评价目的，从评价客体上寻找表现它的属性和特征的那些因素，然后获取评价信息。然而，事实和真相并非显而易见的，一个对客体一无所知或者所知甚少的评价主体，是难以从评价客体上划分出维度、获取必要的信息的。因此，评价主体需具备对客体非常丰富的认识和了解。

评价什么？当然是评价教科书，但具体而言，评价教科书的什么呢？有学者

---

① 钟启泉. 课程论［M］. 北京：教育科学出版社，2007：302-303.

认为评价主体有几个主要评价任务：一是提供对教科书的客观描述，呈现一切与评价客体有关的资料、信息；二是收集并呈现教科书专家、教师、学生等对教科书的价值判断的意见；三是评价者自己对教科书作出价值判断。[①]

也有研究认为，教科书评价要包括对教科书文本进行静态分析和评价，以及对教科书使用情况进行动态分析和评价；向教科书评审委员会报告收集到的静态和动态资料及分析结果；向学生、教师、教研员、家长等报告教科书的特点和质量水平、试用情况；要得出有利于教科书编写者修改教科书的意见，向教科书编写者反馈修改意见；开展关于教科书的研究；等等。[②]

当前的教科书评价大致分为两类：一种是单纯对教科书文本作出的评价，相当于静态评价；另一种是把教科书放在使用过程中或使用后的评价，相当于动态评价。国内对教科书的评价主要还是集中在第一类，关于教科书使用的评价偏少。另外，关于使用过程中和使用后的评价，两者不同之处在于使用过程中的评价更关注学生和教师对教科书的操作、使用习惯等行为方面，而使用后的评价更加关注教科书所带来的使用效果。英国学者坎宁斯沃思（Alan Cunningsworth）和汤普林森（Brian Tomlinson）根据教科书使用的时间划分出“使用前评价、使用中评价、使用后评价”三个环节。[③]使用前评价不涉及教科书使用效果的评价；使用中评价常被作为使用过程中对教科书作出的形成性评价，这些评价可以对教科书的修改和调整提出意见和建议；使用后评价是一种总结性评价。

总结性评价是与形成性评价相对而言的。前者是在教科书编写完成后，或者是教科书在经过正常使用后的一种具有质量鉴定意义的评价。后者多发生在教科书编写研制或者教科书试用或改进阶段，旨在找出教科书中的问题，及时纠正错误、调整编写理念、提升编写质量。形成性评价的潜在预设是，教科书质量的提升是一个长期的过程，需要在实践中不断发现问题，在实践中不断改进和完善。形成性评价就是要为教科书的改进和完善提供科学的指导。

归根结底，教科书评价要面对并力求回答长期存在的那些教育的基本问题，

---

① 丁朝蓬. 教材评价的本质、标准及过程［J］. 课程·教材·教法，2000（9）：36–38.

② 高凌飚. 基础教育教材评价体系的构建问题［J］. 华南师范大学学报（社会科学版），2002（6）：90–96.

③ 徐鹏. 高中实验教科书使用情况跟踪调研的实施构想［J］. 课程·教材·教法，2011（9）：44–48.

如“什么知识最有价值”（教科书内容的质量）、“如何呈现知识最有利于教和学”（教科书知识的组织和编排的质量）、“学习的本质是什么”（教科书的趣味性，与学生生活实际相联系）等。换一个角度来看，教科书评价涉及教科书的政治性和方向性、教科书知识的科学性、教科书是否有利于教学等方面。

3. 用什么评价

这涉及评价工具。工具是人在实践中认识和改造世界的“器具”或手段、途径，评价活动也需要与评价目的、评价客体相适应的评价工具。评价是一种特殊的认识活动，“评价的实质在于促使人类活动日趋完善，是人类行为自觉性与反思性的体现”。[①]这意味着评价需要“有效的根据”，获取这些“有效的根据”有赖于有效可靠的评价工具。评价工具科学，对被评价对象的判断才可靠。教科书评价工具包括评价的指标体系（评价模型）以及具体的评价方法，比如问卷、课堂观察、访谈、专题调查、测验等信息采集工具。随着心理学、知识社会学、信息技术以及教科书研究等学科的发展，人们渐渐能够从多个方面辨识教科书的优劣，能够使用一些量化指标工具来评判教科书，但即便如此，人们对教科书综合性、全面性的评鉴水平和研究还远远不够，教科书评价问题显得日趋迫切。

二、教科书评价的功能

单从评价的功能来看，在人类的活动中，评价具有四种最为基本的功能，第一是判断功能；第二是预测功能；第三是选择功能；第四是导向功能。[②]应用在教科书评价中，判断功能是对教科书各个方面作出描述，并作出价值优劣的判断；预测功能是一种超前性的价值判断，是主体结合实际需要和有效根据，对未来教科书价值的估计，或者是对特定教科书在未来使用的估计；选择功能指教科书评价帮助主体分清教科书的优与劣、适合与不适合，从而作出理性和切合实际的选择；导向功能最为重要，且居于核心地位，它包含了判断、预测和选择功能，实际指引着教科书的发展方向，也可以认为指引着教科书使用的方向，相当于“以评促建”的功能。有学者提出教科书评价有三个功能：“第一是通过评价，决定一套教材是否达到投入试用和推广试用的标准；第二是通过广泛地

① 钟启泉. 课程论［M］. 北京：教育科学出版社，2007：372.

② 冯平. 评价论［M］. 北京：东方出版社，1995：2.

收集反映教材质量的资料和证据，为地方、学校和教师选用教材提供参考；第三是通过评价的过程和意见的反馈，促进学校教学水平的提高和教材编写质量的提高。”[①]第一个功能涉及教科书的审定，第二个功能涉及教科书的使用，第三个功能涉及教科书的改进。

从具体实践层面来看，结合课程评价的分类，可以将教科书的评价功能分为以下几个方面。

1. 服务于教科书研制

在正式研制教科书之前，需要首先了解社会发展、学生发展和科学发展的状况，以此作为研制教科书的直接依据。此时的教科书尚未编写，但这也属于教科书评价的功能。这种需求的评估是对教科书的预期性的估计和设计，这种预先的设计为未来教科书描绘出蓝图。另外，这种需求评估的完成也是建立在对既有教科书的充足调查基础上完成的，如它们对学生发展的促进情况、对社会和科学发展的适应情况进行调查，这样才能完成从实际需求到目标产品的跨越。

2. 有利于教科书的改进与完善

教科书文本的一个特点是不断修订（几乎每种教科书在印刷次数甚至版次上是任何书本都难以达到的，稍微留意一下教科书的版权页便会发现这一特点），一般在大的课程标准没有修订之前，一套教科书将持续使用下去，但允许微调，使教科书更加完善。“教科书评价的意义不仅在于提供结论性的意见，更重要的是通过评价的过程帮助教科书的质量提升”，[②]达到“以评促建”——促使其改善的目的。一个完善的、可持续的教科书评价机制意味着可以在教科书的投入使用过程中，对教科书不断地提出修正和完善建议。在教科书使用过程中，通过对教科书的形成性评价，不断发现和反馈教科书的优缺点，以此为根据来改进教科书，从而使教科书更加适应课堂教学，在这个反复的过程中不断完善。这一功能在教科书的试用阶段尤为突出，它是教科书得以推广使用的有力保障，这也说明文本与实际使用的结合将使得评价更有说服力。评价对教科书的改进和完善功能也启示我们，要慎重地对教科书作出盖棺定论式的终结性评价，而应该从更加长远的角度考虑，让评价成为辅助教科书不断改进和完善的有效机制。

---

① 高凌飚. 关于教材评价体系的建议［J］. 全球教育展望，2002（4）：46-50.
② 高凌飚. 关于教材评价体系的建议［J］. 全球教育展望，2002（4）：46-50.

3. 更好地判断教科书的价值

这种判断不仅包含了目标内的判断，还包括对一些非预期目标的考察；不仅包含了对教科书内部因素影响的考察，还包括对其外部影响的评估。它将考察各评价维度，平衡各利益群体，综合分析各方面，给出对教科书的总体价值判断和相应的评析，直接服务于教科书审查与审定。

4. 有助于比较、选择教科书

现实中，“有关教科书的静态资料方面，由于全国有许多实验区同时展开实验，教科书编写者或出版社不知道如何或向谁提供这些信息；而使用者，由于教科书的品种较多，或因联系方式又不够清晰，或因公布教科书目录的时间过迟，难以得到所需的静态资料”。①而使用过程中的信息则更不充分，“由于绝大多数教科书没有在本地或本省使用，或有些教科书根本就没有被使用过，那么，教科书在实际使用过程中的反馈信息要么无从获得，要么就是出版社提供的有相对倾向性的信息”。②此时，依据科学的评价建议，对教科书选用就有重要指导意义。对不同的教科书，通过对它们的编写理念、内容设置（内容范围、容量、难度）、是否有利于教与学，以及作为出版物的物理属性等方面进行评判比较，综合分析各个版本的优势和缺点，有利于教科书选择者结合自身的实际需要，最终作出选择。以前教科书管理奉行“一纲一本”的政策，使用者没有选择的必要，统一使用一种教科书就可以了。而当教科书多样化时代来临，面对多版本教科书的选择，如果评价和研究跟不上，有时选择者反而没有选择的“标尺”和“准星”，盲目、从众地选择。当前比较明显的选用上的不足是“教科书选用决策所需教科书专业性评价信息不足”，选用人员只能依赖于两类信息作出判断，“一是依凭个人经验审阅教科书；二是听取教科书出版社的宣传介绍，这两类信息在一定程度上都难免有失偏颇”。③所以，科学的教科书评价能够提供很好的、多方面的特征判断，有利于使用者的选择决定。

---

① 方红峰. 论教材选用视野中的教科书评价［J］. 课程·教材·教法，2003（7）：19–24.

② 方红峰. 论教材选用视野中的教科书评价［J］. 课程·教材·教法，2003（7）：19–24.

③ 丁朝蓬，孙新. 以评价贯穿教科书发展过程：我国中小学教科书发展机制探讨［J］. 课程·教材·教法，2011（4）：40–45.

5. 有助于使用教科书

教科书评价可以帮助教师更好地使用教科书。“教科书评价的意义不仅在于提供结论性的意见，更重要的是……促进学校教学和学生发展”。[①]教科书作为服务于课程和教学的最重要的工具，在教育实践中发挥着不可替代的作用。教科书的这些作用是否得到了充分发挥，还有待于事后（一节课后、一学期后……）的检验。科学的教科书评价可以帮助教师们了解教科书的意图和目标，促进教科书预期目标的有效实现，提升教学质量。

三、教科书评价主体

明确教科书的评价主体将有助于教科书评价制度建设。我国当前评价主体缺失，[②]相关主体的评价意识薄弱，[③]这是教科书评价领域存在的突出问题。明确教科书的评价主体，为的是清楚哪些人具有能力、权利与责任来评价教科书，从而提高这些人在教科书评价中的参与权、话语权和知情权，以便让真正懂、真正用教科书的人为教科书的改进完善提供具有建设性、指导性的意见和建议。如前所述，主体的含义包括了教科书的价值主体和教科书的评价主体，价值主体主要是教师和学生，评价主体则包括了更多的相关人员和机构。不同主体对所谓“好的教科书”既有一些基本共识，也会因为所处位置和目标的不同有所分歧。现实中，由于不同主体间权力分布、专业性分布的不均衡，也会使价值判断的话语权更多掌握在权力集中、专业性强的主体手中，而其他主体的话语权可能会被忽略。因此，分析教科书评价主体，一方面是为了明确各主体对教科书的评价意识和评价能力，明确他们在教科书评价中拥有参与权和话语权的价值；另一方面，通过分析不同主体在教科书评价中发挥的不同作用和价值倾向，将有助于了解“谁来评价”这一深层次的问题，帮助构建合理的评价队伍，同时，为全面认识和评价教科书质量提供多方面的视角。

1. 教科书审定部门的评价

审定部门的评价主要体现在审定环节上。这是一个最为重要的评价主体，也

① 高凌飚. 关于教材评价体系的建议［J］. 全球教育展望，2002（4）：46–50.

② 王小莎. 教科书评价流程之探究［J］. 当代教育科学，2010（7）：43–46.

③ 孔凡哲，王郢. 提升教师教科书评价意识保障教科书质量［J］. 教育理论与实践，2006（19）：58–62.

是最为重要的一个环节。能否通过审定，是教科书能否成为教科书并能否顺利“出生”的关键。在审定环节中，主管部门会组织学科、课程、教材及其他有关方面的专家组成教科书审查（审定）队伍，根据特定的教科书审定标准和要求，按照相关程序来对教科书进行评定。一方面，教科书审定关注教科书知识内容与国家颁布教育理念、课程标准的一致性，检查教科书知识的正确和科学与否；另一方面，教科书审定还要审查国家意志和主流意识形态在待审教科书中的呈现和表达。通过对教科书的审定，确保教科书能够“准入、选择并张扬某些观点和思想，使其经典化，同时空无某些观点和思想，使其消失于学生的视野之外”，[①]从而确立哪些知识成为“官方知识”或权威知识。审定部门的评价发挥了对教科书内容和价值的统一和规范的作用，它依靠背后的权力，指导和制约教科书的编写和出版。教科书审定代表的是国家对教科书的判断，其评价人员多由主管部门认可的各方面专家学者组成，因此，教科书审定部门的评价一般具有较高的权威性和专业性。

在教科书审定这一评价环节，审定标准不宜规定得过细，否则将限制教科书编写者创造力的发挥，不利于教科书质量的提高和多样化的实现。另外，教科书审定部门与教科书出版机构直接接触，审定部门制定的审定标准将直接制约教科书编写和出版。因此，这两个主体之间的信息交流必须公开，反馈机制必须保持畅通。再者，教科书审定部门是“把关部门”，但不能把得过严，应该留有余地，留下空间，适当地把教科书评价的话语权留给教材的价值主体——教师和学生。

2. 教师群体的评价

研究表明，教师参与教科书评价是国际课程领域的普遍趋势。[②]教师群体是教科书的“价值主体”，是教科书的实际使用者，从质量学角度讲，“质量是一组固有特性满足要求的程度”，“归根结底，教科书质量的好坏，最为客观公正的裁判者还是一线教师”。[③]换句话说，教师对教科书质量，特别是对教科书是

① 石鸥，刘学利. 教科书文本内容的构成［J］. 教育学术月刊，2013（5）：77–82.

② 孔凡哲. 基础教育教科书质量保障机制的国际比较及启示［J］. 东北师范大学学报（哲学社会科学版），2004（6）：36–42.

③ 孔凡哲，王郢. 提升教师教科书评价意识保障教科书质量［J］. 教育理论与实践，2006（19）：58–62.

否易于教学最有发言权。如果说教科书审定是前期的、总体质量上的，特别是宏观的意识形态与知识的科学性上的把关和保障，那么教师评价则是从最后一道“关口”——用户需要是否被满足，来评定教科书。教师是一个庞大的群体，他们有着各种不同类型的教学风格，而一本教科书只是作为某一种教学“资源”或者“材料”而存在，教科书作用的发挥有待于教师在课堂上创造性的教学实施，它需要教师的再加工和再创造。因此，教师对教科书的评价不可或缺，教师评价将是教科书质量的最有效的数据基础和有力保障。教师的评价往往从“是否有助于教学”的视角出发，主要涉及教科书的内容组织编排是否易于接受、知识呈现是否直观、课文陈述是否简洁易懂、内容的难度和容量是否合适，以及能否帮助学生在重要考试中取得较好成绩（有利于考试）等具体使用方面。另外，教师是对学生学习行为最了解的成人群体，他们对学生使用教科书学习的效果也具有重要发言权。

当前教师作为评价主体存在的主要问题有教师作为教科书评价主体的权力得不到制度保障、教师的评价意识薄弱、评价能力不足等。可以说，相当一部分教师还只是被动的课程执行者，停留在“教教科书”上，他们认为教科书的评定和选用是政府部门、专家和教育行政部门的事情，与自己无太大关系。因此，教师迫切需要提高教科书评价的自觉和能力，这既是教师专业素养的基本要求，也是教师选好、用好教科书的必备能力。在呼吁提高教师评价的意识和能力的同时，我们也应看到教师群体在教科书评价和选用环节的话语权、知情权的缺失。在一些地方，“评用分离”“行政主导”依然是地方教科书选用的普遍现象。虽然教师已被要求通过进入教科书选用委员会来发出声音，但评价标准的制定、最后的决定权实际仍掌握在行政部门至少是少数专家的手中，教科书选用委员会本身的作用发挥得也不够，作为使用者的广大教师的“声音”是微弱的，作为评价者的广大教师的评价权并未显示出应有的独立性和重要性。

3. 学生群体的评价

20世纪90年代，学习科学家对未来学习达成了几个基本共识，其中之一便是未来的学习“注重教，也注重学”，教育既应关注教学技巧，也应关注学生的学习过程。[①]教科书既是一种教学材料，未来更是一种学习材料，如此说来，尊重学生作为教科书评价主体的地位也显得更加重要。但事实上，学生是最容易被忽视的教科书评价主体。在大多数成人眼中，学生对事物的认识往往是不成熟的、片面的和不足取的。而对教科书评价来说，教科书的使用效果最终将体现在学生的学习与发展上，学生的使用和学习体验对教科书内在质量具有重要的检验意义。教科书编写者和专门的研究人员应该特别关注学生的使用体验，一是因为学生使用教科书的体验多是站在学习者视角，他们对知识难度、知识量、文本是否吸引人、插图是否生动，以及教科书其他的影响学习兴趣和接受程度的方面都比较敏感，这是成人难以体会的重要评判因素；二是因为学生人数以千万计，他们对教科书的使用情况构成海量的数据，这些数据能够提供可靠的、丰富的学生个性化信息，这些信息可以用来反映教科书作为“学材”的用户体验，从而获得对教科书编写有利的反馈信息，用来设计更能满足不同学生需求的教科书。所以，任何主体的评价如果脱离了对学习主体的关注都将降低价值、影响准确性，应该把学生使用体验作为重要的评价依据来对待。

4. 教科书出版者的评价

教科书出版者是教科书的物理制造者和完成者。教科书出版者在编写、出版教科书时要考虑多方面因素。从知识的范围讲，教科书出版者要保证教科书的知识内容与课程标准的规定一致；从内容上讲，教科书出版者要保证知识的准确和科学；从学生经验和兴趣考虑，教科书出版者要保证知识的表征和呈现便于学生接受，尽可能吸引学生兴趣；从教学角度考虑，教科书出版者要保证教科书便于教师进行教学设计和教学实施；从政治和意识形态考虑，教科书出版者要保证主流意识形态在教科书中的有效呈现；从社会学冲突的角度考虑，教科书出版者要顾及不同群体在教科书中的话语权力……总之，教科书出版者必须正视教科书审查所关注的一切方面，确保教科书能够顺利面世。

另外，教科书出版者仍然以营利性为目的之一，所以除了对构成合格教科书诸多因素的考虑，还会从成本—收益角度考虑开本、印张、用纸类型、版面设计、插图绘画、读者群体、适应地域、定价等因素。可见，出版者对自己产品的

---

① 索耶. 剑桥学习科学手册［M］. 徐晓东，译. 北京：教育科学出版社，2010：2.

评价和预期具有全面性和整体性的特点。作为评价主体，出版者必须首先保证教科书让自己（从多方面）满意；为了在审定环节中让教科书通过审定，同时还要让审定部门满意；为了在选用环节中让教科书被学校选用，最终要让广大使用者满意。

教科书编写是一项系统工程、长远事业，建立完善的、科学的、综合性的教科书评价机制将利于出版社教科书业务的长久、健康发展。目前，我国一些有实力的出版机构和国外的教科书出版机构一样，已经设立了教科书研评部门，并致力于教科书评价体系和机制的构建，以便为教科书的改进和完善提供持续的参考和指引。

5. 教科书研究人员的评价

教科书研究人员以教科书为研究对象，他们对教科书的认识和评价更体现专业色彩。当前，我国的教科书研究还在起步阶段，教科书评价及其研究明显不足，科学、专业的教科书评价离不开学术研究人员的努力。但现实中，一方面"对至关重要的评价标准和程序，一般由行政部门事先决定，专家并没有太多参与"，[①]另一方面，教科书研究与评价力量薄弱，研究与评价水平有限。从利益相关的角度考量，教科书研究人员更能规避利益驱动，更具有中立性和独立性，正因为如此，很多学者一直在倡议成立独立的第三方教科书评价机构，建立起长效的教科书评价发展机制。另外，我们需要承认，教师和学生群体虽然是教科书的使用者，对教科书有着不容忽视的发言权，但是他们的评价更多停留在经验和个性化的描述上，看重自己的使用，这些描述信息很重要，但尚有待进行科学的归纳和相关系统指标体系的构建。把对教科书的认知从经验性的认识提升到科学化的评价，有赖于教科书研究人员来完成。专业的教科书评价研究既能有效确保评价的独立和公正，又具有广泛的应用价值。研究人员的评价研究既可以为教科书的审定、选用提供科学的参考依据，也可以为教科书出版机构提供专业的编写指引，同样，专业的评价研究还有助于提高教师对教科书的认识和评价水平。

6. 家长、公众、大众媒体的评价

在辅导孩子学习的过程中，家长会直接接触到教科书，很多家长还会选择其

---

① 张鹤，国晓华. 从教材理论发展的三个方面看教材评价［J］. 当代教育论坛，2005（11X）：45–46.

他材料来辅导和帮助孩子的学习，他们也会对教科书作出自己的认识和判断。但大部分家长并不具备专业的教科书评价能力，因此需要给予建议和指引，如香港特别行政区政府教育局专门在其官方网站开辟专栏，面向家长介绍关于课本选购和使用的一些知识。相关人员认识到，提高家长的评价意识和评价能力有助于选好、用好教科书。现在，教科书问题也越来越成为公众和媒体关注的焦点，教科书文本内容已然成为各方价值观念博弈的平台。公众和大众媒体会不自觉地成为教科书评价的主体，这对教科书质量的提高有好处，但这方面的评价声音有时候是非理性的批评甚至指责或渲染，缺少基于事实根据的理论论证。由此看来，舆论也需要专业、权威的评价来纠正和引导，以便营造一个健康理性的教科书公共话语平台。

第二节　教科书评价的原则、维度和方法

根据认识论，评价的实质是意识对存在的一种反映，而且，这种反映是“主体根据自身某种需要，选用一定的指标、模型和方法做出的”。所以，教科书评价必须是从主体的需要出发，按一定的原则、从特定的维度、使用恰当的方法进行的对教科书的判断反映。

一、教科书评价的原则

评价是一种特殊的认识活动，虽然“任何人都有权对教材甚至教育中的任何问题发表评论，但是并非任何人都有资格为教育决策提供教材评价信息”。[①]从专业角度讲，为了更好地开展教科书评价活动，需要明确教科书评价的若干基本原则，即教科书评价需要遵循的若干基本要求与准则。

1. 科学性原则

科学性是评价的基础性原则，“评价如果是不科学的，评价的结论就毫无

---

① 高凌飚. 关于教材评价体系的建议［J］. 全球教育展望，2002（4）：46-50.

意义，整个评价就是无效的”，[①]甚至会起副作用。而且，只有保证评价的科学性，才能使评价结果具有有效性、权威性，才能推而广之，被广大教科书管理者、使用者和编写者所采纳，才能真正服务于教科书的改进和完善。科学性原则不仅要求评价具有科学的理论基础，而且要具体到评价指标体系的结构、分类，“从每一条指标计算内容到计算方法都必须科学、合理、准确”。[②]

2. 可操作性原则

教科书评价还要坚持可操作性原则。教科书评价是一项具体、复杂的，甚至是经常性的活动，即便评价标准符合科学性原则，如果评价实施困难，工作量太大，难以操作，这种评价也难以付诸实践。因此，在教科书评价过程中，“指标体系中的每一个指标都必须是可操作的，必须能及时搜集到准确的数据”，[③]不能笼统含糊、指意不明。要注重评价指标的外显性，“评价指标必须针对教科书外在的、显性的内容而制定，不宜仅仅直接指向教科书内隐的、间接的内容”。[④]

3. 公开性原则

制度化的教科书评价机制必须坚持公开性原则。教科书是涉及多方利益的特殊文本，各类主体，包括教师、教科书编写者等，对教科书评价所涉及的过程理论、方法、标准、指标体系、程序和结果等都具有知情权，必要时，教科书评价意见和结论应该向社会公开，评价人员名单应该向社会公布（如果因评价的公正性需要保密，评审前不便于公布人员名单，一般在教科书评审结束后，再公布名单）。评价人员应该与教科书编写者保持沟通，了解其编写理念及教科书的设计思路，还要及时从使用者那里获得有效的反馈信息。评价信息的公开是建立科学、权威的教科书评价机制的必然过程，不透明的评价机制会因为逐渐丧失公信力而不能持久。为了使教科书评价公开，应“建立专门的教科书评价网站，公开

① 高凌飚. 关于教材评价体系的建议［J］. 全球教育展望，2002（4）：46–50.

② 李远远. 基于粗糙集的指标体系构建及综合评价方法研究［D］. 武汉：武汉理工大学，2009.

③ 李远远. 基于粗糙集的指标体系构建及综合评价方法研究［D］. 武汉：武汉理工大学，2009.

④ 孔凡哲，王郢. 提升教师教科书评价意识保障教科书质量［J］. 教育理论与实践，2006（19）：58–62.

教科书审定、试验及评价信息”，“教科书既然成为一种商品，那么就应该保证教科书市场运行的公平、公正。做到公平、公正的前提是信息公开透明，即教科书审定、选用的规则、过程、标准、结果都应公开”。[①]

4. 公正性原则

教科书评价是基于事实作出的价值判断，必须坚持公正性原则。教科书涉及多方利益，其中既有经济利益，又有政治利益，既有文化价值倾向的矛盾，又有教育理念的冲突。因此，评价要排除各方利益的阻挠，使评价基于事实根据作出判断，体现评价的独立性。公正性原则“要求对教材的评价过程进行有效的监督，要求评价者或评价机构与被评价的教材和教材编制者不构成利益关系……避免出现既是‘运动员’，又是‘裁判员’的情形”。[②]为了确保教科书评价的公正性，应建立教科书评价的复议制度。[③]“建立复议制度不仅是考虑教材编制的权利，也是一个民主科学的教材评价机制必不可少的环节。”“教材编制人员如果对教材评价结果或评价过程有任何疑问，可以提出质询，或为自己的教材做出辩护，教材评价者有责任倾听被评价者的辩护，回答被评价者的质询。”“对于教材评价者与教材编写者之间互动过程的结果仍表示不满，教材编写者可以向该教材评价机构以外的仲裁机构乃至教育部或地方教育行政部门申请提交‘教材复议’案，权力部门可以采用责成重新评价或重新指定评价机构或评价者进行评价，从而最终裁定教材评价结果。”[④]

此外，有些学者还总结了教科书评价应该坚持的其他原则，比如客观性和有效性原则；[⑤]质性评价为主，不要轻易打分，坚持评价目标的多维性和整体性、评价主体的多元化和沟通的原则；[⑥]坚持评价过程与目标统一、量化和质化的统一、外部评价和内部评价的统一；[⑦]还有评价指标要符合目的性、全面性、层次

---

① 丁朝蓬，孙新. 以评价贯穿教科书发展过程：我国中小学教科书发展机制探讨［J］. 课程·教材·教法，2011（4）：40–45.

② 高凌飚. 关于教材评价体系的建议［J］. 全球教育展望，2002（4）：46–50.

③ 高凌飚. 关于教材评价体系的建议［J］. 全球教育展望，2002（4）：46–50.

④ 高凌飚. 关于教材评价体系的建议［J］. 全球教育展望，2002（4）：46–50.

⑤ 高凌飚. 关于教材评价体系的建议［J］. 全球教育展望，2002（4）：46–50.

⑥ 王帅，雷实. 探讨教材评价，促进教材发展：全国九年义务教育语文新教材学术研讨会综述［J］. 语文建设，2005（12）：10–13.

⑦ 胡晶君. 关于教材评价的一些思考［J］. 广东教育，2003（6）：45–46.

性、科学性、可比性、可操作性等原则。[①]

二、教科书评价的基本维度

（一）政治质量维度：符合国家主流价值观的教科书

教科书评价的重要维度是政治质量上的把控，任何教科书都必须接受政治标准的审定与评价。教科书不是一般文本，其教诲性非常突出，意识形态之眼盯得很紧。[②]教科书是一种独特的文本，是一种准法定的文本，它应该具备某些掌控它的组织或统治阶层的特定质量要求，应该具备某些意识形态评价标准。这是一个强制性的标准，是最起码的质量要求，它直接决定了教科书能否成为有生命力的教科书。达不到这一基本的质量标准与评价标准，教科书就会“胎死腹中”，就无法成为教科书，因为它不能进入学校、进入课堂。俄罗斯历史教科书的命运就是最有说服力的证据（见第222页，专栏5　俄罗斯历史教科书的命运）。

主流社会之所以对教科书的意识形态质量或所谓的思想性质量格外关注，是因为统治阶层的身份文化、主流的文化思想、伦理价值等一切意识形态的东西，只有进入了课本，才算真正的普及，才有可能被全面认同。从历史上看，任何社会的统治阶级都会将其认可的价值理念和规范当作是正确的、合理的、合法的知识写进教科书里，让学生接受并内化它们。这些知识如果组织官方渠道去宣传、去贯彻落实，即便是不遗余力地宣传和贯彻，仍然不一定能被认可，充其量作为一种声音而已，但如果进入了教科书，就不一样了。这样，学校教育、教科书使下一代习得了社会的基本的政治态度、规范与价值，完成了意识形态社会化的任务。

（二）学科质量维度：确保教科书的科学性

教科书的依托之一是学科，学科的体系与结构影响并限制了教科书的边界，所以教科书应该从学科层面评价，检验教科书的科学性。特别是在科学家、学科专家和学科教师的眼里，教科书质量标准涉及其内容是否具有科学性，是否有科学性错误，是否反映了科学发展的新进展、新观念，相关学科内容是否相互联系、协调，教科书是否有利于养成学生的科学素养等。教科书的科学性即教科书

---

① 李佳. 高中物理教科书评价指标体系构建研究［D］. 重庆：西南大学，2011.

② 石鸥，刘学利. 教科书文本内容的构成［J］. 教育学术月刊，2013（5）：77-82.

内容的正确性、真理性，这是对教科书的首要的要求。被选入教科书的内容，一般来讲必须要有充分的事实依据，是经实践检验无可争辩的事实和理论，它们是现代科学中比较稳定的、具有发展性的基础知识。此外教科书的选材还要体现时代特征，把现代科学的最新成果引入教科书，使未来人才的知识结构适应社会发展的需要。[①]如果达不到这些起码的质量标准，就会出现所谓的常识性、科学性错误。它们往往会被视为教科书的"硬伤"。

教科书的科学性，体现在它的知识内容的正确性上。作为传授知识的主要工具，教科书可以传播经典学科的知识，也可以传播发展中学科和新兴学科的知识。但不论哪种知识，其基本内容必须具有科学性。教科书的科学性还体现在内部各部分之间的组织编排上。教科书载录的知识是一个相对完整而严密的系统，其内容应该按照知识本身的逻辑结构和教学原则来安排，[②]当然，也要服从学生身心发展规律。

教科书的科学性，体现在它的知识内容的设计能鼓励学生通过科学探究来获得知识，即既要关注内容上的科学，也要关注形式上的科学。教科书除了是科学知识的传播载体，更要在编写理念和原则以及内容设计上体现科学素养的培养要求，使对科学知识的学习成为对学生思维的训练和科学精神的启蒙，培养学生的理性思维、实验探究论证的意义，以及大胆质疑和追求真理的勇气等素质。仅仅给学生呈现正确无误的内容，然后要学生识记的教科书并不能算作高质量的教科书。学生只有真正经历了科学探究的过程，并通过亲自探究来获得（或部分获得）知识，才能产生学习知识的兴趣并发展核心素养。教科书的科学性就是要追求让学生经历科学探究中的部分或全部环节，这些环节包括提出科学问题、进行猜想和假设、制订计划与行动方案、收集事实与证据、对结果进行解释、检验自己的结论、表达与交流等。如果内容正确，且能够使学生通过科学探究来获得内容、发展素养，那就是教科书科学性的高水平体现了。

应当指出，科学性的重要表现之一虽然是内容上要正确无误，但并不意味着不分对象、不分学习阶段，单纯地追求严密。要知道，严格、严密是相对的。对于某一概念或规律，从初中阶段的定性说明、简单地定量，到高中阶段的定量表

---

① 柳海民. 教育学［M］. 北京：中央广播电视大学出版社，2006：184.

② 王继坤. 现代阅读学教程［M］. 青岛：青岛海洋大学出版社，1999：294.

述，内容的深度和严格的程度显然是不同的，但必须都是正确的。[①]

（三）教学质量维度：有利于教和学的教科书

“教科书作为教与学的特殊文本，具有其特有的便于教和便于学的特性，这一特性是保证教科书成为教科书的根本。”[②]“教科书的教学性主要是指教科书的内容与教学目标的吻合程度、与课程标准的吻合程度，以及内容的编排、表述对教学的影响程度。”[③]教科书文本作为教学的重要材料与工具，与一般文本最重要的区别是它具有引领教师的教和学生的学的作用，它本身是在教和学中实现的。教科书的基本功能是教学，“教学性”是教科书的本质特征和第一要素，是教科书研制的首要价值取向。[④]不论是教科书的编写理念、框架结构、内容容量，还是教科书的难度、范围，以及语言文字表达和版面设计等，都要考虑教科书的可教学性问题，诸如选材是否切合学生兴趣，容量和难度是否符合学生心身特点，活动设计、个性化学习机会是否有利于激发学生的自主学习积极性等。站在教师和学生的评价立场上，高质量的教科书必须有利于教和学。是否有利于教和学涉及教师和学生两方面，从教师一方来看，关键是教科书使教师感到好用。这里重点分析有关学生一方的评价，看教科书如何有利于学生的学。

1. 教科书要激发学生的学习兴趣与积极性

评价教科书在教学质量维度的最显著的标准，是看它能否调动学生的学习兴趣，能否激发学生的学习，是否有利于学习方法的获得，是否有利于知识以外的包括情感态度、价值观的发展。通俗一点说，就看教科书能否使学生乐学、会学。

曾经有人随机将我国大陆和台湾地区的某个版本的语文教科书进行对比，结论是大陆教科书优于台湾教科书，理由是大陆教科书的选材都是最美的作品，是前无古人后无来者的作品，比如“春”这一单元的内容有朱自清的《春》及达

---

① 阎金铎，段金梅，续佩君，等. 物理教学论［M］. 南京：江苏教育出版社，1991：56.

② 李新，石鸥. 教学性作为教科书的根本属性及实践路径［J］. 课程·教材·教法，2016（8）：25-29.

③ 孔凡哲. 教科书质量研究方法的探索：以义务教育数学课程标准实验教科书为例［M］. 北京：人民教育出版社，2008：302.

④ 曾天山. 教材论［M］. 南昌：江西教育出版社，1997：14.

到其同等高度的课文，而台湾版的教科书则不完全如此，有些作品显然达不到朱自清的《春》的高度。其实，这是把教科书与散文集、诗歌集等同看待的结果，是一种片面的认识。我们很多时候站在政治家、文学家、史学家、数学家等的立场评价教科书，其实，我们更要站在教育家的立场评价教科书。教科书不是散文集、杂文集，也不是历史学专著、数学专著，更不是政治宣传书、道德说教手册。最精美的散文、诗歌不一定是最理想的课文，否则我们何不直接以散文集、诗歌集代替教科书？把教科书看作美文组成的书本是非常片面的。前无古人、后无来者的作品可敬可叹，但对学生而言，往往是高不可攀、永不可及的作品。学生们看到的全部是朱自清《春》一类的作品，结果呢？看看朱自清的《春》，再看看自己写的"春"的作文，几乎就没有写作的勇气了，于是，学生们的任务就成了教师所要求的——背记精美的范文。背了足够多的范文，就能考出好的写作成绩，结果是出现越来越多的假作文，越来越多的写作有范文框架的影子，创新性越来越少，个性化写作越来越少。如此教育，如此教科书，怎么可能培养出文学大师？台湾地区的这一教科书，既有朱自清的《春》为经典范文，也有相对平凡一点、普通一点的作品，但给学生的鼓舞意义很大，让学生觉得写作并非高不可攀、不可企及——这就是教科书的最大目标：鼓励学生大胆地写、勇敢地写——写作就是把自己的所见所闻、所经历的感受如实地写出来，有血有肉地写出来，并逐步写好。从理论上讲，最有教育价值的作品才是好作品，最有教育价值的教科书，才是高质量的教科书。

2. 教科书要确保文字优美且有特色

如前所述，教科书文本的一大独特性表现是文字，既有对文字优美的追求，更有文字声响的意义。教科书研制者应该是语言文字的大家，是文字处理的专家。教科书评价应该关注教科书文本的文字表达水平和表达特征。

多数文本不一定是也不要求是适合读出声来的作品，而如果是受欢迎的高质量教科书文本，尤其在低学段，它就一定是能够读出声来的作品。确切地讲，教科书是有声响的文本，教科书文本的这一特性使得文本的可读性转变为可朗读性，要便于朗读。好的教科书应该具备音韵美。所谓音韵美，即便于朗读。按近代启蒙教材的重要编撰者陈子褒的观点，好的教科书要"使童子有耳顺之乐”。[1]耳顺之乐就是悦耳，就是朗朗上口。悦耳、朗朗上口可以是押韵的，是韵语韵文，是诗歌童谣；也可以不押韵，不是歌谣，但一定有音韵美，是铿锵有声的。声响也是力量。教科书有点像音乐（中国古代的教材，很多不是读出来的，而是唱出来的，即便到了近代，清末有些号称唱歌教科书的文本，也没有乐谱，而是靠吟唱和诵读。在冯友兰晚年的回忆录里，记录了当时诵唱张之洞的《张相国新撰唱歌教科书》的情形：“我们这些小孩也学唱这个歌，其实也无所谓唱，因为本来没有谱子，只要大声念，再把腔拉长一点，就算是唱了。”[2]），音韵美直接影响教科书质量……梳理一下最经久不衰的，或最能够被学生记住的课文，其必要特质之一就是它的音韵美。“让暴风雨来得更猛烈些吧”“下雨了，下吧下吧，我要开花”等，对学生们而言，对几十年后长大成人的学生们而言，之所以能够脱口而出，与其说是因为其内涵深刻，不如说是因为其言辞声响的魅力。随机问一下今天不同年龄层的人，他们记得最熟的课文一定是那些音韵感很强的课文。

可以说，好的教科书是关于朗读声响的艺术。所以，从事教科书评价的人，应该高度注意教科书语言文字的表达，包括声调、节奏。

3. 教科书文本要力求通俗易懂

好的教科书应该通俗易懂。仅有音韵美、仅仅朗朗上口还是不够的，如果内容深奥难懂，还是达不到最佳教育效果。比如旧时的《三字经》《百家姓》，一般意义上的朗朗上口做到了，但因为内容艰深，除了少数学生悟性强或遇上好教师或自己成长后逐渐体会到其核心意义外，很多学生当时甚至终生没有理解这些内容，跟着先生糊里糊涂地读，糊里糊涂地喊，也糊里糊涂地告别学堂。学生们创作的关于此类教材的恶作剧童谣就是典型例证。如对《百家姓》，学生们把它变成“赵钱孙李，隔壁打米”“周吴郑王，偷来换糖”；如把《三字经》变成“人之初，性本善，烟袋锅子炒鸡蛋”；把《论语》“君不君，臣不臣，父不父，子不子”篡改为“君不君，程咬金，沉不沉，大火轮，浮不浮，大豆腐；紫不紫，大茄子”。学童们对传统教材的反感可见一斑。[3]萧乾回忆儿时在私塾

① 陈子褒. 陈子褒先生教育遗议［M］. 桂林：广西师范大学出版社，2012：21.
② 冯友兰. 三松堂自序［M］.北京：人民出版社，2008：7-8.
③ 张梦倩. 中国传统童谣研究［M］. 太原：山西教育出版社，2012：296.

受教育："每个学生面前都摊着一本四书，好像解闷似的，从早到晚我们就扯着喉咙唱着经文。……老师动不动就用烟袋锅子敲我的脑袋，板子也越打越重。说是'大学''中庸'，打得屁股哼哼。"[①]袁枚《随园诗话》中有一首诗："漆黑茅柴屋半间，猪窝牛圈浴锅连，牧童八九纵横坐，天地玄黄喊一年。""天地玄黄"是《千字文》的开篇语，意指传统的教材。胡适也为此深感困惑："《千字文》上的'天地玄黄，宇宙洪荒'，我从五岁时读起，现在做了十年大学教授，还不懂得这八个字究竟说的是什么。"[②]可见，教科书仅有音韵美是远远不够的。

教科书文本既应该是世界上最高贵的文本，也应该是世界上最浅近的文本。教科书文本直接指向懵懂未开的孩子，为的也是孩子。据此，它所需要的不一定是最华丽的篇章、最深奥的哲理，而是最有利于孩子成长的东西，是通俗易懂、最能让孩子感悟的东西。即便是终极真理，是意识形态，是国家意志，也要以通俗易懂、可读性强的形式出现。通俗易懂的标准首先就是可理解度强、可读性强，可顺利阅读和理解。通俗易懂也可以用阅读和理解难易的程度来衡量。理解越困难，可读性越低，就离通俗易懂越远。

要让教科书通俗易懂，就应该优先呈现与生活、与社会实际结合的内容，就应该把主流价值观融入学生能见、能闻、能亲历的内容中。要让教科书通俗易懂，就应该尽可能使用多数学生容易理解的表达方式，能用"激光"的不要用"镭射"，能用"卖"的不用"鬻"，能用"暖"的不用"燠"，能用简写的不用繁写。[③]教科书的伟大使命并不是单纯地去教学生终极真理，而是用最能够深入心灵的方式让学生感悟终极真理，而教育工作者的伟大使命是要使这世界上最高贵的文本，成为世界上最浅近的文本。这也是教科书评价的重要使命。

（四）物理质量维度：印制质量高的教科书

这是指教科书的外在形式质量。一般而言，教科书的质量主要从内在质量和外在质量两个维度来评判，前者主要涉及教科书文本内容，如前文所述的政治质量、学科质量、教学质量等，而后者主要涉及教科书的外在的物理属性的质量，主要体

---

① 辅仁大学校友会编委会. 风云录［M］. 北京：北京师范大学出版社，1985：129–130.

② 胡适. 慈幼的观念［M］//欧阳哲生. 胡适文集：第4卷. 北京：大学出版社，1998：644.

③ 石鸥，廖巍. 音韵、通俗、针对性：教科书特色三要素——由陈子褒课本看教科书特色［J］. 教育学术月刊，2015（7）：100–105.

现在教科书的出版特性或制作质量上。教科书并不是文字的简单堆砌，而是具有生命力的物质载体。在“以人为本”的教育方针下，我们在编制教科书时不仅要做到教育内容符合学生的身心发展要求，也要考虑教科书的物理属性对学生身心发展的影响，全面提高教科书从内到外的质量，真正做到“以学生发展为本”。

教科书的物理质量维度涉及教科书的工艺水平和编辑水平，包括校对水平、插图质量、文字字体、纸张因素、封面封底、版式设计、开本大小、装帧水平、色彩视觉和坚固程度等。一般指标包括图画文字搭配合适、纸质良好、印制美观、坚固耐用等。[①]

笔者认为，教科书的物理质量维度，主要涉及教科书的版面设计、插图选取与图文匹配、纸张选择、装帧与外观方面的质量。

1. 版面设计

教科书评价不能只看书中的课文在语言上多么流畅，课文的呈现方式也是重要因素。这就涉及排版问题，排版的目的在于用最好的方式呈现所有课文和插图。教科书的版面设计是读者和书籍之间视觉传达的桥梁，版面设计的质量直接影响到阅读的舒适性。字体、字号、字间距与行间距、版面留白、页码等都是版面设计的一部分，它们的呈现形式直接决定着教科书形式质量的高低。

字体、字号。字体是教科书设计的最基本的元素之一。教科书可读性的要求导致舍弃一些字体样式（尽管它们有比较强的审美性，但可能引发一些阅读上的问题）。低年级教科书最好不要使用花哨的字体样式，外语中尤其如此。汉字中以宋体、楷体、仿宋体和黑体作为主要的印刷字体，又因为宋体字具有横平竖直、笔画硬挺、字形方正、对称均衡的特点，使得其成为一般情况下所有字体中比较适合印刷的字体。教科书中的字体选择，一贯秉持简洁清楚、兼具美感的原则。我国2014年颁布、2015年正式实施的《中小学教科书卫生要求》中对教科书中的正文用字作了具体规定：[②]小学一、二年级教科书以使用正楷体为主；小学三、四年级教科书以使用正楷体和书宋体为主，且由正楷体逐渐过渡到书宋体；

---

① 见台湾教育事务主管部门2003年发布的《中小学九年一贯课程教科书评鉴指标》。

② 中华人民共和国国家标准GB/T 17227—2014《中小学教科书卫生要求》由中华人民共和国国家卫生和计划生育委员会与中国国家标准化管理委员会2014年联合发布，2015年1月1日实施，代替GB/T 17227—1998《中小学生教科书卫生标准》。

其他各年级教科书则以书宋体为主。但这也不能绝对化，“标准”只是说以正楷体和书宋体为主，字体的使用还有研究的空间，比如高年级教科书，字体的优美可以考虑，又比如美术、书法类教科书，当然可以在字体上有所变化。清末至民国初年的一些教科书，仅仅字体一项，就让读者有美的享受，特别是封面，都是名家手书，让人爱不释手。

就字号而言，因字号大小与学生视力发育直接相关，且字号越小，学生看书越需要专注，故不同年级学生的教科书对字号大小的要求也各不相同。根据中华人民共和国国家标准《中小学教科书卫生要求》，小学一、二年级教科书应使用2~3号字；小学三、四年级教科书应使用3~4号字；其他各年级教科书应使用小4号字；高中理科教科书也可使用5号字。[①]

各字号尺寸（按字体大小顺序排列）

字号	高 /mm	宽 /mm
2 号	7.37	7.37
3 号	5.62	5.62
4 号	4.91	4.91
小 4 号	4.20	4.20
5 号	3.68	3.68

字间距与行间距。字间距指一组文字、字母或数字之间相互间隔的距离，行间距则指每两行文字之间的距离。教科书中在安排字间距和行间距时，首先要考虑的是使其符合学生的视觉生理发育规律，提升视觉美感位居其后。字间距愈大，每行字数就会愈少，学生阅读每行时眼球转动的次数也愈少，在一定程度上有利于保护学生视力。同理，行间距越紧密越容易给学生造成阅读压迫感，且容易造成学生对题目的遗漏，故教科书文字间距不宜过小，且低年级学生比高年级学生的教科书的字间距和行间距要更大。目前我国虽然对字间距并没有作出具体

① 中华人民共和国国家标准GB/T 17227—2014《中小学教科书卫生要求》由中华人民共和国国家卫生和计划生育委员会与中国国家标准化管理委员会2014年联合发布，2015年1月1日实施，代替GB/T 17227—1998《中小学生教科书卫生标准》。

的规定，但我国的《中小学教科书卫生要求》和《中小学教科书幅面尺寸及版面通用要求》分别对行间距及不同版心规格的教科书的每面行数、每行字数进行了具体规定。就行间距而言，《中小学教科书卫生要求》规定小学一、二年级教科书不得低于5 mm；三、四年级教科书不得低于4 mm；其他各年级教科书不宜低于1.5 mm。关于不同版心规格教科书的每面行数和每行字数，《中小学教科书幅面尺寸及版面通用要求》也作了具体规定，各种幅面尺寸和类别以文字（不含少数民族文字和外文）为主的中小学教科书，每面行数和每行字数须符合其要求；以图为主的教科书及艺术、音乐、美术、外语等学科的教科书，版心规格也应符合其要求，但版面行数、每行字数不受限制；义务教育小学阶段教科书由于汉字上加注拼音和理科教科书由于文字叙述中涉及的公式、符号高于单个字符，造成版面行距加大的，行数可相应减少。

中小学教科书幅面尺寸及版面基本参数①

幅面尺寸代号	成品规格/mm	类别	版心规格/mm	字号	每面行数	每行字数
A5	148×210	a类	106×168	21P（2号） 16P（3号）	– 20	– 19
		b类	108×167	14P（4号）	22	22
		c类	106×164	12P（小4号）	25	25
		d类	107×166	10.5P（5号）	28	29
B5	169×239	a类	128×194	21P（2号） 16P（3号）	– 23	– 23
		b类	128×191	14P（4号）	25	26
		c类	128×190	12P（小4号）	29	30
		d类	129×196	10.5P（5号）	33	35
A4	210×297	c类	166×244	12P（小4号）	37	39

① 见中华人民共和国国家标准GB/T 18358—2009《中小学教科书幅面尺寸及版面通用要求》。

版面留白。也称版面空白，指印刷成品幅面中，除了图文印刷区域版心部分以外的空白部分，包括天头、地脚、订口和外切口四个留白区域。天头指的是版心上边到书页边缘的空白区域；地脚指版心下边到书页边缘的空白区域；订口指书页装订处至版心边缘的空白区域；外切口指书页与订口相对的裁切边至版心的边缘的空白区域。留白也要考虑内页文字排版的设计。

科学合理地设计教科书，使图文周围留出适当的页边空白，是保证教科书形式质量的重要因素之一。一方面，版面留白可以对教科书内容起到衬托作用——适当留白利于主次分明，使主体产生更加明晰的效果。没有适当留白，只有文字和图片的教科书毫无美感可言，更不会激发读者的阅读兴趣。另一方面，留白可以在一定程度上消除学生心理的紧张感，更能缓解其在阅读文字图片时带来的视觉疲劳。虽然学生常常不会注意到版面留白，但如果缺乏留白会让学生感觉不舒服，甚至产生不美好的阅读体验。且适当留白能使整个页面向四周舒展，避免学生在阅读教科书时产生拥挤感和局促感，在视觉上起到一定的缓冲作用，减轻视觉疲劳，给学生的眼睛留下宝贵的休息空间，让学生在愉悦中学习和阅读。留白还有利于学生记录自己的学习体会、感受，留批注等。基于此，国家有关部门作了相关规定，要求各种幅面尺寸的版心规格要符合《中小学教科书幅面尺寸及版面通用要求》的规定，且该要求的版心规格，适用于各类以文字为主的中小学教科书。以图为主的中小学教科书在设计时版心可大于该要求规定的尺寸，但订口、外切口、天头、地脚宽度不得小于7 mm。[①]采用分栏设计的教科书，应视学科特点合理分配栏宽，在达到便于学生学习的最佳视觉效果的前提下尽量提高版面利用率。分栏设计的教科书，版心范围以各栏的外侧边界为准。

在内页文字和插图间的排版设计上，也要考虑通透流畅，避免任何色彩、附注、符号标志的堆砌。

页码。页码是指书籍每一个页面上标明次序的号码或者其他数字。它是连接书籍各部分的纽带，也是教科书技术性支架的重要组成部分。它虽然是教科书中很小的“点”，但具有很强的实用价值。具体而言，主要表现在三方面：第一是便于统计教科书页数，可以让读者一目了然；第二是为读者检索提供便利，便于

---

① 见中华人民共和国国家标准GB/T 18358—2009《中小学教科书幅面尺寸及版面通用要求》。

快速查到想要查询的内容；第三是利于教科书装帧，可以有效避免出现顺序颠倒的装订失误。概言之，如果教科书中缺少页码，会给学生造成很大的阅读障碍，也就降低了教科书本身的意义与价值。

目前我国教科书页码一般位于版心外围角位置，在偶数页面上页码位于左下角，奇数页面位于右下角，呈对称方式。教科书作为传播知识的特殊文本，关涉家家户户，所以读者最多，也最被读者信赖甚至依赖，翻动书页频率也随之远高于其他文本，又因为义务教育阶段中小学教科书面向的教育对象是未成年的学生，教科书经常出现卷角现象，严重的时候甚至会磨损掉页码，给学生学习造成很大的阅读障碍。基于此，为了更好地发挥页码的检索和导读功能，教科书页码的位置最好不在版心的下角，而是考虑将位于版心下角的页码挪到版心的上角位置，也可置于版心外围下端中部。这样做，一方面可以避免因书籍卷角磨损页码的情况；另一方面，版心上角与下角都是学生阅读时最先映入眼帘的地方，进而可以提高学生的学习效率。虽然教科书中的页码看起来微不足道，但功能不小，是教科书设计中不可忽略的一部分，重视并改善它，对教科书效用的发挥，将有裨益。

2. 插图选取与图文匹配

插图一词源于拉丁文illustraio，为照亮之意，一般指安插在文字中间用以说明和强化文字内容的图画。教科书插图是根据内容选择或绘制而成、插在课文中的图画（照片），是教科书的有机组成部分，更有着超越正文内容的丰富教学意义。世界各国对教科书插图的形式、内容及其在教学中的作用进行了大量研究。结果证明，教科书插图在丰富教科书内涵、提高教科书质量、增强教育效果方面发挥了重要作用。[①]

首先，插图可以激发学生学习兴趣。插图是对教育内容的另外一种诠释，插图能让书本知识更直观，也让知识简单明了，让学生能更好地理解知识，所以插图的使用，不仅适当地降低了学习难度，也增加了课本的生动性，减少了课本的单调性，更能激发学生学习的兴趣和动力。其次，插图可以帮助学生以图引思、

① 曾天山. 国外关于教科书插图研究的述评［J］. 外国教育研究，1999（3）：20–23；陈娴，杨广军，杨欣. 浅谈外国教材插图的特点和功能：对美国STC初中四册科学教材插图的剖析［J］. 学科教育，2004（1）：45–49.

以图启智。插图可以将许多冗长的文字叙述变得具体直观，将知识化繁为简，使教科书降低难度，不仅有助于学生对基础知识的记忆，更有助于其对基本概念的理解。插图可以引导学生发掘图的内涵，寻找现象的实质，引导其思维向更高层次发展。在文本内容比较复杂且不易用语言表达时，插图可以进一步介绍或补充相关内容。以图的形式将文本内容和相关内容进行比较或解释，有助于学生厘清思路、提高学习效率。再次，插图具有美学价值，可以提高学生的审美感受能力。教科书中的插图是美育的重要教材，给学生美的启蒙、美的知识，并使之受到美的熏陶、获得美的享受，更产生鉴赏美的快感。最后，插图不是教科书的简单点缀，有的插图甚至是文字无法替代的，在一定程度上可以弥补教科书文字表达功能的不足。比如石鼓文、女书等，用文字是很难描述清楚的，而一旦使用插图，就比较好理解了。正如鲁迅所言："书籍的插画，原意是在装饰书籍、增加读者的兴趣的，但那力量，能补助文字之所不及，所以也是一种宣传画。"[①]

插图和文字的匹配很重要。要考虑字体样式和所占位置空间，也要考虑插图的位置。在教科书中标题或符号标志的位置要一致，且有讲究。因为读者的习惯是从左到右阅读的，他们的目光一开始就会习惯性地放在左边，所以标题和符号标志最好放在左上角以吸引其注意力。新语言学方法研究也确认了信息放在左边偏高的位置可以最容易被获取。插图不能太吸引学生的眼球，要为课文理解服务。有台湾设计者意欲设计所谓最漂亮的教科书插图，但没有得到足够的认可，就是因为教科书不等于绘本，不能不问目的地以图压倒文字。

作为教科书的重要组成部分，插图的水平常常影响着教科书的整体宣传效果，也是评价教材质量的重要标准之一。正如《爱丽丝梦游仙境》里所言，"如果没有了插画和对白，书又有什么用处？"[②]基于教科书插图的重要地位，教科书评价者在评价教科书时要注意以下三点：第一，教科书插图是否与教学目的、教学内容密切结合。最高境界是：插图一旦删去，学生就很难理解课文内容的插图。此时的插图是理解内容的主要甚至是唯一可行的途径，比如三星堆的青铜器

① 鲁迅."连环图画"辩护［M］//鲁迅.鲁迅全集：第五卷.北京：同心出版社，2014：15.

② 卡罗尔.爱丽丝漫游仙境［M］.呼和浩特：内蒙古出版社，2008：3.

面具、石鼓文等。第二，关注教科书插图的科学性。一般说来，教科书插图不允许画家完全自由创作，要受教材内容、教学要求、画面大小等限制。在数量上要分布合理、比例适当；质量上在与教学内容相符合的同时，又应兼具美感，图中也要适当留白。研究表明，绚丽的色彩或对比强烈的插图，如果放在离文字太近的地方，可能会刺激学生，干扰其注意主要文本。此外，太多的色彩如果在书页上大量出现的话，会影响审美上的和谐和可读性。研究发现，带有新奇内容的插图比带有普通内容的插图更吸引人，更能激发学生学习的积极性和主动性；幽默插图和卡通插图能使文本的阅读更有趣味性，对学生具有更大的吸引力；设计精美的彩色插图更能激发学生的学习动力，使得学习效果更佳。[①]第三，注重插图的时代性，适应新时代学生的认知兴趣。在插图形式上，随着计算机、网络等信息技术的迅猛发展，数字教科书将迎来自己的春天，与此对应，新兴的动态插图会成为数字教科书的时代新宠，插图中加入动态元素和特效将是大势所趋。

3. 纸张选择

目前教科书主要以纸质印刷品为主。纸张作为知识的承载物，其质量的高低直接影响着知识传递的有效性。教科书纸张选择主要涉及两个方面：第一是用纸颜色，传统观点认为纸张白度越高，字体相对会越清晰，也更有助于学习。实际上所谓纸张白度是指纸张表面对光线的反射量，即通过将纸张表面反射的光量与标准表面反射的光量进行比较而得出的一个比值，比值越高，纸张的白度水平就越高，但白度如果过高容易产生眩光，不利于学生的视力发展。在《中小学教科书卫生要求》中，对教科书用纸的白度进行了相关规定，要求教科书内文纸张亮（白）度宜在76.0%~79.0%范围内，最低不应低于70.0%，最高不应高于85.0%。第二是用纸重量，《中小学教科书卫生要求》规定单本小学教科书的重量不宜超过300 g，中学则不宜超过400 g。[②]基于此，又因倡导减负教育，兼具重量轻和保护环境等诸多优点的轻型纸已成为中小学教科书印刷用纸的主流，这应该成为教科书评价的常识。

---

① 李莉. 内地与香港初中中国历史教科书比较研究［M］. 武汉：华中科技大学出版社，2014：185.

② 见中华人民共和国国家标准GB/T 17227—2014《中小学教科书卫生要求》。

4. 装帧与外观

教科书的装帧与外观堪称教科书的外貌，精美与否影响着读者对其的初步印象，在一定程度上也关乎教科书的质量。教科书封面设计、装订形式等是装帧与外观的主要表现形式。

封面设计。封面设计是一种造型艺术，但在创作上又不同于一般绘画，编者不能仅仅依靠自己对社会的认知和个人纯粹的生活感受或审美感受进行独立创作。封面的构思、形象、色彩、表现手法等，要能够吸引读者，增加读者的阅读兴趣；同时，封面设计要反映教科书的主题，通过生动形象的图案感染读者，帮助读者更好地理解书的思想内容。一般而言，封面设计的构思主要遵循两个途径，其一是纯粹作为一本书的精美装帧，追求图案化的效果，封面的形象多多少少会暗示该书的内容；其二是以高度概括的手法，把书的内容具体化、形象化，直接诠释书籍主题，教科书的封面设计经常采用这种方式。

装订形式。教科书作为知识传播的主要工具，已经成为每个孩子学习生活中必不可少的一部分，所以教科书的装订是否实用结实，也是需要评价的细节之一。在《中小学教科书用纸、印制质量要求和检验方法》中，把装订形式分为胶粘装订和骑马订装两类。[①]骑马订是在成品的中央书脊处，装订2~3枚针钉或像缝纫机那样踩线穿线，使整个印件固定，然后将装订边之外的三边进行修切，形成书册形式的印刷品。无线胶粘装订是目前比较常用的装订方式，胶粘装订中又分为热胶（EVA）、冷胶（PVA）、PUR胶粘装订，国内目前最常用的是热熔胶装工艺。书店中销售的图书，大多都是无线胶粘装订，就是利用胶把书页粘在一起。

在中小学教科书出现的所有印装质量问题中，教科书的装订质量往往占据了大部分。而教科书出现的掉页、散页等装订质量问题，直接影响着学生的学习效率和状态，从而让教科书的教育质量大打折扣。因此，为了进一步改进教科书的装订质量，让学生拥有一本完整美观而坚固的教科书，装订形式是教科书评价必须注意的重要细节。

---

① 见中华人民共和国国家标准GB / T 18359—2009《中小学教科书用纸、印制质量要求和检验方法》，中华人民共和国国家质量监督检验检疫总局与中国国家标准化管理委员会2009年7月16日联合发布，2009年12月1日实施代替GB / T 18359—2001。

三、教科书评价方法

教科书的评价方法有时候与教科书的研究方法重叠，有些方法既是教科书的研究方法，也是教科书的评价方法。严格来说，评价本质上也是一种研究。关于教科书的研究方法，这里主要从评价维度简要介绍。

有学者对“教材评价方法”作了如此定义：“所谓教材评价方法，是指在一定理论支撑下的包含一整套规范化的研究程序和研究步骤的专门用于评价教材质量的科学体系。”[①]相较于传统教科书评价的主观性和随意性强的印象评价，教科书评价方法正日益走向系统性和科学性之路。

评价方法一般可以分为定量评价和定性评价。教科书评价首先要对评价指标进行测量，然后再对收集到的数据作出判断，而测量的方法可分为定量和定性。教科书的定量评价即对数据进行量化处理。所谓“量化”即“用数量形式表示评价结果的一种方式”。[②]从认识世界的角度上讲，“定量研究通常遵循某种实证主义的理念，假设在个人感觉和信念之外，独立存在着稳定的单一的社会现实”。由于教科书的复杂性等特点，使得对它及其使用效果的定量测量造成困难，这也与“长期以来人们对教育现象的定量测量持怀疑态度和畏难情绪”有关。导致在教科书评价上，出现运用方法“质化有余，量化不足”的现象。[③]

“定性研究则更多基于建构主义的理想，假设个人和集体通过对相同情况的感知和观点，可以对多样化的现实进行社会化建构。”[④]两者相比较，定性评价“具有注重整体、过程和意义的特点，但往往从主观经验出发，缺少客观数据的支撑，研究结果可推广性较差；量化评价以实证研究为基础，具有系统、客观、高效的特点，数据可统计分析，操作程序相对固定，能够保证研究结果的客观

---

① 刘晶. 近十年我国基础教育教材评价研究述评［J］. 内蒙古教育（基教版），2012（2）：4–6.

② 林崇德，姜璐，王德胜. 中国成人教育百科全书·心理·教育［M］. 海口：南海出版公司，1994：353.

③ 孔凡哲，王郢. 提升教师教科书评价意识保障教科书质量［J］. 教育理论与实践，2006（19）：58–62.

④ 麦克米伦，舒马赫. 教育研究：基于实证的探究［M］. 曾天山，等译. 北京：教育科学出版社，2013：13.

性，但往往缺乏灵活性和对数据的深入挖掘”。[①]国外教科书评价的发展经历了强调定性评价，强调定量评价，再到定量和定性评价相结合的过程。因为两者各自特点不同，优势互补，更多时候可在评价活动中综合运用。

“评价方式方法的选择，要根据评价的目的和评价的对象等多方面的因素来确定，尽管评价方法对一个成功的评价是十分重要的，但只能根据实际的需要来选择合适的评价方法，要克服那种过于追求评价方式和手段复杂化的心态。在进行评价时，既要注意利用定量评价手段，也要注意利用定性评价手段。如果只采用定量评价，那些课程教材中大量的人文方面的资源，像德育这样具有非数量性特征的内容，就有可能排除在课程教材评价目标之外，这是一种巨大的缺陷和损失。”[②]很明显，评价方法并非是一成不变的，“由于评价目的、评价主体以及评价阶段的不同，教材评价方法亦不尽相同”。[③]有学者指出，因教科书的各个环节评价主体和评价任务的不同，可采用的评价方法也不尽相同。在以学科专家和教育理论专家为主要评价主体的教科书试用前阶段，侧重于对教科书内容及其呈现形式的评价，主要采用文件分析法、插图评价法、综合分析法等；在以教师和学生为主要评价主体的教科书小范围试用阶段，侧重对教科书的动态评价，主要采用审核表法、实验评价法、问卷调查法、学生评价法等；在教科书的推广阶段，侧重对教科书使用效果的跟踪评价，主要采用访谈法、观察法和问卷调查法等。[④]

目前教科书评价方法中使用比较多的一些具体实施的方法，有内容分析法、访谈法、观察法、评价指标体系法、[⑤]专家咨询法、问卷调查法、模糊综合评价

---

① 王晓丽. 国外教材评价：基本特征、发展趋势及启示［J］. 课程·教材·教法，2016（9）：108.

② 柯严. 要重视对课程教材评价的研究：全国中小学课程教材评价研讨会综述［J］. 课程·教材·教法，1996（3）：10–12.

③ 罗儒国，刘佳. 我国教材评价研究的回顾与展望［J］. 教师教育学报，2017，4（4）：76–83.

④ 王小莎. 教科书评价流程之探究［J］. 当代教育科学，2010（7）：43–46.

⑤ 高凌飚，张廷凯. 基础教育教材评价理论与工具［M］. 北京：人民教育出版社，2002：18.

法等。[1]在未来的教科书评价与建设中，需要“注意统一性与灵活性相结合，终结性评价与形成性评价相结合，宏观评价与微观评价相结合，单本教材评价与全套教材评价相结合，知识评价与能力评价相结合，认知因素评价与非认知因素评价相结合，实验评价与专家评价相结合”。[2]

专栏5 俄罗斯历史教科书的命运

2003年12月2日，俄罗斯教育部部长弗拉基米尔·菲利波夫“根据俄教育部联邦级专家委员会的意见”，正式签署了取消《20世纪祖国历史》教科书作为学校教科书的资格的命令。这意味着该书不能再作为教科书进入学校使用。这一事件被俄罗斯媒体称之为“20世纪祖国历史教科书风波”。

苏联解体后，俄罗斯改变了实行统一教科书的做法，由教育部审核认定多套教科书，各校从中自行选定和使用，《20世纪祖国历史》教科书就是其中的一种。该教科书于1993年出版，分上、下两卷。出版后颇受欢迎，当年就发行使用10万册，1994年发行量更是达到20万册。此书修订再版续写了7次，通过了教育部的审定，得到教育部的教科书资格的认可，被作为教科书使用。

2003年被取消的这套《20世纪祖国历史》教科书，其资格是在2001年6月获得俄罗斯教育部认定的。该套教科书内容包括了20世纪俄罗斯的全部历史，一直到2000年普京执政之后。书中涉及车臣战争以及普京整顿媒体、打击寡头等治国之策。教科书内容超越了传统的观点，也不拘泥于传统的历史介绍。教科书在形式上也有其特点，编排比较灵活，书中多用启发式提问，所提问题多由老师和学生们自己去思考、去寻找答案，甚至还运用了幽默讽刺笑话。正因为如此，该教科书受到了教师和学生的欢迎。[3]

---

① 钟作慈，张杰. 关于中小学教材评价标准的初步研究［J］. 教育学报，2005（4）：46–50.

② 靳玉乐，王洪席. 十年教材建设：成就、问题及建议［J］. 课程·教材·教法，2012（1）：12–16.

③ 王桂香. 普京与“20世纪祖国历史教科书风波”，《二〇〇三年岁末文集》中国社科院东欧中亚研究所［EB/OL］.［2019–11–12］. http://euroasia.cssn.cn/xsyj/xsyj_sls/201101/t20110105_1784881.shtml.

对于颇受师生欢迎的《20世纪祖国历史》教科书被取消资格，总得有个说法。对此，教育部部长弗拉基米尔·菲利波夫表示，该教科书给人的印象是俄罗斯历史上没有什么光明时刻，没有什么好的地方。副部长维·博洛托夫也批评这套教科书："只要仔细翻阅一下该套教科书，就不难发现它对俄罗斯历史、对当代是抱有成见的，所引用的资料也是有偏见的。"

教科书编撰者则认为，该书被取消资格的真实原因是书中列举了俄罗斯著名的政论家、新闻媒体批评家的观点和其他党派领袖的观点，他们指责了普京总统搞独裁统治，认为"俄罗斯发生了国家体制上的转变"，"建立了普京的个人权力体制，普京正实行独裁专制"，2001年俄罗斯国家体制"已经是警察体制了"。

如此大胆的对现任领袖的批评，教科书的命运是可想而知的。

2003年11月25日，普京走访了俄罗斯国家图书馆，与史学界工作者们进行了面对面的交谈。交谈中普京明确表示反对把教科书政治化（这是很具反讽意味的），他指出"学校和高校的教科书不应成为新的政治和意识形态斗争的平台""历史教科书应该叙述历史事实，培养年青一代对自己祖国和祖国历史的自豪感"。[①]普京还说："告别意识形态垄断是我们的巨大成就。但是，我们也不能滑向另一个极端。几年前史学界工作者们偏重于强调俄罗斯历史的消极一面，这是由当时摧毁旧的体制的任务所决定的，而现今一切都发生了变化，当前的主要任务是建设国家，所以必须剔除这些年积淀下来的糟粕和泡沫。"普京的这番话被媒体普遍理解为是整顿文化教育领域的风向标。

几天后《20世纪祖国历史》教科书即被取消资格。

大部分教师对这套教科书持认同态度。尽管许多人都认为该套教科书并不是不可争辩的，其观点也值得商榷，但它有自己的特色，因此还是主张保留其教科书资格，认为没有必要封杀它。一些教师强调："孩子们不仅应当了解'总路线'，还应当了解反对派和旁观者的观点。否则我们便教不会他们思考！"

同时，也有不少人严厉批评了该教科书，认为其写黑暗面太多。主张在孩子们的教科书中应多谈积极因素，既要承认过去的错误，但也不要让孩子们感到过去生活得不好，"必须让孩子们为自己国家感到自豪"。俄罗斯科学院官方表态

---

① 朱可辛. 普京之治［M］. 北京：中共中央党校出版社，2007：85.

支持普京，站在批评教科书的立场："历史教科书应当促进社会团结，培养学生的爱国主义情感和公民觉悟。"①

当年12月底，在回答对普京关于教科书的讲话有何看法时，该教科书编撰者多卢茨基引用了19世纪俄国宗教哲学家恰达耶夫关于爱国主义的说法："我无法缄默地闭上双眼去爱祖国，我有义务说出痛苦的真相，因为我看到了这样的痛苦的真相。"他还引用了托洛茨基的话："不要把对祖国的爱与对现任领导人的爱混为一谈。"不过，即便讲出如此强硬的话，教科书编撰者多卢茨基最后还是明确表示同意修改，删掉有关车臣战争、叶利钦总统离去和普京出任总统的章节。②

《20世纪祖国历史》教科书被封杀，原因是教科书应该突出而没有突出俄罗斯民族的伟大。"取消"是态度、是评价，昭示了教科书在意识形态质量上达不到起码的标准，昭示了教科书没有起码的政治质量。

第三节　教科书评价方案和指标体系

教科书评价要从不同的属性和特点对教科书进行描述和评判，指出其优点和有待改进的地方。长效的、完善的评价机制可以不断完善教科书，推进教科书质量不断提高。而有效的评价依赖的是科学的评价方案和指标体系的设计，换言之，评价不能仅仅依赖专家个人经验，要避免个人的主观盲目性和随意性，也不能被动地接受教科书出版社的介绍，在商业宣传面前丧失应有的判断力。评价必须有扎实的理论支撑，有明确的目的性，是基于客观事实的价值判断，要依赖于系统设计的评价指标来提取信息，这样才能有效地从教科书的表象和特征中提取出有价值的判断依据，从而保证教科书评价的科学性、可靠性和具有足够的说服力。

---

① 陆南泉，黄宗良. 苏联真相：对101个重要问题的思考（下）[M]. 北京：新华出版社，2010：1497–1503.

② 王桂香. 普京："封杀"历史教科书？[J]. 世界知识，2004（3）：41–42.

一、教科书评价方案

教科书评价有赖于教科书评价方案的设计和实施。教科书评价方案要具备理论性、整体性和可操作性，[①]要对评价目的、评价主体、评价的方式方法、评价进度等相关方面作出具体的阐述和周密的部署。所有这些，都是为了明确方案"评价什么""谁来评价""如何评价"等基本问题。一般来说，评价方案应该包括以下几个部分。

1. 理论根据

评价方案要有科学的理论支撑，保证评价的科学性、有效性。目前，教育学、测量学、心理学、社会学、文化学等研究领域成果丰富，这些研究成果能够为分析教科书提供独特的理论根据，有利于从某个角度认识和评价教科书，也使教科书评价更加"有理可依"。历史的经验也能为评价提供许多参考依据，我国百年教科书的发展史研究已经积累起深厚的、可供借鉴的文献基础。从整体来看，教科书理论研究主要从方法、目的两个方面为评价探寻可遵循的路径或框架。在方法层面，研究多借助质性研究、量化研究、质量学等学科和领域的经验；对目的的研究则较多依赖对课程标准背后的教育教学理念、心理学、社会学、文化学等领域进行价值分析。

2. 评价目的

"评估是为作出某项决定做准备"的，[②]为了作出某一决定——这就是评价的目的，例如，审定人员要决定出版部门呈交的教科书是否达到要求、是否通过审定，编者要根据教师试用情况来决定是否改进难度或容量等，这些都可成为某项教科书评价的目的。所以，教科书评价方案须有明确的目的指向。而评价指标体系要以评价目的为核心，向外拓展细分出具体化的评价指标，在结构上体现"方法—目的"的整体逻辑框架。评价目的明确，但如果方法不到位，就不会产生科学合理的论断，评价目的无法有效达成。反过来，如果已经具备先进且完备的评价方法和工具，但目的却含混不清，甚至评价目的缺失，也会让评价行为变得没有方向，没有关注点或聚焦点。一些研究对量化方法推崇备至，频繁使用数

---

① 钟启泉. 现代课程论［M］. 上海：上海教育出版社，2015：308.

② 热拉尔，罗日叶. 为了学习的教科书：编写、评估和使用［M］. 汪凌，周振平，译. 上海：华东师范大学出版社，2009：122.

字、方程或者模型说话，美其名曰“科学合理的方法”，实际上正在使评价变得复杂，离最初的目的也越来越远。[①]还有一些研究，一开始就摆出一套指标体系，却对这套指标体系的适用范围语焉不详。

3. 评价范围

评价方案须明确要评价的教科书的版本、科目、年级，或者具体到教科书的某一属性（如作业设计、内容编排、插图设计等）。按照评价方案的适用范围，可以把方案分成以下几类：适用于教科书一般属性的总体性评价方案；适用于某一学科教科书的专门的评价方案；适用于教科书某些特殊属性的专门的评价方案。

4. 评价主体

评价方案要明确各阶段的评价主体和工作分工。关于评价主体，前文已经有专门分析，这里不再赘述。

5. 评价指标体系

评价方案要包含科学且具有可操作性的评价工具，而合理的指标体系是完成评价的理想工具。教科书评价指标体系一般采取分指标评估计分、综合评价的方式来设计。目前很多的教科书评价方案都设计了相应的指标体系，指标体系设计的科学与否将是整个评价方案的关键。指标体系主要用来搜集、提取评价教科书的信息，信息搜集要具有三大特征：恰当性、有效性、可信性。[②]另外，所制定的教科书评价标准应该是明确指向目的的，[③]还要关注评价指标的可操作性、外显性等问题。[④]

6. 评价方式和方法

教科书评价方案应该提倡多样化评价方法的应用，综合各种方法的优势寻找

---

① 柯严. 要重视对课程教材评价的研究：全国中小学课程教材评价研讨会综述［J］. 课程·教材·教法，1996（3）：10–12.

② 热拉尔，罗日叶. 为了学习的教科书：编写、评估和使用［M］. 汪凌，周振平，译. 上海：华东师范大学出版社，2009：122.

③ 方红峰. 论教材选用视野中的教科书评价［J］. 课程·教材·教法，2003（7）：19–24.

④ 孔凡哲，王郢. 提升教师教科书评价意识保障教科书质量［J］. 教育理论与实践，2006（19）：58–62.

适合具体问题情境的评价路径。教科书评价方案要鼓励质性评价与量化评价相结合，既要采纳量化评价的直观、有迹可循，也要坚持质性评价对问题探求的深入。在具体的操作方法上，主要有文本分析法，如有必要还可使用观察法、访谈法、问卷调查法、专家咨询法、统计学方法等。

7. 评价的实施流程

评价方案应该考虑和规定评价的实施流程。评价的流程规定了评价具体实施过程，以保证评价过程中各阶段按时、保质保量地完成预定评价任务，使评价工作能够有条不紊地向前推进。不同的评价目的和任务，其流程也不尽相同，以台湾地区《九年一贯课程之教科书总评鉴：设计理念、能力指标与统整性——数学领域教科书评鉴报告》为例，其评价流程包括确立评鉴计划与目的、组织研究人员、进行内容评鉴、进行使用意见调查；访谈咨询、汇整与分析资料并撰写研究报告。[①]

有研究认为，一般评价包含以下实施流程：

①确定评价对象；②明确评价目标；③组织评价小组；④确定评价指标体系；⑤选择或设计评价方法；⑥选择和建立评价模型；⑦分析评价结果，撰写评价报告。[②]

8. 评价报告的撰写

评价方案还要注意到评价报告的撰写。评价的最后工作是根据收集的资料数据进行分析，并撰写研究报告。“评估报告是一份综合材料，它包括评估者收集的信息以及它所得出的结论，其目的是为作出决定提供依据”。[③]有教科书研究者提出了评价报告的示范性框架：

①引言；②优点；③有待提高的地方；④结论。[④]

---

① 游自达. 九年一贯课程之教科书总评鉴：设计理念、能力指标与统整性——数学领域教科书评鉴报告［EB/OL］.［2019-11-12］.http：// www.aci-taiwan.org.tw/pdf/paper/B2/2007-06.

② 杜栋，庞庆华，吴炎. 现代综合评价方法与案例精选［M］. 北京：清华大学出版社，2008：3.

③ 热拉尔，罗日叶. 为了学习的教科书：编写、评估和使用［M］. 汪凌，周振平，译. 上海：华东师范大学出版社，2009：327.

④ 热拉尔，罗日叶. 为了学习的教科书：编写、评估和使用［M］. 汪凌，周振平，译. 上海：华东师范大学出版社，2009：327.

二、教科书评价指标体系

如前文所述，高质量的评价需要科学且具有可操作性的评价工具，而合理的指标体系是完成评价的理想工具。教科书评价指标体系一般采取分指标评估计分、综合评价的方式来设计。目前很多的教科书评价研究方案都设计了相应的指标体系，指标体系设计的科学与否将是整个评价方案的关键。指标体系主要用来搜集、提取评价教科书的信息，它是信息采集的“抓手”，信息搜集要求具有“恰当性”（适切性）、“有效性”（效度）、“可信性”（信度）。[①]所制定的教科书评价指标应该是明确指向目的的，[②]还要关注评价指标的可操作性、外显性等问题。[③]

1. 评价指标与指标体系

什么是指标？指标是一种统计测量，指标是一种信号，指标是一种指引。具体地说，指标是一种具有指引性的测量分析工具，不但可以叙述外在表征或数量上的大小，也能反映抽象情意的程度，而对现状提供符合实际且其概括性的论述，用以衡量目标达成度，作为决策参考与制度发展的依据。[④]什么是指标体系？指标体系是全面反映某种事物、现象或过程的一系列相互联系的统计指标的全体，[⑤]是由反映评价对象某一方面特征的指标所构成的集合或整体。[⑥]指标体系的构建是把“评价标准具体化”的过程，但“体系”不是各类指标的简单排列。指标作为一个体系，要满足以下几个方面的要求：一是指标体系反映评价目的，体现评价标准的总原则；二是指标体系包含多个指标，并且是分层的，如一级指标、二级指标、三级指标等（具有完备性）；三是指标体系中各个指标在评价中与主体的关系不同，因此有权重上的差异；四是指标体系中各个指标具有约

---

① 热拉尔，罗日叶. 为了学习的教科书：编写、评估和使用［M］. 汪凌，周振平，译. 上海：华东师范大学出版社，2009：122.

② 方红峰. 论教材选用视野中的教科书评价［J］. 课程·教材·教法，2003（7）：19–24.

③ 孔凡哲，王郢. 提升教师教科书评价意识保障教科书质量［J］. 教育理论与实践，2006（19）：58–62.

④ 李佳. 高中物理教科书评价指标体系构建研究［D］. 重庆：西南大学，2011.

⑤ 周概容. 应用统计方法辞典［M］. 北京：中国统计出版社，1993：8.

⑥ 林崇德，姜璐，王德胜. 中国成人教育百科全书·心理·教育［M］. 海口：南海出版公司，1994：353.

束条件，如最低分值的要求；五是指标体系在逻辑上是自洽的，即各指标的划分是不重合的（独立性）、清晰的（外显性，详尽透彻并彼此排斥），各层次指标符合包含关系等。[①]除此之外，指标体系还应符合可测性、可接受性等原则。

2. 指标体系的设计

指标体系的设计主要包含以下工作：

①明确与确定评价目标；

②分解评价对象，提出初拟指标；

③筛选合并确定指标，可用德尔菲法（专家分析法）、调查统计法、聚类分析法等对初拟指标进行筛选合并；

④划分层次，筛选后内涵清楚的可作为一级指标，将一级指标进行分解、筛选得出二级指标，再将二级指标进行分解、筛选得出三级指标……直到可以测量，这样就形成了层次；

⑤构成集合，形成体系，按评价对象的逻辑结构将评价指标加以排列组合，构成集合，形成体系；

⑥给评价指标分配权数；

⑦在实践中不断修正指标体系。[②]

目前在指标体系的建构上，经常使用专家分析法。研究者根据评价目标的要求，充分借鉴既有的评价指标体系，依照要求用专家分析法等方法对指标作出修改、筛选和完善。专家分析法的优点是“能够充分发挥专家的作用，集思广益，准确性高”，缺点也很明显，即“缺少思想沟通交流，可能存在一定的主观片面性；易忽视少数人的意见，可能导致预测的结果偏离实际；存在组织者主观影响”。[③]用这一方法收集的观点局限于一小部分专家，并没有考虑广大教师和学生的意见。所以，如有必要，可以通过对教师和学生进行问卷调查的方式，对经专家咨询后拟定好的指标体系的效度进行检验。当指标体系最终确定下来后，要对各指标的重要程度进行区分，即赋权。权重的确定也可以用专家分析法来确

① 冯平. 评价论［M］. 上海：东方出版社，1995：113.

② 林崇德，姜璐，王德胜. 中国成人教育百科全书·心理·教育［M］. 海口：南海出版公司，1994：353.

③ 全国注册咨询工程师（投资）资格考试参考教材编写委员会. 项目决策分析与评价［M］. 北京：中国计划出版社，2012：52-53.

定，专家要对每个指标的重要程度作出回答，最后确定各级各类指标的权重。

不同的指标体系，在目标、设计理念和体系结构等方面表现出不同的特点。以下列举了几个有代表性的教科书指标体系，因为每个指标体系又包含多个层次，很复杂，在此只呈现它们的一级指标。

不同的指标体系

一级指标	一级指标数量	指标层级
1. 内容的维度；2. 思想文化内涵的维度；3. 心理发展规律维度；4. 编制水平的维度；5. 可行性维度；6. 特色与导向性维度[1]	6	3 级
1. 内容；2. 语言文字；3. 教学设计；4. 编印设计；5. 课堂使用[2]	5	2 级，第二级指标下又包含若干条说明，如 1 级“内容”、2 级“准确性”：资料及数据切题准确，概念正确扼要，概念之间联系清楚，范例和说明充足，并配合学生的经验
1. 教材目标；2. 材料内容的选择；3. 材料内容的组织；4. 材料内容的呈现和表达[3]	4	3 级 /4 级，有的一级指标包含 3 个层次，如“教材目标”；有的包含 4 个层次，如“教材内容的组织”
1. 内容分析（依学科不同）。如数学有 6 个基准（6 benchmarks）：数概念、数技能、几何概念、几何技能、代数曲线概念、代数方程概念。 2. 教学分析。7 个标准（7 criteria）：提供教学目的；考虑学生已有的观念；使学生接触科学现象；发展使用科学概念；促进学生对现象、经验和知识的思考；评定学习进步；改善科学学习的环境[4]	2	2 级
1. 教材的描述性特点；2. 目标性和合理性；3. 准备和衔接工作；4. 物理知识内容；5. 学习策略和教学策略。6. 评价[5]	6	2 级
1. 内容；2. 学与教；3. 组织编排；4. 语文；5. 编印设计（只适用于印刷课本）；6. 运用电子功能于学与教（只适用于电子课本）；7. 技术及功能要求（只适用于电子课本）[6]	7	2 级，第二级指标下又包含若干条说明，例如一级指标“内容”下第二级指标 C3 包含内容切合时宜、资料及数据适切准确、适当地标示资料来源

(续表)

一级指标	一级指标数量	指标层级
1. 数学一致性；2. 对错误、错觉和误解的处理；3. 数学任务和练习；4. 数学的表现；5. 技术的使用；6. 课堂之外；7. 评价和复习；8. 作为教育教师的教材；9. 教科书作者[7]	9	2级，第二级指标下包含若干条说明，如一级指标“数学一致性”下第三个二级指标：概念的呈现和进一步引申，以一种详细的、渐进的和符合逻辑的方式进行，要避免跳跃式的学习
数学：1. 教科书之设计理念；2. 与能力指标之符合程度；3. 教材之内容组织；4. 活动设计与取材方面[8]	4	2级，第二级指标下有若干说明，如一级指标“设计理念”下的第五条二级指标“多样性”：问题、情境、表征、解题历程等多样性
A：中学科学教科书 1. 物质外观；2. 内容；3. 内容结构；4. 可读性；5. 插图；6. 评估；7. 教科书使用的自主性。 B：小学教科书 1. 外观；2. 结构；3. 内容；4. 支架；5. 插图；6. 可读性[9]	A：7 B：6	A：3级 B：4级
1. 内容属性；2. 教学属性；3. 物理属性；4. 发行属性；5. 可读性；6. 社会价值[10]	6	2级

[1] 高凌飚. 基础教育教材评价体系的构建问题［J］. 华南师范大学学报（社会科学版），2002（6）：90–96.

[2] 方红峰. 论教材选用视野中的教科书评价［J］. 课程·教材·教法，2003（7）：19–24.

[3] 丁朝蓬. 教材评价指标体系的建立［J］. 课程·教材·教法，1998（7）：43–46.

[4] American Association for the Advancement of Science. Middle grades mathematics textbooks：a benchmarks–based evaluation［EB/OL］.［2019–11–12］. http://www.project2061.org./publications/textbook/mgmth/report/part1.htm，2000/2018.

[5] The Analysis of Curriculum Materials. University of Sussex Education Area Occasional［EB/OL］.［2019–11–12］. https://files.eric.ed.gov/fulltext/ED114353.pdf.

[6] 香港特别行政区政府教育局.优质课本基本原则［EB/OL］.［2019–11–13］http://www.edb.gov.hk/sc/curriculum–development/resource–support/textbook–info/GuidingPrinciples/index.html.

[7] NCETM. Mathematics Textbook Guidance［EB/OL］.［2019–11–13］. https://www.ncetm.org.uk/files/21383193/NCETM+Textbook+Guidance.pdf.

[8] 游自达. 九年一贯课程之教科书总评鉴：设计理念、能力指标与统整性——数学领域教科书评鉴报告［EB/OL］.［2019–11–12］.http://www.aci–taiwan.org.tw/pdf/paper/B2/2007–

06.

［9］热拉尔，罗日叶. 为了学习的教科书：编写、评估和使用［M］. 汪凌，周振平，译. 上海：华东师范大学出版社，2009：341–365.

［10］蓝顺德. 教科书政策与制度［M］. 台北：五南图书出版公司，2006：123–124.

我们可以得出若干启示：

第一，指标体系受评价目标的影响。评价指标体系因各自颁布的背景和目的差异而不同。比如，美国“2061计划”指标体系是为了评估学校使用的教科书是否符合“2061计划”的目标要求而设计的指标体系，这些要求具体体现在《科学素养的基准》和《国家科学教育标准》上。而“2061计划”是20世纪美国科学促进会联合美国科学院、联邦教育部等12个机构，面向21世纪启动的致力于科学知识普及和中小学数学及科学课程的长期改革计划。其中，数学教科书的评价目的是：帮助数学教育工作者更好地决定哪些中年级教科书能最有效地帮助学生提高数学成绩。这一评价的结果还可以帮助教育工作者更有效地使用教科书，找出可能需要的补充材料或工作人员发展的领域。①作为对指标体系认识的辅助性知识，“2061计划”评价工具对背景、目的、方法和过程都作了说明，以便于后来的评价者使用。

有一些教科书评价指标体系则是为了教科书选用设计的，比如为浙江各地区教材选用设计的指标体系。有研究认为，“教材的选用不是使用者被动接受某种教科书的过程。而是使用者根据当地实际情况，判断教科书满足当地需求的程度”。基于对教科书选用单位将逐步减少、选用权逐步下移趋势的考虑，该研究主张有必要设计专业的评价指标体系来辅助教科书的选用工作。②

还有一些评价指标体系的目的在于指导教科书规范编写及指导其质量的提升，比如，香港特别行政区政府教育局设计颁布的《优质课本基本原则》（2016年6月修订）特别指出该原则制定的背景：

为使学校课程能配合二十一世纪的教育目标，自课程改革以来，课程发展处

---

① American Association for the Advancement of Science Middle grades mathematics textbooks：a benchmarks–based evaluation［EB/OL］.［2019–11–12］. http://www.project2061.org./publications/textbook/mgmth/report/part1.htm，2000/2018.

② 方红峰. 论教材选用视野中的教科书评价［J］. 课程·教材·教法，2003（7）：19–24.

已全面检讨课程，并订定及推行了一个灵活开放的课程架构，冀能配合学生不同的需要。现时的课程架构旨在培养学生正面价值观和态度，协助学生学会学习及奠定终身学习的基础。课程更力求广阔而均衡，促进全方位学习、全人发展及共通能力的发展，以装备学生应付未来的挑战。[①]

该方案从七个方面对教科书编写设定了规范和基本要求，在香港教科书审定制的环境下，出版机构策划和编写教科书将“有迹可循”，从而避免了资金、人力和时间上的浪费。另外，香港特别行政区政府教育局还针对各科、各年级用书的特点制定了《课本编纂指引》，并专门制定了《课本编印设计基本原则》，从用纸、制色、油墨、印刷、字体、字形和词汇、封面印刷后期加工、订装等方面对教科书作出规范要求。

NCETM的《数学教科书指导手册》也是针对教科书（数学）编写制定的。NCETM的全称是“英国数学卓越教学中心”（National Centre for Excellence in the Teaching of Mathematics），它是独立的数学教学和科研服务机构，该机构旨在提高全英国的数学教学水平，提升学生对数学这一学科的兴趣，并为英国的各个阶段的数学教师提供高质量、已经验证有效的、专门针对数学学科的继续教育服务。2015年，NCETM发布了《数学教科书指导手册》。[②]手册主要是为英国中小学数学教科书编写者和出版人而编，同时也希望为教师所用——教师可以用来比较手头上教科书的优劣，从而决定购买哪一种教科书。

当然，有不少评价工具的出现并非出于教科书生产各环节的实际要求，而是单纯为教科书评价而制定，如英国的苏萨克斯教材分析方法，该方法是一种国际上较为流行的高中物理教科书评价方法。除此之外，还有相当一部分评价工具特别为教科书审定工作而制定。

第二，注重一级指标的完备性。所谓“完备”，主要是指“应该有的都有了”。[③]当一个对象具有完备性，即它不需要添加任何其他元素，也可称为完备

① 香港特别行政区政府教育局. 优质课本基本原则［EB/OL］.［2019-11-12］. http://www.edb.gov.hk/sc/curriculum-development/resource-support/textbook-info/GuidingPrinciples/index.html.

② NCETM. Mathematics Textbook Guidance［EB/OL］.［2019-11-12］. https://www.ncetm.org.uk/files /21383193/NCETM+Textbook+Guidance.pdf.

③ 倪文杰，张卫国，冀小军. 现代汉语辞海［M］. 北京：人民中国出版社，1994：1121.

的或完全的。完备性也称完全性。教科书评价指标的趋完备性，是指根据评价目的，对评价对象特点分类进行测量和描述，并且力求使各个类别指标足以充分地涵盖评价目的要求，不缺少，不遗漏。从评价指标体系表来看，不同案例对指标的设计不尽相同。我们一般可以把指标大致分为教科书的内容、教科书的教学、教科书的物理属性三大类。指标名称不尽相同，有的方案还使用多个指标分目标来测量教科书内容，指标划分上比较细致，比如高凌飚的“内容的维度”“思想文化内涵的维度”等，虽然各有目标侧重，但同属内容部分；而“2061计划”的方案则仅用“内容分析”，由于“内容分析”指标的普遍意义，该方案一级指标“内容分析”之下的二级指标会因学科而不同。再比如丁朝蓬的四大指标“1. 教材目标；2. 材料内容的选择；3. 材料内容的组织；4. 材料内容的呈现和表达”，按照“2061计划”的分类以及我们的研究，指标1和指标2可以归为“内容”，而指标3和指标4可以归为“教学”，很难把指标3和指标4区别开来。总之，不同的指标体系的划分标准和维度不尽相同，但基本上都围绕内容、教学、物理属性来描述，当然也有指标体系与这三个部分存在出入，比如，“2061计划”就不涉及物理属性。台湾学者欧用生教授在其论文《加强教科书的评价和选择》中，开发了一套教科书评价指标体系，他主张按照教科书研制流程将一本教科书的属性细分为若干指标，然后再相应地选择使用合适的分析工具。欧用生将教科书评价的有效指标归纳为四项：物理属性、内容属性、使用属性和发行属性，主张通过这四个维度的指标体系评价教科书的质量内涵。[①]

我们很难说哪一指标体系的设计是最完备的，对于这个问题，只有结合评价目的来给出答案。但需要指出的是，如果评价指标过多、分得过细，评价就容易失去焦点，评价就存在分散化、偏离预期目标的危险。如果评价指标过少，指标就容易显得模糊，也不好操作，只能加大指标的层次，否则不易于测量和获取评价对象的各项特征。当然，指标数量不足也容易导致指标的完备性不足。

第三，指标的层级特点。一般的指标体系包含2~3个层级，也有4个层级的。按理说，最后一个层级的指标应该测量的是一个具体的、单个的问题，这样更方便指标评分，实际上部分指标体系在最后一个指标层之下还有若干条更为具体的

---

① 陈月茹. 中小学教科书改革研究［M］. 北京：教育科学出版社，2009：10.

说明，甚至出现了“等”字，这就让评分变得缺乏标准。当然，我们可以把这种做法看作减少指标层级、简化评价过程的一种方式，但考虑到评分赋值的可操作性，仍需要说清楚最后一层指标的评分指标和计分方法。一般来说，层级划分得越多，预示着指标划分得越细，每个指标采集评价信息就更准确，但也并不是层级越多越好，过于具体的评价指标将会使得评价信息失效或过于刻板。总之，评价指标体系的层级并没有一个普遍适用的值，要根据具体的评价目的和任务来确定层级数目。

最后需要说明的是，教科书评价指标体系是测量工具的一种，其测量的是教科书的质量，因此在研究的过程中需要对其系列技术要求，包括对其信效度进行检验。经过检验具备良好信效度的评价指标体系是教科书评价公平、科学的重要支撑。正因为“科学的评价过程和方法往往包含了大量技术性工作，我们国家的幅员如此之大，评价任务将相当繁重”，有人反对由一小批教材评审委员去进行教科书的审查，认为“他们将无法真正去做这些技术性的工作”。①

其实，教科书评价和审查既有联系，也有区别，二者不是一回事。评价需要系列技术要求，包括信度效度等，是一项更为技术化、工作量很大、工作时间比较长、涉及人员众多、结论相对精细化的活动，而审查则是相对简单、不太技术化、偏重宏观、工作量相对不大、时间短、涉及人员不多的宏观判断活动。

需要说明的是，不存在具有普遍适用性的评价指标体系，或者说“难建立一个统一的课程教材评价指标体系”，②评估框架多种多样，并不存在先天的优劣，③但这并不妨碍研究建立一个教科书评价的基本框架。依据这个基本的框架，人们可以根据评价目标的不同，从这个框架中提取、修改自己需要的指标，补充另外一些特殊的指标，来完成评价指标体系的设计。

三、教科书评价要关注的深层问题——隐性课程

在对教科书进行评价的过程中，特别要处理好的关系具体体现在两个方面：

---

① 高凌飚. 关于教材评价体系的建议［J］. 全球教育展望，2002（4）：46–50.

② 柯严. 要重视对课程教材评价的研究：全国中小学课程教材评价研讨会综述［J］. 课程·教材·教法，1996（3）：10–12.

③ 热拉尔，罗日叶. 为了学习的教科书：编写、评估和使用［M］. 汪凌，周振平，译. 上海：华东师范大学出版社，2009：318.

一是如何处置隐性课程，二是如何对待教科书内容的空无问题。后者前文已经详细分析了，下面将着重分析第一个关系。这和前面的评价内容不一样，那多是基本标准，是刚性标准，是教科书之所以成为教科书的标准，而隐性课程的处置涉及教科书的较高标准，所谓较高标准，是不指望所有的教科书都能够达到这一高度，只有那些高水平、高质量的优秀教科书才能够达到这一高度。

（一）教科书的隐性课程概述

我们要教、要学的正式安排的教科书内容是重要的，而我们未教却不知不觉学到的非正式的教科书内容也同样重要。这后一类内容就是我们要重点分析的潜在、隐性的教科书内容。对这些内容的处理，直接限制了教科书的质量高度。

隐性课程（hidden corriculum），又称隐蔽课程、潜在课程，与显性课程相对，美国学者杰克逊（P. W. Jackson）最早在1968年提出并系统研究，现已成为课程教学论、教育社会学、教育文化学等许多学科的研究对象。其实在更早以前，隐性课程的思想就已被人注意到了。早在20世纪初，著名教育家杜威就曾提出与隐性课程思想接近的概念“同时学习”。他认为，学生从“正式”学习中所学到的经验或知识只是一部分，在学习的同时还获得另一部分经验，主要是关于情、意方面的学习。这种学习，有时比“正式”的课程（如阅读、地理、历史）还重要，故他把这种学习称为“同时学习”。他还认为，学校所提供的课程，是经过编写、抽象化了的，从本质上说是静态的，是为生活做准备的。而生活是发展、变化的，今天所传授的知识或经验可能是以后不管用的，为了面对未来变动的社会，有关学习的态度、价值及信念往往是最需要的经验，如果能在正式学习的过程中，同时重视情、意学习，就可以更好地适应未来。[①]杜威的学生克伯屈在“同时学习”的基础上，又提出了“伴随学习”的概念。伴随学习就是指学生在正式学习的过程中，同时学习态度、理想、情感和兴趣。他认为学生的学习是有组织的整体，是思想与感情、生理与心理作用的整体活动。学生在“正式学习”“伴随学习”的同时，就构成了对学校课程、学校、教师、学生自身以及应付各种事情的态度等。可惜他们的这些思想在当时并未引起人们的足够重视，只是到了20世纪60年代中后期，人们才开始注意研究这个领域。[②]那么，究竟隐性

① 陈伯璋. 潜在课程研究［M］. 台北：五南图书出版公司，1985：72.

② 刘克兰. 教学论［M］. 重庆：西南师范大学出版社，1988：128–129.

课程指的是什么？它有什么特征？它主要表现在哪些方面？

1. 隐性课程内涵

学界对隐性课程有不同的认识与界说。我国教育学老前辈刘佛年教授认为，“通过整个学校的环境、气氛、学校的风气所施加给学生的影响起到教育作用的即隐性课程”。[①]国际著名教育家胡森在他主编的多卷本《简明国际教育百科全书》中专辟“隐性课程”条目，并解释为“那些在课程指导和学校政策方面不十分明确的部分，但却又是学校教育过程中不可缺少而行之有效的组成部分”。[②]有人将隐性课程分为物化与观念形态两类。物化形态包括校内建筑、环境美化与文化设施等；观念形态包括学校风气、集体舆论与心理氛围等。[③]

所谓隐性课程，指课内外间接的、内隐的教育影响因素。换言之，可把隐性课程看成是学生在学习情境中无意识地受到的各种教育影响。隐性课程是潜藏在课内外、校内外教育活动中的教育因素，是隐藏在有计划、有意识、有目的的教学过程和教育活动背后的非正式的影响因素，是涉及整个学校的环境、气氛、学校风气的潜在影响因素，更是涉及学校教育、家庭教育、社会教育的潜在影响因素。

教科书中的隐性课程是指教科书在实施中所产生的偶然的、无意的影响。教科书的正式教学中，虽然有明确的内容和要达到的目标，但实际上，学生在掌握明确规定的内容并达到其目标的过程中，同时还接受了在教科书学习中没有意识到的某些影响。这种影响便可看成是一种隐性课程，它对学生施加的作用是教科书编者未认识到、教师本人不清楚、学生自己也没有意识到的。

2. 隐性课程的特征

根据对隐性课程内涵及性质的分析，可以看出隐性课程的几个基本特征：

第一，潜在性或隐蔽性。它潜藏、隐蔽在显性的教科书内容之后，学生在进

---

① 刘佛年的话来自《关于教育改革中的几个问题：刘佛年同志在全国普通教育整体改革研讨会上的讲话（节录）》，摘自《基础教育》，2014年11卷第2期，第8页。原文最早刊登于《中学教育》1987年第3期，当时的题目是《关于当前教育改革中的几个问题》。

② HUSEN，POSTLETHWAITE. 简明国际教育百科全书·课程［M］. 江山野，等译. 北京：教育科学出版社，1991：92.

③ 董泽芳. 教育社会学［M］. 武汉：华中师范大学出版社，1990：258.

行学习时，不知不觉地接受它们的影响，而不带任何逆反性，不会产生任何被迫感。

第二，非预期性。隐性课程的影响往往是在潜移默化中进行的，是一种“润物细无声”的过程，因而教育者一般不能事先准确地估计或预料到，这就给教育者把握、利用和控制隐性课程的影响带来了相当大的困难，也给教师全面完成自己的教育教学任务增加了不可预料的障碍因素或干扰作用。国外有研究表明，许多历史教材与教学有促进民族中心主义的倾向。每一个民族都希望提高自己民族的尊严，然而完全真实的历史传播与教学又不能有效地做到这一点，于是不同的历史教材都倾向于将本民族提到很高的位置。这实际是历史教学这一显性教材中的隐性课程意义，该意义很可能潜在地、无意识地拔高了本民族而贬低了其他民族的历史，有可能激起民族间的冲突与对立。学生也就是在这种接受显性课程的正式教学中潜移默化地接受了民族中心主义的某些影响，[①]尽管教材中并没有明显的关于这方面的陈述。正因为这样，有人建议，历史教学的内容应提交国际委员会进行讨论，使之更中立、更符合事实。

第三，多样性。隐在教科书内容其后的隐性课程是丰富多样的，对学生的影响多种多样，从时间上、空间上，从一切可能的渠道包围着学生、“教育”着学生。

第四，双重性。从前几个特征可见，隐性课程的影响是丰富的、难以预料的，因而实际上既可能是积极的、对学生健康发展起促进作用的，也可能是消极的、起阻碍作用的。

隐形课程还具备其他一些特征。比如效果的积累性：隐性课程效果的产生是一个量变过程，不易察觉，需要经过较长时间的积累，才能产生质变性效果；迟效性：隐性课程效果的显现时间较长，量的积累需要经过较长时间才能取得显著效果的程度；稳定性：隐性课程效果既然是积累的、滞后的过程，也就具有相对稳定性，不易变化；持久性：隐性课程效果的保持时间较长，如果说有些显性课程内容考过就忘，但学生获得了隐性课程的影响后，他们的态度、人生观、价值观及行为方式等方面的变化有可能长期保持下去，甚至会影响他们一生。

---

① 石鸥. 教学别论［M］. 长沙：湖南教育出版社，1998：198.

（二）教科书中隐性课程的若干表现

从前文对隐性课程的性质、内涵与特征的分析可以想象到，隐性课程几乎存在于所有教科书之中。在一定程度上，对这类隐性课程的认识水平，影响教科书的质量，也影响对教科书的评价。

隐性课程影响应先从正式教科书内容的背后去寻找，比如历史教科书在宣传自己民族的伟大的同时，往往有意无意贬低了其他民族，有意无意突出了民族中心主义，有意无意歪曲了历史的本来面目，学生也在有意无意中本能地低看其他民族的历史与成就。历史教科书另一个重要的隐蔽信息是性别歧视。米尔斯推（Millstein）对美国学校的教科书进行了比较，发现这些教科书写的明显是“他的”历史，而不是“她的”的历史。社会上的性别偏见、对女性的不同程度的歧视，就这样不知不觉地通过我们“科学的”教学这一途径，得到更广泛的传播和加强。[①]

又比如，在思想品德课、语文课的教科书教学中，学生面对着许多仁人志士、贤者君子、英雄榜样、模范领袖，在学习他们的优秀感人事迹的同时，学生还将获得以下几个方面的隐性课程的影响：这些杰出人物绝大多数是男性；先进人物不但思想先进、行为感人，而且他们几乎都是完人，没有缺点、没有不足、没有私欲、没有杂念。于是，当社会大众一旦披露出英雄、领袖的某些再正常不过的“缺陷”时，我们的学生以及受过这种教育的人们一下子反应不过来、接受不了，感情上想不通，或者有一种受骗的感受，连带对教育产生逆反心理。可见，我们的学生以学英雄、学模范、学领袖为己任，而忽视了做普通公民的重要性，一旦他们做不了英雄，反过来连普通人也做不了。这是教育的一大不幸，但在教科书中没有明显地表现出来，它隐在后面发生作用。在这个意义上，人们的视线不但要集中在表面的、显性的教科书内容上，尤其还要集中在隐在后面的某些东西上。

再如，在号称最为科学、客观、中立的自然科学的教科书中，至少有以下教育影响隐在后面成为教育学生的隐性课程：第一，那些有名的科学家们都是天才，他们不犯错误，他们从小就显示出超常的智慧（看看教科书对牛顿、爱迪

---

① MEIGHAN R. A sociology of educating［M］. New York：Holt，Rinehart and Winston，1981：923.

生、瓦特等人小时候智慧超出常人的宣传）。这样，学生心里自然会想：他们成为科学家实属应该，这些人理应成为科学家，即杰出科学家几乎是天生的。第二，科学是分类分门的，科学已从生活中搬到了专门的实验室和教室，我们的生活、我们的家庭、我们的周围对学生来讲当然不是科学的范围。所以在科学考试中得满分的学生，在日常生活应用时不及格也就不难为情了，即科学是与生活脱节的，水不是生活中的水，而是物理中的水、化学中的水、地理中的水。

数学教科书中过多选用“一个水池，打开进水管，几个小时灌满，打开出水管，几个小时流完，进出水管同时打开，几个小时灌满”之类的例题，也许能较好完成其显性的知识教育，但可能对学生情感态度、价值观的培养起了不好的隐性教育作用，使学生觉得数学虽然了不起，能解各种复杂的问题，但数学是远离生活、远离真实社会的学科，数学家只研究不存在的问题。现实中的人通常不会把进水管、出水管同时打开来灌满水池，所以学生会认为数学是可教而不可亲、不可敬的学问。

教科书研制者为了使学生认识寓言这一文体，不断将“农夫与蛇”“中山狼的故事”“狐狸和乌鸦”“九色鹿”等内容选入课本，应该说用意是无可指责的，这些课文彰显寓言的经典性，但在让学生学得寓言、达到显性目的的同时，却也无意识地忽视了其他重要价值的培养，不知不觉地使学生丢失了信任、诚信、理解、宽容、关爱和博爱等品质。教科书虽不是故意如此，但确实实施了隐性教育。

另外，在对学校各科教科书的处置中，有些是必考科目、必考知识，有些是非考科目、非考知识，如数学、物理、化学、生物、地理是必考，必考科目中又有权重大小之分，如高考、中考要考的科目与知识，权重很高，而其他科目则权重很低，于是，这种处理本身就给学生、家长和教师以某种暗示：我们面对的知识世界，有的地位高、有的地位低、有的重要、有的不重要，因此有的需花大气力去教、去学，有的则随便应付就行了。事实表明，当前音乐、体育、美术教学、综合实践活动、情感态度价值观的培养、课外活动、科技活动等是不被人们所看重的。在这里教科书本身并不关键，关键在对它的处置态度给人们以某种暗示、某种启迪，引导人们或去重视它或不重视它，甚至于轻视它。教科书知识分等级的结果，是使得教师也分等级（教主要的必考科目的教师和教非考科目的教师在学校中的地位是不一样的），最终培养出来的学生也被分了等级（在必考科目中竞争成功者往往被认为是学业上的成功者，甚至被认为是未来事业上的成功者）。

教科书中的隐性课程比较突出地从对性别的不平等、城乡偏见、阶层差别等方面表现出来。

1. 教科书中的性别不平等

西方国家的教科书在20世纪70年代前还存在着严重的性别不平等现象。以美国为例，对16个出版社的134种小学初级读物的研究发现：以男性为主角的故事与以女性为主角的故事数量之比是5∶2；男性的传记数量是女性的6倍；故事中雄性动物是雌性动物数量的2倍。其他一些研究发现，在小学的社会研究、教学和拼写教材的插图中，女性形象只占31%。在中学的教科书中情形也大致如此，只是女性人物更少，她们所作的社会贡献更难引起注意。当女性出现在教科书中时，对她们的描写经常是刻板的。但是自20世纪70年代开始，西方学者们对教科书进行了性别歧视研究和分析，研究结果引起了社会各界的广泛关注。出版商在各界的压力特别是妇女运动和家长的压力下不得不考虑所出版的教科书和课外读物的性别公平问题。美国和其他一些发达国家的中小学教科书中的性别不平等现象开始改变，男女人物数量的比例、社会角色的多样性等都有了明显的改善。①

我国的中小学教科书也曾经长时期存在着严重的性别不平等现象，有人对人民教育出版社出版的全套小学全日制五年制语文课本（1988年第2版）和上海、浙江、北京、天津四省市联合编写出版的全套小学全日制六年制语文课本（1988年第3版）进行分析后发现，故事中男主角的数量明显比女主角多，其中前者达77.7%，后者占69.0%，而女主角所占比例分别只有13.2%、14.9%。故事的插图中的人物也是男多女少。职业人物中，除一年级外，男性的比例远远大于女性，男性所从事的职业更富有刺激性和创造性，更有声望，经济收入更高，而女性的职业则多数是辅助性的、体现情感色彩的。在能力方面，男性形象往往是知识渊博、能力高超、有远大理想的，而女性形象则无知、孤陋寡闻。在男女形象同时

---

① 吴增基，吴鹏森，苏振芳. 现代社会学［M］. 5版. 上海：上海人民出版社，2014：194.

出现的场景中，女性的能力更低下，需要男性角色的帮助、解答、纠正和总结。在性格方面，教科书将许多人类的优秀品德如吃苦耐劳、勇敢坚强、正直善良、团结友爱等集中到男性身上，而人类性格中的一些阴暗面如吝啬贪婪、心胸狭窄、凶狠等则多由女性角色承担。[①]而且进入20世纪90年代后期，这种情况没有得到明显改善。研究表明：无论是在人物角色上还是在人物类型上，都缺失女性的身影，女性所占篇幅及出现的次数、频率与男性相比悬殊较大。[②]史静寰教授主持的关于“性别与教材文化”的研究也得出，从男女两性的数量上，除幼儿园教材和中小学个别科目的教材外，各类教材当中的主角性别比例都是男性高于女性。教材中的男性和女性出现比例上的失衡，使学生尤其是女生缺乏积极的性别学习榜样，并潜移默化地影响了学生对于性别角色的感知和认识。[③]对六年制小学语文课本（1984年版和1988年版）的研究，[④]也得出了类似的结论。

中学语文教科书也同样存在严重的性别不平等现象。有学者对北京九年义务教育初中语文教科书1~4册及全国九年义务教育教科书初中5~6册进行研究，发现初中语文教科书内容几乎全是男性作者写成的，能辨认出性别的作者中男性占89.01%。男性主人公出场人数占绝对优势，出场形象也较女性更为光辉丰满。在教材内容方面，“男主外，女主内”等传统性别角色意识强烈，有对男女实行双重标准的信息，并且还存在性别歧视的语言。[⑤]对人教版语文教材和中学英语教科书的性别分析，[⑥]也有类似的发现。

由上述研究可以看出，我国的中小学教科书在20世纪八九十年代还存在比较严重的性别不平等现象。有人查阅了90年代后期义务教育五年制小学语文教科书

---

① 朱晓斌. 从我国三种小学语文课本看儿童性别角色的社会化：兼与美国一种阅读课本的比较［J］. 教育研究，1994（10）：52–57.

② 刘朝晖，周桂香，阳晴晴. 2003年人教版初中语文教材性别角色分析：基于1998年人教版初中语文教材研究结论的比较研究［J］. 课程·教材·教法，2008（9）：26–30.

③ 强海燕，郑新蓉. 女童教育公平与教育质量研究［M］. 北京：教育科学出版社，2013：15.

④ 金庆花. 中小学语文课本中的女性形象研究［M］// 史静寰.妇女教育. 长春：吉林教育出版社，2000：422–428.

⑤ 金庆花. 中小学语文课本中的女性形象研究［M］// 史静寰.妇女教育. 长春：吉林教育出版社，2000：430–434.

⑥ 曾天山. 论教材文化中的性别偏见［J］. 西北师大学报（社会科学版），1995（4）：34–39.

第8册（人民教育出版社1996年版），发现这个问题没有得到真正解决。该册教科书中，父亲的形象出现了三次：《白杨》《跳水》《落花生》，表现了父亲有责任感、为国家作贡献的崇高品质，以及在危急关头解决问题的能力、对孩子进行道德教育的睿智风度。而母亲要么根本缺席，要么附和父亲，点头称是。该册教科书中领袖人物有列宁和毛泽东，英雄人物有狼牙山五壮士、军需处长和董存瑞，名人有鲁迅、孙膑、齐白石，普通民众有挑山工。女性共出现了五次，其中有三个小女孩，一个善良、诚实，一个热爱自然，另一个讲究吃穿、不节约；唯一出现的女名人是林巧稚，可是未对她做任何介绍，只说她读中学时的地理课和生物课是如何上的；唯一出现的一个职业女性是一篇课后阅读文章中的清洁工。整本书中的人物插图中，主角全部是男性。其他学科的教科书也同样存在性别不平等的现象，如物理和化学教科书中经常出现拿着试管的男性的手臂，数学教科书中的应用题表述也常常是性别刻板化的。可以说，理科教科书与妇女和女孩的日常经历脱节，而且未对女科学家给予肯定。历史教科书的性别不平等更为明显。历史学习似乎多数时候都是关于男性战争史的学习，女性对历史发展的贡献被最小化处理。①

教科书中性别不平等的危害是不言而喻的。我国过去的中小学教科书实际上是在宣扬男权制社会的意识形态，起着向男权制的方向社会化的作用。它发挥作用的机制，一是塑造典型的性别气质，男性知识渊博、能力高超、独立自主、志向远大、顽强进取，女性则无知、温和美丽、寻求同情和保护，人类的优点被过多地赋予了男性。二是确立性别角色，把可以成就事业的公共领域安排给男性，而把家庭事务、子女养育以及一些地位较为低下的公共事务安排给女性；把报酬高的职位安排给男性，而把次等的、报酬低的职位安排给女性。②

2. 教科书中的城乡偏见

作为统一的教科书，对农村与城市往往有不同的反映，关于城市的内容明显多于农村生活的内容。就目前状况看，教科书的编审者基本上都生活在城市，由于他们的生活“前见”，在编审教科书时都以“城市化思维”来进行，即使他们

---

① 陈雨亭. 我国中小学教科书中性别不平等的社会学分析［J］. 当代教育科学，2003（3）：40-42，46.

② 赵树勤. 女性文化学［M］. 长沙：湖南师范大学出版社，2015：66.

在教科书中努力呈现了些许农村内容，这些内容也常被有意无意地赋予一定的城市化意蕴。①

有人比较分析了鄂教版与人教版语文教科书，发现二者都不同程度地表现出赞扬城市的美好、矮化农村形象等的特点：

教科书倾向于美化城市景物设施。两个版本的语文教科书多倾向于反映城市先进的公共设施和经济的繁荣发达。在人教版小学语文教科书中，以城市场景作为背景出现的课文共151篇，占课文总比例的33.9%。在鄂教版小学语文教科书中，以城市场景作为背景出现的课文有80篇，占课文总比例的28.5%。如在人教版小学语文教科书中直接描述城市景观的课文——二年级下册的课文《北京亮起来了》中，作者用大量笔墨描写了北京灯火辉煌的夜景，“长安街川流不息的汽车，灯光闪烁，就像银河般从天而降”“环形路上一座座立交桥，犹如道道彩虹”，课文中运用大量成语，如“金碧辉煌”“焕然一新”“五光十色”等描绘了首都夜景的美丽。人教版语文教科书三年级上册课文《香港，璀璨的明珠》描绘了香港是“万国市场”“美食天堂”以及“旅游胜地”，是“亚太地区的航运中心、贸易中心和金融中心”“内地的川菜、粤菜、东南亚的饮食一应俱全，游客们可以大饱口福”“每当夜幕降临，港湾里闪耀的灯光就像五颜六色的烟火，洒向人间”“高楼大厦的霓虹灯光彩夺目”，并在文末自豪地感叹香港“是我国南海之滨一颗璀璨无比的明珠”。鄂教版语文教科书六年级上册课文《北京欢迎你》选取杨澜申办2008年奥运会的陈述词，介绍了北京的故宫、天坛和万里长城，也将“城市里多样的影院、博物馆、购物中心”展露无遗。不少课文的价值观所体现出来的是大城市的美好与对大城市的向往。

教科书倾向于呈现城市娱乐活动。如鄂教版语文教科书一年级上册课文《明天要秋游》描绘城市学生利用课余生活参观自然风貌的有趣生活，人教版语文教科书二年级下册课文《动手做做看》、三年级下册课文《卖木雕的少年》等，都反映出城市人民生活的精彩。相较于城市学生，简单的生活方式让农村学生无法接触到大量、多样的生活事件和实践方式，他们生活的地方没有多彩的建筑，没有很好的语言环境，没有丰富的学习资源。教科书中的城市娱乐活动与农村学生

① 李祖祥.小学思想品德教科书研究［M］.长沙：湖南师范大学出版社，2014：160.

平日生存的环境格格不入，加大了农村教师的教学难度，使得教科书在农村的适应困难重重。

相较于教科书中城市插图的丰富与多样性，农村插图的选取也显得单调、乏味。这些价值观的暗示，都会在无形中培养学生对工业城市和现代化生活的无限向往——城市成了美好幸福生活的代名词，而农村则是落后、贫穷的象征，从而影响学生正确价值观念的形成。[①]

还有研究发现，从一些教科书的活动设计来看，其要求在城市很容易完成，但在农村学校却难以落实。诸如“公园”“社区”“博物馆”“展览馆”“科技馆”“少年宫”“图书馆”“实验室”“游泳馆”“旅游”“互联网”等是教科书活动设计中常见的活动载体，有的时候还会出现“网球”“高尔夫球场”等话题。这些活动设计在农村学校中很难实际展开，教师最多口头介绍一下，有时候连教师自己也说不清楚。

教科书中经常出现农村学生生活中陌生的城市或外来文化形态，如“超市”“贷款买房”“公积金”“麦当劳”“肯德基”“立交桥”“的士”“福利彩票”“股票”“证券投资”“NBA”等。这些概念造成了学生文化理解的障碍，经常使学生不知所云。而反映农村文化的内容则单一、呆板，无外乎是种树、种庄稼、养殖、捕鱼、灭虫害等劳动的内容，对于农村的休闲、娱乐、交往、习俗、仪式、日常生活等内容很少涉及。[②]

甚至许多小学数学教科书，在“单元主题图”、例题、课堂练习题、课后练习题、阶段性复习及其习题、学期总复习及其习题、实践与综合应用、专门栏目等编写中，其素材选取、插图绘制和活动设计等都不同程度地偏向城市。有研究发现人教版小学数学教科书注重为数学知识、数学问题创设数学情境，但数学情境的素材往往偏向城市，比如在低年级教科书中，设计练习让学生统计最喜欢的出行方式，题目所提供的选择是飞机、火车、轮船等，很多农村学生从未见过飞机、火车和轮船，这在很大程度上影响了农村学生对问题的数学化及解决。[③]

---

① 庞念. 教科书内容城乡倾向差异分析：以湖北省小学语文教科书为例［D］. 武汉：湖北大学，2014.

② 李长吉. 防止教科书对农村的遗忘［J］. 课程·教材·教法，2011（6）：23-28.

③ 宋运明. 小学数学教科书内容城市偏向问题探析［J］. 凯里学院学报，2013（3）：153-156.

上述教科书对农村的偏见或歧视是显而易见的，但又绝不是故意的，不是显性的内容安排的，不是教科书研制者的有意行为。教科书中隐含的价值观念，会导致学生学习的目的是摆脱农村、远离农村，影响学生正确价值观念的形成。[①]这就是隐性课程的特点和其复杂之处，必须高度警觉并具备较高的课程文化素养才能发现它们。教科书对隐性课程的处置水平直接与教科书质量水平相关。教科书评价不能不关注这一领域的潜在意义。

① 李长吉，肖欢. 教科书城市化倾向研究综述［J］. 当代教育与文化，2011（1）：72-76.

第六章

教科书基本制度

教科书基本制度是依据现代公共学校教育制度而形成的关于教科书政策及教科书完整系统的总称，主要指一个国家或地区在其教育体系内所规定的有关教科书的编撰、审查和选用的制度，其中以编、审制度为重点。[①]一般而言，教科书基本制度涉及从教科书开始编制到教科书使用结束的全过程，具体包括教科书的编写、审定、出版、发行、供应、选用、使用等各个环节，这里重点分析编写审查制度，这是教育学意义上最值得关注的制度部分。

第一节　教科书编审制度

教科书编审制度指的是教科书的编写与审查制度。编写制度指教科书的编写方面的有关规定，比如自由编写，即任何人都可以编撰教科书，不需要审核；有资历要求的编写，即不是任何人都可以编撰教科书，编撰教科书的人是有一定资格要求的；还有招投标性质的编写等。审查制度则指教科书文本完成后的审查审定方面的有关规定与政策。

编审制度是教科书制度中的重要一环，直接决定着教科书质量。按照编审权限维度划分，大体上可以将教科书编审制度分为国定制、审定制和自由制三种基本类型。具体而言，教科书国定制是指教科书由国家教育行政部门按照课程标准或教学大纲统一组织编写，适用于全国各地学校，各地和个人不得自行编辑出

① 石鸥，李卉君. 美国现行中小学教科书制度探究：以加利福尼亚州为例［J］. 湖南师范大学教育科学学报，2011（6）：5-9，56.

版教科书的制度。教科书审定制是指教科书可由民间编辑出版，但需经中央或地方教育行政部门根据所颁布的课程标准或教学大纲或其他特定标准审查合格后，各地学校方可使用的制度。而教科书自由制则是指教科书由民间自行编辑出版发行，供各学校自由选用，无须教育行政部门审查或认可的制度。由于受国情、政治体制、文化变迁、教育政策等因素的制约，不同国家（或地区）或同一国家（或地区）在不同时期所采用的教科书编审制度往往不同。同一时期往往并不是单一地执行某种制度，有时会是多种制度的混合。

一、教科书国定制

国定制又称统编制，是由国家教育行政部门根据课程标准或教学大纲或其他准则、纲要等，统一组织编写教科书，以供全国各地学校使用的制度。一般来讲，教科书国定制下，任何地区与个人不得再自行编写出版教科书，学校也不能再选用非国家指定的教科书。教科书国定制下的产物是统一教科书或国定本教科书，也叫通用教科书，俗称“一纲一本”或“一标一本”，即一个教学大纲或课程标准配一套教科书。

在教育发展史上，教科书国定制曾经是世界教科书体系的重要组成部分，朝鲜、苏联、墨西哥、印度等是典型的教科书国定制模式，瑞士、新西兰等国则部分实行教科书国定制，日本在第二次世界大战前曾实行教科书国定制。我国历史上也曾经多次（清末、民国时期）试图推进教科书国定制。

2017年全国小学和初中开始统一使用唯一的一套“语文、历史、道德与法治”三科部编本通用教科书。2019年秋季高中语文、思想政治、历史部编本教科书也开始投入使用，预计2022年前部编本教科书实现全覆盖。这样，就形成了“三科”教科书统编通用与其他学科教科书多样化并行局面。若从数量和种类而言，教科书多样化的大格局依然没有改变。这在2019年2月中共中央国务院印发的《中国教育现代化2035》目标中得到印证：“健全国家教材制度，统筹为主、统分结合、分类指导”，这里明确的目标是，“统筹为主”，不是统编为主。“统筹”就是顶层统一规划计划、通盘筹划谋划，不是统一编写，而且强调统分结合、分类指导。可见大格局的多样化的指导思想仍然没有变。

（一）教科书国定制的主要优点

一般认为，教科书国定制的主要优点，首先是更有利于国家的意识形态传播与宣传，特别是在非常时期，比如在抗日战争时期，国民党军队溃败、汪精卫之流的投降主张影响了不少人。此时，急需运用一切手段，清除消极情绪的不良影响，宣扬抗战救国的思想。在民族最危急的时刻，国民政府教育部实行教科书国定制。国定本教科书在消除杂音、宣传抗战、传播国家抗战主张、提升民族自信心方面是有积极作用的。国定本教科书作为传播国家主流意识形态的主要载体，积极宣传抗日，动员民众加入抗战大军；它们普及科学，传授抗战基本常识；它们统一思想，凝聚中华民族精神。正是这些国定本教科书，用教育塑造着理想、鼓舞着民族自信，为抗战胜利涂写了浓重的一笔，具有重要的时代价值。①

其次，教科书国定制有利于确保教科书的总体质量，不至于出现大的问题、大的质量失误。国定本教科书在知识的传递、文化的传承、学生身心的发展等方面有基本的保障，使用国定本教科书，能够整体上为教学质量提供最基础的保障，确保全局性的教学质量。

最后，教科书国定制能够最大限度调动教科书专业力量，使教科书从编写到出版使用的全过程都有可靠保障，包括最大限度地节约成本、提高经济效益，能够在一定程度上确保教科书文本从内容到形式上具备较高水平。

（二）教科书国定制的主要不足

教科书国定制也有着自身固有的局限性。教科书国定制的不足主要有以下几个方面：

第一，容易忽视区域的差异性与不同学生的不同需要，不利于不同学生的发展。在人口众多、各地发展不平衡的国家，其弊端尤为突出。首先，国定制教科书无法照顾到不同地区的特点。一套教科书无法很好地反映丰富而宝贵的地方知识与地方文化。由于教科书是面向全国发行的，若教科书实行国定制，则地方与学校毫无选择性，教科书必然会尽量照顾大多数地区，针对性不强，与地方的经济、文化缺乏联系。这导致教科书很难贴近各地区的实际生活，无法兼顾不同地区的个性化需求。世世代代生活在黄土高原上的学生，实在很难想象弯弯的小河和弯弯的小船；生活在大海边的学生很难想象戈壁滩。这对学生的学习和理解是非常不利的，对传统地方文化的传播也非常不利。其次，国定本教科书无法很好

---

① 张文，石鸥. 国定教科书：时代价值及其局限——从南京国民政府的国定教科书说起［J］. 河北师范大学学报（教育科学版），2016（6）：50-55.

地促进不同学生的发展需要。如果只有一本教科书、一套教科书，不论编者们如何努力，要想适应差别如此巨大的约十四亿人的教育，几乎是不可能的。永远没有最好的教科书，只有最适合的教科书。

不同发达程度的地方、不同条件的学校、不同水平和发展倾向的学生，对教科书的需求是不一样的，而这些不同也正是教科书多样与多元发展的生存土壤。一旦高度统一，只设一个版本，无法满足不同需求的问题就必然产生，反映到教育主管部门上，也就必然出现频繁的调整举措。即便如此，还是不能真正解决问题，于是屡遭教科书难度不适的责难。以科学性很强的物理为例，中华人民共和国成立前后的物理教科书，严济慈编写的版本难度比较大，适合升学者，戴运轨编写的版本则难度要小一些，适合一般学生，还有周寿昌编写的复兴物理教科书、江云清编写的《实用物理》，以及其他一些影响较小的物理教科书。这几种教科书从20世纪40年代开始使用，一直到50年代初期还在使用，比较适合不同学生的发展需要。但它们很快被以苏联版为蓝本的国定本物理教科书全部取代，全国统一使用一套教科书。于是，问题与不满就产生了。国定本物理教科书学术性强，难度大，适应性弱，于是教育部在1950年2月起草了《物理教材精简纲要》，首次调整教材教学。其后，中华人民共和国最早的教学大纲颁布（1952年），新的国定本教科书出版使用，但同样产生了一些问题。1954年7月教育部不得不再次颁布《关于颁发“精简中学物理、化学、生物等三科教学大纲（草案）和课本的指示”的通知》，要求删减1952年版物理教学大纲和教科书中艰深的和次要的内容，以减轻学生负担。据此，国定本教科书进行修改，但问题并没有解决，1955年教育部再次颁发《关于精简中学物理教学大纲（草案）和高中二、三年级物理课本的指示》，对国定本物理教科书再度精简。1956年6月教育部正式颁布了第二个物理教学大纲（修订草案），1954年的和1955年的指示文件停止使用。很快，物理教育和其他教育一样，步入“大跃进”时代。1958年“总路线”和中央“关于教育工作的指示”使物理教科书在编写内容的难度和量上有拔高的倾向。1958—1960年间，物理教科书由于过于联系生产实际等问题又降低了质量，因此，教育部决定重新由中央统一编写教科书。教科书刚投入使用，“文化大革命”开始了。“文化大革命”结束后，1978年的第一套过渡性物理教科书又存在深、难、重的问题，教育部采用的措施是把中学学制延长至六年，教材分五年制、六年制两个版本，但问题仍很突出。1982年出版新的国定本物理教科书，深、难、重问题依旧存在。教育部于1983年颁发了《关于颁发高中数学、物理、化学三科两种要求的教学纲要的通知》，针对相当多的学生学习负担过重等问题，实行两种教学要求：一是基本要求，内容减少、要求降低，使多数学生经过努力能够学得了；二是较高要求，仍基本保持以前水平。通知规定普通高中可按基本要求进行教学，首批设置的重点高中则可按较高要求的教学纲要进行教学。[①]依上述文件出版的高中物理教科书分甲、乙两种版本，甲种本供重点高中使用，乙种本供普通高中使用。本来这是一个良好的尝试和一种制度创新的开端，但很快两种版本的课本又被取消了，新创举开始不久就遗憾地终结了。1985年教育部的《调整初中物理教学要求的意见》要求进一步降低难度，减轻学生学习负担。到20世纪90年代，问题加剧，学生负担重的责难一波高过一波。可见，将近60年的岁月里，物理课教学内容的难与易、增与删一直交替进行。实事求是地说，这些寻求物理教科书内容难易的均衡的努力一直没有停歇过，但也一直没有解决问题，因为除了内容自身的特点外，内容的难或易与学生的物理学基础、个人兴趣爱好和教师的物理教学水平密切相关，来自不同的教师和学生的反应自然不同；站在科学家的立场和站在教师、学生的立场也不同，而这些因素是没有办法被克服的，除非使用有针对性的教科书。各主要学科基本上都存在与物理学科极为相似的问题。[②]

假如当时不是用强制手段统一使用一套教科书，假如克服过于分散的缺陷而不是用独尊一书的措施，假如采用更科学的手段（如强化审定、严格准入、及时评价、滚动淘汰等制度建设）来解决那些问题，也许就既能保证质量，又能够多样化，适应不同水平的学生。质量或高或低、难度或大或小的问题就不至于那么难解决了。历史虽不能改变，但留给后继者的思考是久远而深刻的。

第二，教科书国定制也不一定确保社会主流意识形态的有效传播。“教科书

---

① 国家教育委员会政策法规司. 中华人民共和国基础教育现行法规汇编［M］. 北京：北京师范大学出版社，1993：132.

② 石鸥，吴小鸥. 50年代初期大陆教科书统一制度的历史意义与现实教训［J］，教科书研究，2012，5（1）：27–45；张倩，黄毅英，石鸥. 教科书的使用：教师与教科书的互动关系研究——基于中国内地、香港和台湾数学教科书的调查与分析［J］. 华东师范大学学报（教育科学版），2018（1）：77–84，162–163.

是政治的产物，它必须按照国家制定的课程标准、教学大纲进行编写，除了传授专门知识和技能外，还负责传递甚至塑造国家意识形态。”[①]在某种意义上，教科书承担着“复制”、传播主流价值观与意识形态并使之合法化的重要责任。诚然，高度统一的教科书可以传播国家主流意识形态。但是，教科书不同于政治手册、不同于政治文件的最本质的地方是，它是教学用书，是课本，是能够潜移默化地传播某种理念、某种思想的，它的最大优势是效果久远，否则，干脆把政治人物的讲话、国家的文件编撰成册发给学生就够了（这自然简单，但效果肯定是一塌糊涂）。正因为这样，教科书一定要避免生硬地传授国家意志，一定要避免僵化地宣传意识形态，这就需要从全方位巧妙地体现国家意志、有效地传播主流意识形态和与之相适应的价值观。但国定本教科书的特点决定了其角度单一、形式固定、方法单调，只能从一个角度、一个侧面、一种方法、一种形式去传播国家意识形态，只能反映少数编者的认知水平和政治艺术，难以很好地从不同角度、用不同方式去解读和传播主流意识形态。而且，即便是国家意志、意识形态、主流文化，也有理解上的千差万别，也有不同的诉求。所以一套教科书是很难满足不同的政治诉求的。一旦允许教科书多样化的竞争，就有可能涌现出更好、更巧妙地传播国家意志的教科书，就有可能更有效地增进思想层面的共识，从不同版本中反映政治与意识形态的不同方面，满足不同诉求，从而达到既比较全面地体现主流价值观，又能够深远地影响学生的目的。

20世纪20年代末开始，国民党强制推进教科书国定制，只允许使用一套国家编撰的教科书，以为这样能够最好地传播其意识形态，能够最佳地实现其统治的长治久安。[②]他们没有认识到，恰是自己寄予厚望的国定本教科书未能有效实现其预期目标（唯有抗日战争时期，全民抗战的特殊时代背景推动了国定本教科书的有效实施——为了国家的安危、民族的兴亡，教科书国定制是能够被接受的，但如果为了其他目的而强制实施教科书国定制，从长远看，就可能事与愿违、适得其反）。教科书国定制意味着垄断，意味着缺乏竞争，最终只能导致单一化、

---

① 阿普尔，克丽斯蒂安-史密斯. 教科书政治学［M］. 侯定凯，译，上海：华东师范大学出版社，2005：320.

② 石鸥，李水平. 民国时期的一次高强度教科书控制［J］. 湖南师范大学教育科学学报，2014（2）:50-56.

模式化、僵化，教育效果越来越差，年轻人的逆反心态越来越严重。国民党用自己的垄断性质的教科书不断削弱自己的思想根基，不断引起人们对其的逆反心理，也不断地为自己树立被批判的靶子。教科书国定制严重偏离了预期目标。正是因为看到国定教科书的局限与弊端，看到它并不是传播意识形态的最佳教科书，国民党内部的一批有识之士基于拯救国民党、拯救国民政府的目的，也站出来坚决反对教科书国定制，如吴稚晖、胡适、任鸿隽等。可惜已经来不及了。[①]

第三，教科书国定制容易导致教科书市场的垄断。凡垄断，不可能有不断创新的终极动力和压力，即便主观上力求编撰最好的教科书。教科书是有思想性、科学性和教育性的一种特殊商品。既然教科书是商品，就必然要接受市场经济法则的考验，在市场竞争中优胜劣汰。实行教科书国定制，在某种程度上导致了教科书市场的利益垄断，这不利于教科书市场的竞争，长远来看会阻碍教科书质量的提高，不利于教科书多元化发展。因为即便这种教科书的编撰者有很高的觉悟，有持续努力的意志，但只要教科书垄断，只要意识到全社会必须要用其编撰的教科书，生存意义上的压力就没有了，危机感没有了，真正无休止地、如履薄冰地对待教科书、改善教科书的动力也就没有了。康德说过：“大自然的历史是由善开始的，因为它是上帝的创作；自由的历史则是由恶开始的，因为它是人的创作。”[②]那些最终完善人类的东西，一定是竞争（恶）的东西。由于竞争，人类就像树木一样终于获得了“美丽挺直的姿态”。[③]“在竞争消失的地方，必定出现腐败：当腐败在组织内部蔓延时，组织的创新精神就会枯竭；当腐败成为‘普遍腐败’时，社会的创新精神就会枯竭。”打破垄断，开放教科书市场，使之进行公平有效的竞争，使教科书出版商在竞争中求生存，在竞争中求发展，以此提高教科书的编写水准，让学校、教师和学生拥有更多的选择，以适应学生发展的需要，这是未来教科书发展的趋势。

第四，教科书国定制不利于教科书编撰队伍和研究力量的提升。因为只有一套教科书，而且是垄断的教科书，批评、反思都没有实质意义，反正不管水平如

---

① 石鸥. 弦诵之声：百年中国教科书的文化使命［M］. 长沙：湖南教育出版社，2019：204–206.

② 康德. 历史理性批判文集［M］. 何兆武，译，北京：商务印书馆，1990：68.

③ 康德. 历史理性批判文集［M］. 何兆武，译，北京：商务印书馆，1990：65.

何、质量高低，都必须使用这套教科书。编撰队伍锁定在一群人身上，研究者更是稀少，甚至不会有人去碰意义不大的教科书文本。这在一定程度上可以解释为什么在20世纪50年代以来相当长的一段时间里，我们的教科书编撰者队伍中难有大师，研究者队伍弱小，成果水平低下。而没有一支高水平的教科书研究队伍或评论队伍，不要指望教科书质量有本质的突破与发展。

第五，教科书国定制容易导致教师过度依赖教科书，并忽视课程标准。教科书国定制在很大程度上限制了教师专业成长空间，更限制了教学活动的生动性和多样化，使得教师容易依赖教科书，而少有心思去研究、选择教科书，更不会去钻研课程标准。从长远来看这不仅不利于教师的专业发展，也削弱了课程标准的权威性，更不利于学生的有效培养。

二、教科书审定制

教科书审定制是一种由出版机构和教育团体或个人根据课程标准或教学大纲或其他指南、纲要等准则编写教科书，由政府主管部门组织审查，合格后才准予出版发行，供各校选用的教科书编审制度。本质上教科书审定制必将是教科书多样化的结果，如果实行教科书国定制、垄断制，全国只能使用一套教科书，教科书的审定是没有实质意义的，仅仅是象征性的意义——因为结局是一目了然的：必须审定通过。

教科书审定制又分为认定制和选定制，认定制即指民间编辑出版的教科书经中央或地方教育行政部门许可或认可，由学校选取作教科书使用，这种制度以法国为典型，此外还有加拿大等国家实行；选定制指由中央或地方教育行政部门选定若干种民间编辑的教科书供学校采用。美国是较为典型的实行选定制的国家，在美国，教育权力由各州自行掌握，没有全国统一的教科书制度，因州而异，基本上以选定制为主，兼行认定制、自由制。在日本，审定制也叫检定制，就是指民间学者根据政府颁布的标准编写，然后政府部门按一定的标准对其完成的书稿进行审定，只有通过审查合格者，方可作为在学校中使用的教科书。

（一）教科书审定制的主要优点

教科书审定制的主要优点体现在以下几个方面。

第一，能够较好地适应地方和学生差异。教科书审定制的基础是尊重差异、正视现实，助推适应不同地方差异的多样化的教科书体系的形成，既反映地方特色的政治经济与文化，又有助于地方知识与本土文化的传承与传播，更能够为学生发展提供适合的教科书。

第二，能够充分调动社会资源参与教科书建设。将教育权归还社会，允许民间团体甚至个人编撰教科书，有利于调动社会、地方及学校编写教科书的积极性，有利于通过出版机构把广泛的社会资源（包括经济、人力、智慧资源）吸引到教科书建设中来，壮大教科书建设力量，通过竞争编写出数量足够、特点突出、适合不同地区和学生发展需要的教科书。

第三，教科书审定制有利于保障并提升教科书的质量。首先，教科书审定使得教科书市场成为一个竞争市场，竞争有利于质量的保障和提升。其次，教科书审定机制确保教科书符合国家规定的课程标准。教科书审定制作为用来保障教科书质量的一种制度管理手段，能够保证教科书符合国家规定的课程标准，从而有利于课程标准更好地贯彻和实行。因为符合课程标准，所以通过审定的教科书通常也符合学生的身心特点与认知规律，这也是衡量教科书质量的重要因素之一。最后，教科书审定制度能保障教科书的纸张、印刷、图表等基本质量符合各国规定。在国家有关教科书出版发行规定中，对于教科书的纸张、印刷、图表等基本的质量指标都有详细规定，但这些规定要落到实处，光靠出版发行部门的自觉能动性还不够。鉴于教科书在教育中的重要地位和作用，教科书这些基本质量指标是教科书审查的重要指标，对其严格审查更有利于教材质量的提高。

第四，教科书审定制弥补了国定制不足。国定制教科书一旦出现失误，其损失就是全局性的。如果实施教科书审定制，实行教科书多样化政策，则可以弥补这一缺陷。A套教科书失误的内容，也许B套教科书没有失误，甚至C套对此还有所强化。某套教科书缺失了某内容，但在另一套教科书中呈现了。最保守的说法是，损失不会是全局性的，只是局部的。

第五，教科书审定制有可能更加有效地保障国家意识形态与主流价值观在教科书中的落实。教科书审定制作为知识准入的重要环节，是知识准入过程的重要屏障，充分体现了国家的“社会控制”流程，促使教科书在内容与编写理念中深度体现主流意识形态，并从学校教育的角度维护支配阶层的根本利益。在教科书审定制的执行过程中，各个国家一般会筛选或剔除不符合国家意识形态的内容，以此来保证教科书知识政治方向的正确性。因此，教科书审定过程其实就是统治阶级“法定知识确认”的过程，也是教科书政治属性得以实现的根本保障。教科书审定制有利于确保教科书的思想性，有利于国家主流意识形态在学校教育中的贯彻和传承，对于提高人才培养质量、维护国家稳定有十分重要的意义。最重要的是，审定制下的教科书多样化，而且是竞争状态下的多样化，都会推动教科书从多角度、用多种方式尽可能有效地传播国家意识形态。体现国家意志的方法多种多样，不同年龄段的学生需要不同的方法，有些方法可能要优于其他方法，对于不同的学生（比如少数民族学生），有些表述可能要优于别的表述，对于不同区域的学生（比如大中城市和边远农村的学生），有些观点更需要以某些方式来表达。表达思想观念的形式之所以重要，是因为其产生的影响会大不一样。绝不能以为教科书里都是意识形态就高枕无忧了，也许全书都是意识形态的教科书对于学生而言仅仅是徒增负担的文本。

（二）教科书审定制的主要不足

教科书审定制在其发展过程中日益成熟和完善，但在实际的操作过程中也会存在一些问题。尽管每个国家关于教科书审定制的具体政策不尽相同，但普遍存在着教科书审定制规定不明、审定标准欠科学、问责制度欠缺、缺乏沟通交流等问题。

第一，审定制作为国家管理教科书的重要制度，一般为了考虑全国范围内的普适性，不会太具体，审查规则或标准较泛化，不利于对审查实践进行有效指导。

第二，虽然各国的教科书审定制对审定组织的人员的构成作了详细规定，但大都缺少对于某项审定环节出现差错的问责制度。这样一来，既对审查者自身的素养放松了要求，也很难保证审定组织成员在具体的审定工作当中对于审定工作的负责态度。审定者拥有决定一套教科书能否进入市场的权利，涉及巨大的经济利益。权利与义务相对，同时权利是滋生腐败问题的根源。如何保证教科书审定的公平、公正是关键。只有明确对审定工作的责任，才能更好地保证教科书审定者积极履行其义务，达到预防腐败问题、更加细致认真地履行职责的目的，同时也有利于在教科书审定工作出现问题后的及时修正与补救。教科书都是通过了审定的，如果出现问题，理论上是需要对审查专家进行问责的，不能把责任全部推给出版部门和编写者。

第三，教科书审定制必然导致教科书多样化，这实际涉及一个市场占有的问题，毕竟教科书也是商品。因此教科书市场也容易滋生腐败，出现违规竞争。所以，优化市场竞争、完善竞争规则是教科书审定制顺利推进的重要基础，需进行工作环节和衍生制度的建设。

第四，对于教科书审定制带来的教科书多样化，比如在区域内的集体备课、教学观摩、有针对性的备考、教学评比与竞赛以及考试评价等方面的影响，许多教师和教研员初期不大适应。这给教学研究或考试研究增加了工作难度。但这一问题的实质不在于审定制，而在于我国教学过于依赖教科书、忽视课程标准的传统。

第五，有人担心教科书审定制会放松意识形态标准，忽视对主流价值观的传播。也有人担心教科书多样化会导致教科书编撰人员水平参差不齐，从而导致教科书质量的下降等。

上述许多不足主要是监管和审定不严格、不科学造成的，并非教科书审定制本身带来的必然缺陷。如果监管和审定不力的话，就有可能导致教科书质量参差不齐，也有可能削弱意识形态的传播与主流价值观的落实，甚至可能导致教科书市场的无序竞争。而如果实行严格的监管、科学的审定标准、完整的问责机制、规范的市场准入制度、恰当的滚动淘汰机制，教科书审定制一定会避免前述不少缺陷，而且能够弥补国定制的不足，更好地实现对教育目的的追求。

目前世界上绝大多数国家实行教科书审定制，如日本、韩国、德国等国家都以审定制为主。当然有些国家在实施审定制的同时，还兼行其他制度，比如我国如今就兼行部分学科教科书的国定制。

我国从实行国定制到实行以审定制为主的教科书编审制度，经历了一个比较长的过程。20世纪50年代到60年代中期，我国基本实行教科书国定制。“文化大革命”期间，我国的教育事业基本处于一片混乱中。一直到1986年《中华人民共和国义务教育法》颁布实施，为了切实推行九年义务教育，教育部要求必须在统一基本要求的前提下，逐步实现教科书的多样化，以适应各地区、各类学校的需要，把竞争机制引入教科书建设，通过竞争促进教科书事业的繁荣和教科书质量的提高。为此，我国开始了中小学教科书国定制向审定制的重要转变。

1985年1月，教育部颁布的《全国中小学教材审定委员会工作条例（试行）》指出：今后中小学教材建设，把编写和审查分开，人民教育出版社负责编，省、自治区、直辖市教育部门可以编，有关学校、教师和专家也可以编，教育部成立的全国中小学教材审定委员会负责审，审定后的教材，由教育部推荐各地选用。1986年9月，国家成立了全国中小学教材审定委员会，标志着我国教科书审定制的到来。①1987年，教育部颁发《全国中小学教材审定委员会工作章程》和《中小学教材审定标准》《中小学教材送审办法》两个附件，对于审定工作的组织机构、委员会的工作职责、审定原则、审定程序、审定经费等问题一一作了规定。这无疑对于教科书审定工作的推进起到了重要的作用。1996年国家教育委员会修订并颁布了新的《全国中小学教材审定委员会工作章程》，对于一些内容作了调整与完善。为了解决新时期审定工作中的问题，2001年6月教育部颁布了《中小学教材编写审定管理暂行办法》，其中第五条规定“教材的编写、审定，实行国务院教育行政部门和省级教育行政部门两级管理，国务院教育行政部门负责国家课程教科书的编写和审定管理，省级教育行政部门负责地方课程教科书的编写和审定管理”，②标志着我国教材审定制度确立为国家和地方两级审定体制，审定工作向更加科学、高效的方向发展。③

《中小学教材编写审定管理暂行办法》对教科书审定的机构设置、审定程序、审定原则等作出了明确规定。④

审定机构：国家建立全国中小学教科书审定委员会，各省建立省级中小学教科书审定委员会，实行二级管理。

审定程序：审定程序为审定委员会受理送审教科书；审查专家审读教科书；教育部或各省教育厅组织审查会议确认教科书审查结果；报主管部长或厅长批准后下发审查结果通知。审定结果分为通过、重新送审、不予通过三种。“通过”即教科书基本达到审定标准，按审查意见修改并经批准后，可供学校选用。“重

① 石鸥. 教科书的记忆：1978–2018：上［M］.长沙：湖南教育出版社，2019：54.

② 中华人民共和国教育部. 中小学教材编写审定管理暂行办法［S］. 北京:中华人民共和国教育部，2001.

③ 石鸥，张文. 改革开放40年我国中小学教材建设的成就、问题与应对［J］. 课程·教材·教法，2018（2）：18–24.

④ 国务院法制办公室. 中华人民共和国教育法典　注释法典［M］. 北京：中国法制出版社，2012：154.

新送审”是指教科书尚未达到审定标准，但具备修改的基础和条件，按审查意见修改后，于第二年重新送审。“不予通过”意味着教科书问题严重，不具备修改基础和条件，不得再送审。

审定原则：主要是符合国家的有关法律、法规和政策，贯彻党的教育方针，体现教育要面向现代化、面向世界、面向未来的要求；体现基础教育的性质、任务和培养目标，符合国家颁布的中小学课程方案和学科课程标准的各项要求；符合学生身心发展的规律，联系学生的生活经验，反映社会、科技发展的趋势，具有自己的风格和特色；符合国家有关部门颁发的技术质量标准。

三、教科书自由制

教科书自由制是一种由民间自由编辑、出版、发行教科书，无须教育行政部门审定或认可的教科书编审制度，其特点是市场供应、学校自由选择。自由制本质上也必然是教科书的多样化局面。在教科书自由制下，教科书的编写、出版、使用完全依赖市场的调节，这有利于调动地方参与教科书建设的积极性，能够较好地适应不同地区、不同学校和学生的需要，发挥学校在教科书选用上的自主权，但有可能出现质量参差不齐，甚至质量没有保障的教科书，也有可能削弱核心价值理念的传播，出现违背国家主流价值观的内容。事实上，采用完全的教科书自由制的国家并不多，教科书大多受到教育行政部门特别是国家考试制度的制约，以“统考”来控制课程，规范教科书。[①]英国、丹麦、澳大利亚、葡萄牙以及美国部分地区局部实行这种制度。

在英国，多数地方原本不存在官方对教科书的限制。教科书的编辑、出版完全自由进行。各出版社可以把教科书的样本发至各个学校，请教师帮助审查。由于教科书的编写不是为了满足规定的教学大纲和所开设课程的要求，教科书的内容、结构和论述方法等方面存在很大差异。而且教科书的种类繁多，规格不一，为此，学校选用教科书时，必须要在校长和教师商量结果的基础上决定。1988年开始，政府经过改革，加强了对教科书的管理，逐渐实行了教科书的国家统一管理模式，民间教科书出版社需要根据国家课程标准、研究机构的课程研究成果或

---

① 谢艺泉. 发达国家教科书选用制度及启示［J］. 现代中小学教育，2002（12）：46-48.

中等教育毕业资格考试的要求来进行教科书的编写，地方教育行政部门对教科书采取审查的办法，制定推荐书目，供地方学校教师参考。经审查的教科书通常分为A、B、C三级，A表示推荐，B表示可采用，C表示不准采用。[①]

有人担心实行教科书自由制的国家，教科书内容难以保证教育水平，但实际上由于官方考试的制约及其他制度的监管与指导，这一问题并不是特别严重，也不是不可避免的。换言之，教科书自由制不等于放任不管，还是要依据课程标准和相应的准则进行教科书编写，否则是无法被教育部门或学校认可的。

综上所述，不同的教科书编审制度各有利弊，主要看是否适合国情（包括不同国家的文化传统与教育现实）。按照顺序，后一种模式均比前一种模式的自由度大。但是客观来说，每一种教科书编审制度各有优缺点：自由制有利于调动社会、地方及学校编写教材的积极性，通过促进编写者、出版者之间的竞争，编写出质量较高、特点突出、适合不同地区需要的多种教科书，但这种松散的制度难以保证普遍的教学要求，不利于国家意志的体现；国定制有利于国家意识形态的控制，使教育为整个国家利益服务，对全国中小学的课程内容、教学目标、教育质量等进行统一要求。但这种过分集中的体制容易造成教材编写和使用的官僚主义和政府垄断，不利于教科书质量的提高，不能满足不同地区、不同学生的需要。[②]审定制的自由度居于二者之间，没有那么突出的自由，又不是完全的国定，教科书能够实现有质量保证的多样化。每种制度各有不同，各具特色，每个国家需要根据自己的实际情况，不断进行改革和调整。

第二节　教科书的其他制度

教科书制度涉及教科书的编写、审查、出版、印刷、发行和选用等多个环节，任何一个环节出问题都会影响教科书质量，同时每个环节又是环环相扣、彼

---

① 齐建国. 国外中小学教科书制度简介［J］. 学科教育，1991（3）：40–43.

② 李志涛，商发明，杨妍梅，等. 教科书制度的比较研究与改革对策［J］. 教育科学研究，2002（5）：20–23.

此作用的。所以，教科书除了以编审制度确保内容质量外，其他诸如教科书供应、选用等制度建设也是非常重要的。

一、教科书供应制度

教科书供应制度是教科书制度的一个重要组成部分，其核心是如何把教科书（国定的、审定的或自由编撰发行的）及时发放到每个学生手中。教科书供应制度特别讲究及时，要确保至少在学生开学前人手一册。建立科学而有效的教科书供应制度是世界基础教育课程教材改革的一项基本目标。

（一）教科书的“租型”

由于时间上的特殊性，有时候海量的教科书（主要指统编本或国定本），由一家出版社出版后再运送到全国各地，费时费力，成本比较高，且难以确保开学前能够送达每个学生手中，所以在我国实行教科书国定制时期，有一种所谓“租型”的中国特色制度。

所谓教科书租型，是指由原创出版者将其所出版的教科书纸型或胶片，按照文件（或合同）规定，有偿租给各地出版机构，分地区印制，统一定价（1988年以后改为各地定价），分地区发行，分地结算盈亏。租型印制的教科书版权页必须记载编撰者、原出版者名称、所在地址和邮编、原出版者的版次；印次、印数应按照租型重印的数量统计；版权页上还应注明重印者、发行者、印刷者的名称，并注明重印者所在地址、邮编和电话。[①]换言之，租型是指出版单位从其他出版单位租入型版自己印制、发行出版物，并按出版定价的一定比例向出租单位支付专有出版权再许可权使用费。

教科书租型始于中华人民共和国成立初期，它是适合当时国情的教科书出版供应的运作模式，也是一种连锁经营模式，在特定的历史时期发挥了积极的作用。因为在一段时期里，全国中小学教科书由人民教育出版社独家编写出版，每逢开学，大量教科书要从北京运往全国各地十分困难。为了解决大规模出版中印制难、运输供货难、发行难的问题，同时为了保证国家规定的“课前到书，人手一册”任务的顺利完成，有关部门安排人民教育出版社将教科书的胶片（型版）

---

① 课程教材研究所. 新中国中小学教材建设史1949—2000研究丛书：出版管理卷［M］. 北京：人民教育出版社，2010：75，77，174.

"租型"给各省市出版部门印刷发行，各省市出版部门按教科书总价的一定比例向人民教育出版社支付"租型"费用。"租型"保证了中小学教科书的及时供应，维持了正常的办学秩序；形成了适合国情的教科书发行体系，规范了教科书市场。[①]

进入21世纪后，国家实施"一纲多本"的教科书制度，对所有出版社实行教科书审定制。迄今为止，全国共有80多家出版社参与了中小学教科书的编写、印制。另外，从2002年开始，政府逐步推行以教科书出版发行招投标试点为主的一系列教科书出版发行改革。这些举措冲击了教科书出版一家独大的局面，给传统的教科书租型制带来了冲击。

（二）教科书的供应模式

除了时间外，购买教科书的费用是影响教科书供应的另一个重要因素。毕竟教科书也是商品，有成本，也就需要收入，且其出版所需费用是一笔不小的开支。所以，义务教育阶段学生的教科书费用出资情况，很大程度体现了一个国家对义务教育阶段学生的公平对待问题，是一个国家教育进步，进而是社会进步的重要体现。

从世界主要国家中小学教科书供应制度来看，各国教科书供应模式可分为有偿制和无偿制两种情况。有偿制包括租用和购买两种形式，无偿制包括借用和发放两种形式。各国教科书供应制度趋向混合和多元化，但租借为主流形式。一般认为，义务教育阶段采用教科书无偿制是教育真正平等化、义务化的标志，是各国公共教育制度的理想状态。当前世界各国在义务教育阶段的学生教科书费用上，有不一样的政策，美国、德国、日本、加拿大等发达国家一般都实行义务教育阶段教科书无偿制。但免费发放教科书的国家又分两类：一类是循环使用，如美国、加拿大等国，学期结束后，教科书要退给学校，以供新来的学生继续使用；另一些国家，教科书不需要归还，属学生个人所有。在具体的操作过程中，由于不同国家、不同地区的具体发展状况和教育阶段的不同，在中小学教科书供应方面，有的国家实行单一制，有的国家则采用混合制。

---

① 方成智，刘童玲. 教科书租型制度研究［J］. 湖南师范大学教育科学学报，2016，15（2）：51–55，102.

1. 教科书发放模式

国家、地方或学校出资购买教科书，无偿发放给学生使用，用完后无须归还。学生具有教科书的使用权和所有权。

发放制度主要出现在如中国、日本、韩国、朝鲜等国家的义务教育阶段，日本作为实行教科书发放制度的典型国家，早在1951年便开始推行教科书无偿制，后因国家财政困难等原因曾一度终止，直到1969年才在义务教育阶段全面实现教科书无偿制，且一直延续至今。日本采用教科书无偿发放制度与其教育文化传统有关，因为日本学生在学校和家庭都需要使用教科书，教科书使用率高，为了提高学习效率，教科书需要人手一册，并尽量做到分册化和轻量化。日本教科书费用由中央政府和地方政府共同承担，且费用主要来自国民税收，这一制度的适用对象不仅限于国内所有学校义务教育阶段的学生，也包括侨居海外日本人的子女。

2. 教科书租借模式

国家、地方或学校出资购买教科书，无偿让学生使用，但学生用完后归还，供下届学生继续使用。学生对教科书仅有使用权，没有所有权。

义务教育阶段实行租借制的国家和地区主要有法国、瑞典、挪威、芬兰、德国、英国、澳大利亚、新西兰、泰国、加拿大、美国的大部分州等。具体而言，美国中小学教科书的供给主要为无偿出借，学生的教科书所有权和使用权完全分离，学生只是有权从学校借取教科书，学期结束后，学生必须将课本完好无损地归还学校，教科书循环使用。但还有个别州有不同的教科书供应方式，有些州只对贫困者采取无偿借用的方式，对无力购买教科书的学生进行免费供应；有些州由各学区决定有偿还是无偿；还有些州并没有规定采取哪种供应方式。另外，澳大利亚根据学校（不分是否是义务教育）不同，又分为无偿出借和有偿出借。新西兰所有学校均为无偿出借。亚洲很多国家虽然实行有偿供应制度，但马来西亚也向低收入家庭的子女无偿出借教科书。

3. 教科书购买模式

学生（主要是监护人家长）出资购买教科书，可自行支配教科书的去向，具有教科书的使用权和所有权。部分发展中国家使用这种制度，大多数发达国家的非义务教育阶段也使用此制度。

在教科书供应上，有部分国家是按教育阶段来划分的，如法国义务教育阶段是无偿的，非义务教育阶段是有偿的；英国则按公立学校和私立学校来区分，公立学校教科书是无偿的，而私立学校则是有偿的。也有国家按经济条件划分，如马来西亚国民学校、中等学校的教科书均是有偿的，但对低收入者子女实行无偿出借。

在我国，2001年之前，教科书供应基本是购买制。2001年5月29日，国务院颁发《国务院关于基础教育改革与发展的决定》（以下简称《决定》）。《决定》第15条规定：各级人民政府要完善并落实中小学助学金制度，从2001年开始，对贫困地区家庭经济困难的中小学生进行免费提供教科书制度的试点，在农村地区推广使用经济适用型教材。采取减免杂费、书本费、寄宿费等办法减轻家庭经济困难学生的负担。[①]这是我国首次以国家政策形式对贫困地区家庭经济困难的中小学生提供免费教科书。这一决定具有重要的意义和价值，是“具有开创性意义的教育扶贫工作”。2001年6月，教育部和财政部印发《关于对全国部分贫困地区农村中小学生试行免费提供教科书的意见》，规定从2001年秋季起对全国部分贫困地区的农村中小学以及家庭经济困难的学生实行教科书免费供应制度。免费供应的中小学教科书由政府以招投标形式采购。2005年11月，教育部发布的《中国全民教育国家报告》中提出了免费教科书实施进度时间表：2007年在中西部农村贫困地区实施，2010年在全国农村全面实施，2015年在全国全面实施。2008年1月7日，教育部在北京召开“落实农村中小学免费教科书工作会议”，宣布从2008年春季开始，全国1.5亿名农村义务教育阶段的学生用教科书全部免费，2017年春季开始，城乡义务教育阶段的学生用教科书全部免费。教科书免费体现了党和国家对教育、对学生的关心，体现了改革开放的巨大成果。[②]

---

① 国务院法制办公室．中华人民共和国法规汇编2001：第16卷［M］．北京：中国法制出版社，2005：197.

② 石鸥．教科书的记忆：1978–2018（下）［M］．长沙：湖南教育出版社，2019：11–14.

世界主要国家中小学教科书供应制度①

国家	小学教科书			中学教科书		
	无偿供应	无偿出借	有偿	无偿供应	无偿出借	有偿
英国		▲			▲	
德国		▲			▲	
法国		▲			▲[1]	▲[2]
俄罗斯			▲			▲
瑞典	▲	▲		▲	▲	
芬兰		▲			▲	
挪威		▲			▲[1]	▲[2]
美国		▲			▲	
加拿大		▲			▲	
日本	▲			▲[1]		▲[2]
韩国	▲					▲
泰国		▲				▲
马来西亚		▲[3]	▲		▲[3]	▲
新加坡			▲			▲
印度尼西亚					▲[4]	▲[4]
澳大利亚		▲[4]	▲[4]		▲[4]	▲[4]
新西兰		▲			▲	

注：[1]前期中等教育。[2]后期中等教育。[3]低收入者子女。[4]各学校不同。

二、教科书选用制度

教科书选用制度是一种人们为实现一定的教科书选用目标，对教科书的判断和选择使用进行管理的制度，它是教科书制度的一种次级形式。另外，它也是政治制度的一种，其本质是教科书选用权力的分配，体现着国家的教育意志与社会主流价值观。一般而言，教科书选用制度包括选用权配置、选用主体、选用组织机构设置、选用程序设计等内容。

---

① 齐树同. 从世界教科书供应制度之比较看教科书租借制[J]. 教育科学研究，2005(11)：62-64.

教科书选用权配置与国家的政治经济体制和文化传统密切相关。通常来说，在中央集权制国家，教科书的选用权基本掌握在教育行政部门手中；在分权制国家，各级教育行政部门、教师、专家以及其他各种社会力量都可以参与到教科书选用的工作中来。例如，日本属于中央与地方合作的行政体制，实行政府主导型市场经济，教科书选用管理也是市场竞争与政府调控相结合。韩国是一个发达国家，在教科书选用管理上实行独特的混合制。美国实行联邦制，教育权分布在各州，经济上鼓励自由竞争，文化上主张多元民主，这些因素决定了美国教科书选用制度的分散性，而且各州之间情况也不同，一个州还可能实行两种制度。因此根据决策权的主体进行划分，选用制度主要分为四种：第一种是经过严格审定或认定程序的，以学区或学校为选用主体的教科书选用制度，这种选用模式在国外占有很大的比例，如日本、德国、加拿大、俄罗斯等国家多采用这种模式。第二种是不经审定的，以学校为选用主体的教科书选用制度，英国、法国等大部分国家采用这种模式。第三种是审定制和自由选择制相结合，这种混合模式能因地制宜，是世界各国教科书选用制度的发展趋势，以美国最为典型。第四种为国定制与审定制相结合，韩国采用这种模式，但并不多见。

美国每个州都有权自行选用教科书。加利福尼亚州宪法第九章第七条规定："州教育局有权选用一到八年级的教科书。"九到十二年级的教科书通常由学区选定委员会选用，但在许多情况下还是会受到州的一定制约。美国的大多数州由州政府审批或编制教科书的书目表，供学校选择使用。以得克萨斯州为例，州教育委员会对民间出版社编写的教科书进行审核。教科书通过审核后，向各学区公布教科书名单，再由出版社向每个学区提供至少2套教科书。各学区的教育管理委员必须从州教育委员会审定的名单中选定本学区要使用的教科书目录，学校则根据本学区选定的教科书目录再选定本校的教科书。为此，学校成立由教师、学生、家长组成的教科书选定委员会选定教科书。这实际上是一种由"州教育委员会—学区教育管理委员会—学校"构成的三级筛选制度。根据美国加利福尼亚州教育法规第60200~60206条的有关规定，教科书的选用程序有以下八个基本步骤："举行有出版商参加的教科书送审会议；出版商提供教科书样书及报价；法律审查教科书样书，将结果告知有关出版商；送审的教科书样书被公开展示，社会公众可发表意见；出版商反馈不符合标准的教科书；评估教科书内容；公开展示建议选用的教科书，举行公众听证会；上网公示最终的采用报告。”[①]在教科书的选用过程中，尽管每门学科的研讨时间也许只有几天，但由于教科书涉及中小学各级各科的不同内容，这样整个教科书的选用过程所花的时间可能要大半年。[②]

我国中小学在教科书的选用上，总体上由国务院教育行政部门负责制定全国中小学教科书选用政策，公布《全国中小学教学用书目录》；省级教育行政部门负责本行政区域内中小学教科书选用的统筹管理，领导和监督教科书选用工作。规定的选用程序如下：首先由学科组研读、比较《全国中小学教学用书目录》中本学科所有版本的教科书，提出初选意见。然后教科书选用委员会召开全体会议，对学科组提出的初选意见进行充分讨论，采取投票方式确定教科书选用的结果。其中教科书选用委员会由课程教材专家、教研员、中小学校长和教师等组成，且一线教师所占比例不小于1/2，同时教科书编写人员、出版发行人员不得担任教科书选用委员会成员。最后对教科书选用委员会选定的教科书具体版本进行不少于7日的网上公示，由省级教育行政部门将本省教科书选用结果汇总报国务院教育行政部门备案。[③]

但由于转型期教科书改革的复杂性，我国教科书选用方面仍面临诸多问题，国家规定的教科书选用制度基本上没有得到落实，在少数地方甚至完全成为摆设。为最大限度发挥教科书的作用，实现教科书的预期目标，需要在教科书选用制度上进行更多的设计，让使用者选用最适合自己的教科书。

首先，充分赋权给教科书使用者。在中小学教科书选用制度中，由谁选择教科书是教科书选用制度的核心问题。虽然《基础教育课程改革纲要（试行）》中要求优化配置教科书的选用权，但这种选用权的下放还没有落到实处，各地在政策理解及贯彻上的偏差，使得行政权力过度干涉教科书的选用。现实中，目前

---

① California Department of Education. California education code［EB/OL］［2019-11-20］. http：//www.leginfo.ca.gov/cgi-bin/calawquery？codesection=edc&codebody=&hits=20/2010-11.

② 石鸥，李卉君. 美国现行中小学教科书制度探究：以加利福尼亚州为例［J］. 湖南师范大学教育科学学报，2011，10（6）：5-9，56.

③ 中小学教科书选用管理暂行办法［M］//《中国校外教育工作年鉴》编辑委员会. 中国校外教育工作年鉴2014—2015. 武汉：武汉大学出版社，2015：81-82.

我国义务教育教科书的选用权仍主要集中在地方教育行政部门，学校很少甚至完全没有教科书选用的权力。教科书选用是地方和学校的权责，必须明确政府的职责，建立一个合理的教科书行政管理制度。必须分阶段、分层次地将教科书选用权力赋予地方、学校，给予它们更多的教科书选用的发言权和决定权。这样一方面可以防止教科书选用中的暗箱操作、随意摊派等权力滥用或权力寻租问题，另一方面能够充分考虑我国不同地区、不同学校办学水平、师资条件等发展不均衡的实际，选出更加切合地方实际的教科书。

其次，促进选用主体的全方位参与。由于教科书的特殊性，教科书的选用涉及多方的利益。对于中小学学生来说，他们是教科书的主要使用者，但他们却不具备足够的选择能力，校长、老师、家长等都是学生的委托代理人。因此，在教科书选用过程中应尽量使各方委托代理人（政府、专家、教师、学校管理人员、家长）充分参与选择过程，最大限度地听取各方意见。

再次，为教科书选用提供充分信息。当前教科书选用制度改革推进效果不明显，除了选用权等不明晰外，还有选用信息稀缺，选用者素养局限等问题。由于"教科书选用决策所需教科书专业性评价信息不足"，选用人员只能依赖两类信息作出判断，"一是依凭委员个人经验审阅教科书；二是听取教科书出版社的宣传介绍，这两类信息在一定程度上都难免有失偏颇"。[①]这对于科学选用教科书是非常不利的，需要引起足够重视并加以克服，关键是构建教科书信息的畅通渠道。有关部门要确保教科书信息的公开透明，包括对教科书审定的基本判断。

最后，促进教科书选用制度法制化。为确保教科书市场竞争的公平性和有序性，美国各州制定了严格的法律法规进行规范和约束；第二次世界大战后日本新的教科书制度是建立在一系列相关法规的基础上的；韩国中小学教学用书制度也统一纳入法制轨道；德国各州同样制定了自己的教科书管理制度。这些值得我们借鉴。从不同层面不断地完善我国义务教育教科书选用制度乃至整个教科书制度的法制、法规建设，让教科书选用能走上自主化、规范化的道路，是我国教科书选用制度建设的必经之路。

---

① 丁朝蓬，孙新. 以评价贯穿教科书发展过程：我国中小学教科书发展机制探讨［J］. 课程·教材·教法，2011（4）：40–45.

三、教科书循环使用制度

教科书循环使用制度是教科书供应制度的一种特殊形式，是指教科书由现在的一次性使用改为多次使用的有关管理制度。学生用的教科书可以由不同届的学生反复使用，教师用的教科书可以由不同的老师或同一老师反复使用。教科书循环使用的基本模式是上下届相传、学校之间调节。

实行教科书循环使用制度，一般有两个前提：第一，教科书内容在一定年限内具有稳定性，不会频繁更换。美国加利福尼亚州中小学教科书的有效使用期限一般在4~6年。[①]第二，教科书印刷质量高，耐用性强，能够多次重复使用。

教科书循环使用制度兼具经济学和伦理学价值。第一，教科书循环使用可以节省不必要的开支，减轻国家和家庭教育的支出，是资源的有效再利用和价值再生的过程。如果考虑到木材资源的节约和环保，教科书循环使用的经济意义更大。第二，通过回收和传承使用，可以有充分的理由教导学生爱护教科书，培育学生对别人负责和厉行节约的生活态度，增强学生的环保意识。这种制度把关于知识、关于教科书的权利和责任统一在学生身上。

国外中小学教科书循环使用有两种类型：一种是所有教科书都由政府出资，学校购买，免费供学生循环使用，美国、澳大利亚是典型代表。另一种是教科书由学生自己购买，学校鼓励学生循环使用教科书，以减轻其教科书购买负担。

美国教科书循环使用制度包括免费分发、无偿回收、传承使用、破损废弃四个环节。有些学校的具体做法是将学生使用的教科书随同课桌椅一起编号，而且在教科书中也附加了表格，如加利福尼亚州的小学教科书上都盖有印章，并注明书的编号，附加表格需填写每位教科书使用者的姓名、使用日期、来历与去向；表格中也注明了学生使用教科书应注意的事项以及学期末教师对学生教科书使用状况的评价。在学校的走廊里，学校也为每个学生都准备了一个柜子来存放教科书。所以，美国中小学教科书是属于政府和学校的，学生只拥有教科书的使用权，学生从学校借取的教科书在学期末要归还学校，以供下一届新生继续使用，

---

① 石鸥，李卉君. 美国现行中小学教科书制度探究：以加利福尼亚州为例［J］. 湖南师范大学教育科学学报，2011（6）：5-9，56.

直至教科书破旧，无法使用为止。[①]

德国中小学长期实行免费教育，教科书通常由国家出资，学校统一购买交由不同年级学生免费循环使用。但自2003年起，由于财政困难，德国各地区政府如柏林市政府陆续改变了原来由学校免费为所有学生提供教科书的规定，改为只向少数贫困家庭学生提供，大多数学生每年需花约100欧元自购教科书。教科书使用方式改革后，为避免浪费、保护环境，许多学校结合原来回收教科书的做法，通过在校内设立图书室和不定期举行旧书交易等方式，鼓励学生将自己不再使用的图书与其他学生交换，从而达到教科书循环使用的目的。让部分有需要的学生以相对低廉的价格购买到所需教科书，避免了不必要的浪费。[②]

日本、韩国、俄罗斯等国也都在一定程度上、一定范围内实行教科书循环使用制度。教科书循环使用已成为一种国际趋势。

从2002年开始，我国在上海、辽宁、云南、甘肃等地试点推行课本循环使用。2004年，财政部、教育部共同制定的《对农村义务教育阶段家庭经济困难学生免费提供教科书工作暂行管理办法》中就明确提出“国家鼓励循环使用教科书”。2006年发布修订了的《中华人民共和国义务教育法》第四十一条明确规定，国家鼓励教科书循环使用。2007年 9 月20日教育部发出开展“节能减排学校行动”的通知，要求结合农村义务教育试行免费教科书制度，开展教科书的循环使用试点工作。2007年12月25日，教育部和财政部又下发《教育部　财政部关于全面实施农村义务教育教科书免费提供和做好部分教科书循环使用工作的意见》（教基〔2007〕23号），其中第五条明确指出，从2008年春季学期开始，建立部分课程教科书循环使用制度，中央财政部于2008年配齐循环使用的教科书，并从2008年春季学期起实行循环使用。纳入循环使用的教科书包括小学的《科学》、《音乐》、《美术》（或《艺术》）、《信息技术》；初中的《音乐》、《美术》（或《艺术》）、《体育与健康》、《信息技术》。循环使用的课程可根据需要进行调整。由此可见，教科书循环使用已上升为国家行为。

---

① 张东娇. 中美义务教育阶段教科书使用制度的比较研究［J］. 比较教育研究，2003（2）：77–80.

② 戎昌海. 德国：教材循环制度有变化［EB/OL］．［2019–11–12］.http：//blog.sina.com.cn/u/4afdcabb010005d822K2006–11–1.

教科书循环使用的益处是显而易见的，无论是从经济效益来看，还是从环保角度来看，或是从培养孩子的节约资源意识、责任意识以及社会公德意识等方面来看，推行教科书的循环使用都是非常必要的，而且这也是世界上一些国家的成功做法。但我国的中小学因为一直以来都是开学前学生人手一册新书，用后还要保留，甚至有翻看老课本、温习已经学过的知识的习惯，要改变多年沿袭下来的做法，并不是一件容易的事情。重要的是，教科书循环使用制度的推行需要一些基础性条件来保障。首先，很多国家教科书循环使用的前提是师生对教科书的依赖性不强。循环使用教科书的这些国家比较普遍的情况是，无论是学校教学还是各种考试，无论是学校、教师还是家长和学生，对教科书的依赖性都不强，教科书只是学生学习、教师教学的基本材料和重要参考，但在我国，教师教教科书，学生学教科书，考试也考教科书，教师的教、学生的学在很大程度上完全依赖教科书来完成，这极大地影响教科书的循环使用。其次，学校的配套设施没有及时跟进。2008年春，根据教育部、财政部的部署，农村义务教育共有《科学》《音乐》《美术》等8门教科书推行循环使用制度。按照要求，循环使用的教科书由学校集中管理，学生免费使用；各学校要提供适宜的保管、贮存场所；各地要自行制定教科书的登记、发放、回收、统计、消毒、保管、更新等措施和具体办法。各地的教育部门均要求，书籍必须进行专业消毒，然而现阶段绝大多数地方几乎都不可能做到。最后，还有文化问题，我国有重教科书的传统，往往把课本与知识联系起来，上了学，书都没有了，这怎么能叫读书呢？家长们也接受不了。由此，在推行教科书循环使用过程中，家长们多表现出反对的态度，家长反对的主要理由既有文化上、心理上的原因，也担心别人使用过的教科书不卫生，担心疾病传播等，家长们宁愿自己承担课本费也不愿用别人用过的书，这也是我国教科书循环使用推行不理想的主要原因。

一个国家采用哪种教科书使用制度，从根本上说是由各自的国情决定的。因此，不能简单地说哪种使用制度好，哪种使用制度不好，关键在于它是否符合国情，是否有利于教育的健康发展。也许，真正意义上的教科书环保使用制度，不是教科书的循环使用，而是数字教科书的普及。

第三节　教科书制度的发展趋势

纵观世界教科书制度演变发展历程，可以大胆设想，中国教科书制度将日益完善与规范，其基本特征是既确保对义务教育阶段学生教科书管理的全覆盖，也留有教科书研创的更大空间。其中最值得关注的是教科书审定制的完全实施以及由此带来的教科书的多样化格局的形成。

一、全面有序地实施教科书审定制

世界教科书发展越来越显示出审定制的优势，国定制和自由制都将逐渐被审定制取代。未来我国教科书制度将以目前的审定制为主，兼顾国定制的模式，最终走向全面而有序的审定制。教科书进入学校的资格将只因其质量而定，与编写者的身份没有本质关联。全面而有序地实施教科书审定制，是指有步骤、分阶段、分学科地实施教科书审定制，是全覆盖的教科书审定制，既包括对纸质教科书的审定，也包括对数字教科书的审定，涵盖公立学校、民办学校以及在中国设立的各类国际学校的各种教科书的审定。这将要求我们进一步完善教科书的编写机制、送审机制，确保教科书审定的公平公正经得起时间检验，防止劣币驱逐良币的现象出现；强化教科书评价的科学性与可操作性；规范教科书试用与试验的基本流程与要求；打造高水平的、多方参与的、全职与兼职结合的教科书评价与审定队伍，明确审定者的基本职责与权利义务，建立审定者追责机制；鼓励第三方积极参与教科书审定与评价；建设教科书评价与审定信息的公开使用渠道。只有在系统的审定体系得以完善的基础上，教科书审定制才能真正实施并发挥其优势。

二、走向合理的教科书多样化

教科书的多样化可以由自由制带来，也可以由审定制带来。未来教科书的发展，必定是审定制基础上的多样化。事实上，正因为教科书研制的复杂性和对象的重要性、独特性，各国专家们在完善教科书、适应不同学生发展需要方面采取了一系列举措。这些举措各种各样，但归结起来，最重要、最基本也最被认同的是教科书多样化以及伴生的教科书选用权的放开。所谓多样化，就是指同样的教科书数量多种、资源多样、风格多元、特点不一、适合不同地区需要。而放开选用权，就是让真正最重要的读者（教师、学生、家长、教研员等）参与甚至决定教科书的选择与使用，通过选用的市场机制，迫使教科书不断提升质量。

第一，审定制下的多样化导致竞争，竞争促使教科书质量提升。因为没有人能保证教科书所承载的内容都是真理，是人类文明精华，是学生们未来竞争所离不开的东西，所以就只能让更多的人参与教科书编撰，让教科书竞争。竞争可以促使教科书向更高质量、更高水平发展，竞争可以产生优胜劣汰的结果。竞争不一定能立竿见影地带来优质教科书，但它是带来优质教科书的最重要的举措和途径。在多样化的背景下，教科书编撰者和出版社有着强烈的危机感，面临着激烈的竞争。为了能在竞争中获胜，编撰者和出版社会采取所有可能的措施使教科书富有多样性与灵活性，以便拓展教科书在学校的接受度，增加教科书的使用率。这些出版社还必须积极学习研究教育新成果，不断提高教科书编制水平，密切关注教育发展趋势，及时改变教科书的旧面貌，只有这样才能在激烈的教科书市场竞争中有一席之地。这种教科书制度会培养一批专门开发、编写和出版教科书的高水平出版机构，同时能够聚集相关学科领域的研究人员、作家、编辑、教师、美术设计工作者等，并不断提升其教科书研制的素养。强大的人力、物力资源以及系统运作，将会构成高品质和独特风格的教科书系统，有助于提高教科书质量。[①]康德在《历史理性批判文集》里表述了自己的思想：如果历史是有目的的，那么它最终的目的似乎在于通过“竞争”来迫使每一个民族变得茁壮起来，从而使整个人类作为地球上最优秀的物种得以延续下去。[②]与竞争相反的是垄断，凡垄断就不会有不断创新、发展、提升的危机或动力。有竞争处，一派生机；若垄断，死气沉沉。若教科书垄断，即便调用了所谓最优秀的力量，即便有严格的规范，本质上仍然缺乏危机感，缺乏不断完善的持续动力。

第二，审定制下的教科书多样化更能满足不同需要。教科书多样化能够为不同地区、不同学校、不同学生提供更适合的教科书。统一的或垄断的教科书漠视了区域的差异性与学生的差异。在人口众多、各地发展不平衡的国家，其弊端尤为突出。

---

① 石鸥，李卉君. 美国现行中小学教科书制度探究：以加利福尼亚州为例［J］. 湖南师范大学教育科学学报，2011（6）：5–9，56.

② 康德. 历史理性批判文集［M］. 北京：商务印书馆，1990：9.

第三，审定制下的多样化可以使教科书功能得到更好的体现。有人担心教科书多样化会削弱教科书对主流文化和核心价值观的传播，会影响教科书体现国家意志的功能的实现，其实恰好相反。垄断型教科书因为自己的垄断性，对主流价值的传播往往是生硬的、机械的，难以达到预期目标。因为，凡垄断，就容易抱残守缺，就不会想方设法去提升教科书质量，教科书也就不会真正彻底感染学生。要求教科书确保主流价值的传播是可以理解的，也是应该的，但达到这一目的的手段不是要国定型教科书、垄断教科书，而是严格审定下的教科书多样化，让不同的教科书充分竞争，让更多的人来研创教科书，用不同的方式、逻辑来传播主流价值，形成最能够实现这一目标的教科书群。100多年前讨论教科书国定与否时，就有人和严复一道（严复此时任职清学部并参与国定本教科书编审），坚决主张教科书多样化，认为凡优秀的教科书“必经多数人之自由研究。此攻彼击，而真理乃出”。[①]100年后的今天，面对令人又喜又惧的大数据模式，多元、定制、强针对性等都异常明显地显示出多样化时代的到来。即便传播主流价值，多样化的竞争也能够催生更巧妙的途径。我们应该有自信，多样化更能够有效传播国家主流文化；教科书多样化导致教科书的个性化，它们会将意识形态和主流价值宣传得更加巧妙、更加润物无声；多样化是国家自信、制度自信的表现。

第四，审定制下的多样化可以缓解因教科书缺陷带来的损害。如若只是使用一种教科书，那么一旦教科书出现问题，就是绝对意义的，就是普遍性的、全局性的损失，就很难弥补。比如中华人民共和国成立后教科书就屡次出现偏难、偏深等缺陷，导致教育部屡遭教科书难度不适的责难，学业上对学生影响大，管理上给教育部平添许多烦恼，经济上对出版部门造成的损失也无法弥补。如果实施教科书多样化政策，则可以弥补这一缺陷。

第五，审定制下的教科书多样化可以制约个别时期的盲目行动。教科书之国定或统编，容易造成知识垄断或文化偏差。极端一点说，如果只有一种教科书，那么只要它在某些文化上沉默或在某些思想上狂热，就很难让学生接受到客观理性的观点。

---

① 张世杓. 论教科书与教育进化之关系［J］. 教育杂志，1910，2（5）：22-23.

第六，警惕以多本化代替多样化。教科书多样化不是说教科书越多越好，需要发挥评价的作用，发挥市场的作用，发挥有序调节的作用，发挥教师学生的作用，完善准入与淘汰机制。要确保教科书是真正多样化而不是多本化（但没有多本化就不可能有多样化，以多本化否定多样化的观点应该以厘清这一关系为前提），还需要一系列制度建设。要研究课程标准与教科书的关系，制定既有规范性、指导性，又给教科书编撰留下足够创造性空间的课程标准，要完善并强化课程标准的作用，改进并完善考试评价机制，扩大并落实高等学校办学自主权，改进并创新基础教育教研机制。

第七，探索教科书多样化的表现途径。教科书多样化既可以是版本的多样，也可以是一个主要版本基础上的多种配套资源，是否还有其他途径，还需要进一步探索。

第七章

教科书研究方法

教科书作为中小学最关键的教育材料，是学校用来教育国家未来接班人的重要工具，具有塑造一代又一代年轻人的基础性作用。教科书作为社会价值传输的核心途径，集中反映了国家的意识形态和教育理念。相对于教科书的重要性而言，教科书研究并没有引起人们的足够重视。在人们的潜意识中，教科书或不能研究，因为它们是经典，是不能怀疑只能记背的；或教科书不值得研究，都是小儿科的事，没什么可研究的。这样，读者最多、某种意义上也最重要的文本竟然最缺乏强大的学术研究和评论队伍。最不该忽视的文本，却最少被研究，最不该忽视的研究被忽视了。[①]

第一节　教科书研究的意义

教科书作为一种教育工具和教育资料，是课程的重要组成部分，也是课程实施的载体，在整个学校教育中具有不可替代的地位与作用，它是国家意志、民族精神、传统文化和学科发展水平的体现，是实现培养目标的基本手段，是教学、评价的重要依据。教科书影响学生认知、情感态度价值观与行为变化，教科书促进学生社会化，教科书改造国民性并塑造新国民。教科书还是社会生活最好的记录者和最真实的反映者，教科书是读者最多，又最被读者看重、对读者影响最深

① 石鸥. 最不该忽视的研究：关于教科书研究的几点思考［J］. 湖南师范大学教育科学学报，2007（5）：5-9.

远的文本，[①]所以，教科书的重要性决定了教科书研究的重要性。对教科书的研究具有重大的现实与历史意义。真正的教科书进步与繁荣，应有强大的教科书学术评论和学术力量作为支撑。

教科书研究既是一种科学研究，也是一种文本分析和教学分析。教科书研究可以促进课程与教学的理论创新，可以为教科书编审和评价工作提供技术支持，还可以推动基础教育课程教材的整体改革。[②]

一、教科书研究可以印证并创新教育理论

教科书反映和验证教育理论，同时也落实教育理论。一套建立在某种新理论基础上的创新性的教科书，往往留下了较大的可对理论进行校验、印证、修正的研究空间。20世纪初，当实用主义甚嚣尘上地引入中国时，空喊口号的意义显然是难以持久的，也是作用不大的，一批教育工作者勇敢地迈出了最重要的理论联系实际的一步：研制出了系列实用主义教科书，力求把实用主义落到实处——教科书是最实在的实处。如果认定某种理论有价值，就得让它进教科书、进学校、进课堂。因为特定理论指导下的教科书编撰、研究与使用，最能够检验理论的适切性，最能够检验理论落实的情况，甚至修正理论。20世纪90年代国家大力提倡的素质教育之所以效果不甚明显，是因为其未能够在教科书中得到有效体现。今天的核心素养教育，如果不吸取这一教训，极有可能严重偏离预期目标。当然，教科书的编制与使用，也能够反过来检验核心素养的提出、细化的弹性与可操作性的空间。

"纯粹"与"绝对"的教科书研究是不存在的，也没有一套普遍性的教科书研究方法。我们总是依照某个理论前提来分析一本教科书或一套教科书，即使运用的这些理论是还没有名称的，或分析的行为是不自觉的。教科书研究可以运用理论所提供的模式，以证明或证伪这个理论的指导性、这个分析模式的实效性。教科书的编写一般是在某一种教育理论思潮下进行的，如清末至民国初年的白话教科书、实用主义教科书、新体教科书等。实际上，教科书研究本身就是一种理

① 石鸥.最不该忽视的研究：关于教科书研究的几点思考［J］.湖南师范大学教育科学学报，2007（5）：5-9.

② 王攀峰，陈洋.教科书研究的内涵、价值与方法［J］.首都师范大学学报（社会科学版），2017（1）：167.

论的形式，有些理论家的理论就是在教科书研究的形式上建立起来的，如阿普尔，他的许多教科书分析，都在提供某一重要的教育理论思想，或在界定某一种研究方法。教科书研究甚至可以为教育理论做示范。它以具有说服力的方式阐述一种理论、推广一种理论。当然，教科书研究也必然会修正或创新一种理论。

教科书研究在印证、修正和创新理论方面，是密切关联的。一篇高水平的教科书分析，可以回溯全部理论，既可以印证某种教育理论，也可以弥补或修正理论原有的不足，还可以完全否定某种理论。

二、教科书研究可以改进教科书编写

教科书关系学生的发展，关系一代人的素养，关系民族文化的传承与创新，所以教科书的编写是一件最具价值的工作。但与此同时，教科书的编写又是一件难度极大的工作。我国近代著名教育家、学者严复曾说："最浅之教科书，必得最深其学者为之。"[①]著名文学家、教育家叶圣陶也曾经说过："编写教科书，不能捡到篮子里就是菜，要像蜜蜂那样，吸取百花精华，酿出蜜来，我们要吸收有关知识，融会贯通，才能写成教科书。"[②]

一项极具价值、难度极大的工作，如果完全摸着石头过河，缺乏起码的研发支撑，其质量不可能很高。教科书研究最直接的意义就在于，有助于了解并改进教科书编写，提高教科书质量。一定意义上可以说，教科书研究的用途等于引导人们编写更好的教科书。

研究教科书就是力图破译教科书，破译优秀教科书，破译历久弥新的那些教科书，尽管优秀的教科书在终极意义上是不可能全被破译的。破译的目的是寻找规律性的东西，为更好地编制教科书献计献策。比如什么是教科书的可读性？如何提高教科书的可读性？又比如，如何在教科书中运用插图？不同学科、不同年级的教科书插图如何处置？教科书的容量和难度依据什么来确定？一个目前争论很大的问题是，教科书特别是语文教科书中大部分内容是选自、改编自其他文学作品和文本体裁的，教科书中的选文可不可以修改或改编？是遵循真实的原则，一字不变地拿过来，还是遵循教诲的原则，以有利于教学为依据适当修饰？

---

① 严复. 论小学教科书亟宜审定［J］. 东方杂志，1906，3（6）:105-109.

② 叶立群. 课程教材改革探索［M］. 北京：人民教育出版社，1997：340.

是以内容至上对待改编的问题，还是以教育至上看待文本的修饰？可能很多人都认同，在文学作品中引为精品的东西，在教科书中有时却是过失或缺陷。那些常受人赞扬的作品，有可能不利于特定年龄阶段的孩子们心灵的滋养。教科书研究应该科学严谨地探讨作品改编的问题，要深刻认识不同形式作品的创造和改编的“符码转换”的本质。从其他文本转换到教科书文本的依据与程度，是教科书研究的重要主题。教科书研究虽然不可能重复教科书原文本的创作产生过程，也无法对教科书的创作提供一条绝对的解释途径，不可能直接构建高质量的教科书文本，但教科书研究仍然可以思考一个编者可能思索过的问题。教科书研究能够产生高质量的教科书文本的重要理论基础与参考依据。它可以通过构建教科书理论、有效实施教科书质量分析、进行质量评价等手段，达到促进教科书本身改进的目的。比利时学者弗朗索瓦–玛丽·热拉尔和易克萨维耶·罗日叶的教科书研究成果，[①]就具有帮助完善教科书编写的很强的实用功能。

三、教科书研究有助于认清社会发展尤其是课程和教学发展的基本轨迹

教科书的发展历程总与社会的历史发展相伴随，是社会发展的缩影。它不仅是对变革的社会历史的记录和目击，而且它本身也是社会历史发展的一部分。研究教科书，一定意义上就是从更细微的层面研究整个社会的发展进程。

现代意义上的教科书的产生在中国经历了一个过程，由现代意义上的教科书的产生到系统化、制度化又经历了很长时间。应该说，自洋务运动以来，伴随着中国社会的变迁和教育改革的发展，从最初套用传统经典的教科书，到开始考虑教学实际需要的材料的教科书；从翻译外国教科书，到国人自编教科书；从以封建伦常、道德乃至性命之学为主要内容的教科书，到注重儿童日常生活、宣扬资产阶级的民主科学和救国爱国等方面取材的教科书；从文言文教科书到白话文教科书；从一开始没有标点符号和插图不够完善的教科书，到有标点符号、有精美插图、适于教学的教科书；从单学科、局部的教科书，到自成体系、完备的教科书……我国教科书建设伴随着社会现代化发展的节奏，走出了一条值得大书特

---

① 热拉尔，罗日叶. 为了学习的教科书：编写、评估、使用［M］. 汪凌，周振平，译. 上海：华东师范大学出版社，2009.

书、认真反思之路，这也是我国教科书逐步制度化和科学化之路，更是我国学校教育迅速发展和逐步实现现代化之路。

以史为鉴，可知兴替。现代教科书作为文化的传承和延续的重要载体，作为社会变革的产物和记录者，对它们的研究不仅有利于对教育发展与演变的认识，而且有利于对特定时期的社会思潮、文化传统、科技水平、民众心态等多种因素的认识。19世纪末以来中国现代化进程中的多副“面孔”都能从教科书中找到：忠君、尽孝、爱国、图强、民主、科学、自由、平等、独立、博爱、人道主义、马克思主义、无政府主义、社会主义等都在教科书中留下了自己的痕迹。

以此为基础，教科书研究有助于不同历史时期的思想史、文化教育史研究。简单来说，思想史的研究不必仅仅局限于思想的议论、人物的言说，其实，任何人群、任何思想，均可直接化为某些物质的要素。知识精英与支配集团、文化的传承派与创新派、改良派与激进派，他们的思想是融合还是冲突，总能从教科书中得到反映。教科书是一个蕴藏各种理论、理想、知识的宝库。教科书研究还可以发现不同时期政治、意识形态和主流价值观对知识、历史、文化优劣的判定，对培养目标的看法；而且通过教科书研究，可以了解不同时期学生的知识水平，可以比较不同国家学生的知识水平和国家对学生的要求。可见，教科书研究的意义非常深远。

近年来，在一批专家学者的努力下，关于中国近现代教育史的研究已取得了一些可喜的成果。但与一些相关的领域相比，中国教科书的历史与现实的研究还显得较为薄弱。因此从整体上厘清清末、民国时期以及中华人民共和国成立后、改革开放以来我国教科书发展的基本脉络，探究和总结教科书存在的基本问题及其表现形式，分析其社会原因和历史原因，不仅能够充实中国近现代教育史研究，也有利于今天的课程改革，特别是教科书的完善。

四、教科书研究有助于处理好教教科书和用教科书教的关系，帮助教师有效教学

教科书是为了教师的教和学生的学而研制的材料，在中国，教科书是读者最多、最被信赖和依赖、最耗费读者精力和时间、影响最为深远的文本。其结果是广大师生奉教科书为经典和真理，帮助教学的工具异变为教学的目的，所有教学

基本上都是围绕教科书转，都是为了记、背、考教科书。教科书不仅仅在学校成为所有主导话语的象征，甚至在校外也占据着学生大量的时间，占领着学生有限的空间。学生不再靠思想、智慧取胜，而是靠对教科书及其衍生品——试卷的熟练和完成程度取胜。这一教科书本位的现象意味着“教科书统领教育”。

研究表明，尽管教科书极为重要，但它们也是最缺乏严格意义上的系统研究的文本。已有的许多研究，与其说是客观严肃的分析，不如说是广告式的宣讲。如果我们对这种最缺乏系统完整研究的文本进行科学的研究，就会发现教科书内容是从浩如烟海的知识中选择的。选择就有选择的程序与问题，就难免带上选择者的痕迹，要受选择者的文化背景和综合素养的影响，所以教科书就不可能完全是客观科学的，就不可能是真理的化身，就不可能是放之四海而皆准的文本。对待教科书，我们的科学态度就是利用它来达到教育的目的，就是用教科书来教，而不是教教科书。

因此，教科书研究，对于广大教师掌握教科书评价方法、认清教科书本质、发挥教科书作用、发现教科书缺陷并找到其可改进的方面、真正改教教科书为用教科书教、提高教学效果，具有重要的促进作用。

第二节　教科书研究的特点与维度

教科书的重要性和复杂性决定了研究教科书的急迫性和专业性。如果不下决心把教科书作为一种特定文本的专业学术领域来研究，从质量意义来说，教科书研究就不会取得实质性的进步，教科书文本就不会有持续的繁荣发展。尽管从学理上讲，“纯粹”“绝对”的教科书研究方法与模式是不存在的，也没有一套普遍性的、通用的教科书研究方法与研究模式，但不同的教科书研究方法与模式大体上都体现出某些共同的特征，都离不开某些基本的维度。

一、教科书研究的特点

1. 教科书研究与教科书解读的区别

一般来说，教科书研究与教科书解读大体上没有本质区别，只有程度的差异。但在中国背景下，在整个教学、评价、考试都对教科书有高度依赖性的情况下，有必要限定一下二者的界限。

教科书研究需要认清研究内容和重点。必须把教科书研究区别于许多人进行的教科书实施方案——备课，通常称之为教科书解读。这种解读或所谓的研究的兴趣焦点在教科书有多少知识点、重点难点在何处、如何讲得清楚明白、如何背记这些要点。简单地说，它们的任务在于如何帮助教师备课教教科书，如何帮助学生背记教科书、消化教科书。教科书解读是一种赞扬式教科书评论，建立在对教科书的肯定甚至崇拜基础之上，在这种解读中，教科书承载的近乎是真理，是学生必须熟记和背诵的经典。教科书解读者的一般形象经常是教科书的捍卫者，组成人员主要是教科书研制者、发行者和出版者以及相关的专业人员（教研员、教师和学生）等，包括某些教科书主管官员。他们往往就即将发行或正在使用的教科书进行宣传性的解读，并通过教学观摩、各种学科竞赛、教师论文评选等形式强化教科书的经典作用。成为教科书解读者的基础是具有优秀的执行和细化能力，把教科书变为教案、变为课堂实施要素的能力。

这种教科书解读充其量是一种使用说明，在现实中常常是一种不称职的使用说明。因为称职的使用说明至少要包括教科书的优点、缺点，使用时应注意的基本事项，以及教科书更适合什么类型的学校、学生使用等，这些都是目前许多教科书解读所缺乏的。在这种情况下，应该呼唤超越解读的教科书研究。

教科书研究与教科书解读是有本质区别的，至少现阶段是如此。教科书解读是对教科书在赞颂和全方位肯定的前提下对教科书使用的解说、释义，是一种备课性质的应用。它与对教科书抽丝剥茧式的分析研究旨趣大不一样。教科书研究既可能把注意力放在教科书发展史上公认的杰作上，也可能将注意力放在任何一套普通的教科书上，再根据特定的研究角度（美学、社会学、政治学、教育学、心理学等）来选择内容、展开研究。教科书研究是一种将教科书中可分析的现象理性化以便进一步了解教科书的方法，它基本上是一种描述性活动，而不是模式化活动，即便有时模式化的解释性很强。就教科书研究者而言，即时性这个标准并不重要。他们可以选择教科书发展史上任何一套其认为合适的教科书作品，而不必服膺于教科书发行的法则。教科书研究有或者需要有自己的知识话语和概念体系。

教科书解读的主要工作在理解并实施教科书内容，教科书研究的主要工作在于诠释和批判教科书。前者重在实施，后者重在反思；前者目的是现实，后者目的在未来；前者有宣传的功能，后者有评价的功能；前者通过宣传推动教科书的使用，后者通过评价促进教科书编写的改进。

尽管如此，教科书研究在本质上却又是一项再平常不过的活动，至少在非学院派支配的情况下。任何一个即便是不擅长研究与分析、批评的读者，在阅读和使用教科书时，都会在某一时刻进行分析研究的活动。一旦人们把教科书中的一些组成元素抽离出来，只专注于某一时刻、某一画面、某一段文字时，读教科书的眼光便具有了分析性、研究性。在这个基本思想定义下，教科书研究可以说是教科书研究者、教师、学生及所有自觉的教科书读者共同的态度的体现。那么，此时的教科书解读也算是教科书研究。

2. 教科书研究的主要特点

我们至今还不能严格确定明确的教科书研究模式和具体的教科书研究方法，这足以说明我们的研究尚处于不稳定的初级阶段。阿普尔的研究未解决这些基本问题，他把教科书研究完全限制于意识形态视野之内，这显然不够。与文学、艺术、电影等研究不一样，教科书研究有它自身的特点。教科书研究的特点主要体现在以下几个方面。

首先，教科书研究是一门有极强的跨学科性的学问。对教科书的研究，很难归入哪一门现有学科的领域。教科书研究涉及许多学科，即便是一套教科书，哪怕是一套五年制的小学教科书，往往涉及语文、数学、英语、政治、历史、地理、物理、化学、生物、音乐、体育、美术等学科，对研究者的素养要求很高。相较于其他任何文本，唯有教科书文本涉及面最广。没有任何学者能够跨越从数学到历史学，再到体育、艺术等如此大跨度的学科界限进行全方位的研究。教科书研究应以横向跨学科的方式，征召文学、政治学、历史学、语言学、自然科学、艺术学、教育学、心理学、社会学、出版学等研究领域的成员，使用特定的方法，以团队的形式，进行深度系统探析。这样的跨学科的研究的发展是20世纪下半叶以来，特别是21世纪以来教育知识增长的最令人注目的特点和重要领域之一。事实上，这些年，我国历史学者对教科书特别是对历史教科书以及教科书的历史的研究功不可没。

其次，教科书研究是一门有关特殊读者（儿童青少年）的学习的学问。相较于其他文本，教科书文本（还有儿童文学）的读者最为独特，反过来对其研制者的要求就更加特别。教科书以儿童青少年为主要读者，对这种文本的研究是比较特殊的，成人化的眼光容易影响研究质量，当然也影响研制与实施质量。在某种意义上，成人写儿童教科书，成人评儿童教科书，本身就是很困难的。

再次，教科书研究对象涉及多重文本。教科书研究既要研究教科书文本，又要研究教科书后面的起支配作用的文本——课程标准或教学大纲。教科书与其他文本不同的地方在于，它的产生有课程标准或教学大纲的限制或引领，有重要的参照物甚至是依赖物。这种限制或参照，既影响教科书本身的创造空间，也影响教科书研究的自由发挥。这种多重文本的特点，导致教科书研究不同于一般文学或其他文本研究，它既有完全创新的文本内容，如叶圣陶、丰子恺在20世纪30年代编写的开明版语文教科书；又有把现成文本搬抄进教科书的内容——各种版本的中学语文教科书基本上都是以选文为主，而且这种搬抄可能是原封不动地照搬，也可能是适度修改的移植，这样就使教科书研究进一步复杂化。因为既要研究教科书编者的意图，也要涉及原文本的作者的意图与背景。这就是说，教科书是群体的创造品，要确定教科书作者并不是容易的事。教科书的编撰是二度创造，是把别人创造的作品再加工成新的产品的过程。

最后，教科书研究还有一个特点，那就是教科书的研究往往不是以一本书为对象，而是以一套书的若干册，甚至多套书为对象。教科书研究关注的是整体，即特定学科，如小学语文整套教科书12册（六年制），看它们是否成功地形成一个和谐的整体，组成这个整体的各册又具有怎样的相互关系。有时候还要同时兼顾其他平行学科的教科书，如数学教科书等。

二、教科书研究的基本维度

教科书研究必须全面深入地把握各种社会因素，从不同层面、不同角度进行全方位的综合分析，才能真正揭示出教科书的本质和教科书研制的客观规律，探寻出高质量教科书的基本标准和原则，并尽量少走不必要的弯路。一般来讲，从不同的视角对教科书的研究有不同的侧重，比如有过程视角的研究，有产品视角的研究，也有接受视角的研究；[①]有内容取向的研究、教学取向的研究和出版取向的研究；[②]还有人将教科书研究分为三个层面：内容研究、使用研究和生产研究。[③]对教科书的研究主要可以从以下几个基本视角或维度进行。

第一，历史学的维度。这是教科书研究的一个重要维度，尤其体现在对过去的教科书的研究，看我们的先辈们读的什么书，并对某些主题的演变史进行纵向研究。我们应该本着以史料为本的态度，尊重教科书研制者们的辛勤付出，力求进行具体实证的分析，在大量的教科书中梳理史料，重现教科书发展的史实，使得学术界对不同时期教科书的形式、内容等有真实可感的认识，从而为以教科书为中心的各项研究提供必要的参考资料。

中国古代教育就有丰富的广义上的教科书——教材，对此的系统研究还很不够。至于严格意义上的现代教科书，从时间跨度而言，西方教科书，即鸦片战争后教会学堂、洋务学校使用的教科书的引入，应该作为近现代中国教科书研究的起点，而当下各种教科书的发展状况则可作为暂时的终点。时间跨度近200年，我们以1949年中华人民共和国成立为界，现代中国教科书的发展可分为两大时期，其中西方教科书的引进至1949年为现代意义上的中国教科书萌芽、制度建立和快速发展时期。这一时期，在剧烈的社会、政治、经济和文化变革的背景下，西方教科书的引进、学堂自编教科书的发轫、国定本教科书的出现以及民间编撰教科书的繁荣，都蔚为壮观，并在中国教育史上留下了许多套曾引起广泛社会影响的教科书。特别是清末至民国初年，大致从19世纪90年代到20世纪20年代初，出现了中国教科书的黄金三十年岁月，构成了教科书发展史上可以大书特书的阶段。[④]

1949年后，中国教科书在相当长的时期里，实施统一的课程和教科书，中小

---

① PETER W. Methodologies of textbook analysis [C] //BOURDILLION H. History and social studies- methodologies of textbook analysis. Amsterdam：Swets & Zeitlinger，1992:21–34.

② JOHNSEN E B. Textbooks in the Kaleidoscope：a critical survey of literature and research on education texts [M]. Oslo：Scandinavian University Press，1993：21，23.

③ HARWOOD N. English language teaching textbooks：content，consumption，production [M]. England：Palgrave Macmillan，2013：392.

④ 石鸥. 百年中国教科书论 [M]. 长沙：湖南师范大学出版社，2013：4.

学各科教科书多由人民教育出版社编辑出版。该社曾编写、出版了九套中小学通用教科书，为中华人民共和国基础教育的发展提供了不可或缺的教学用书，确保了基础教育的快速发展，培养了一代又一代社会主义建设者和接班人。

应该承认，这些年来对近现代教育史的研究显著加强了，涉及这一领域的重要文本教科书史的研究也相对加强了，一系列研究引人注目。[①]教科书反映了当年先贤们打造的重要思想空间和知识园地。在某种意义上，现代意义的教科书是中国教育史上划分一个时代的文本，是19世纪后半叶以来中国教育发展历程中的一次极壮观的精神日出，是生产启蒙精神、科学精神、民主精神资源的重要财富和活水源头。不读教科书发展史，就很难读懂中国近现代教育，特别是学校教育发展史，甚至很难读懂中国近现代启蒙史、科学发展史。所以，沿着历史的脉络，构建一个能反映中国近现代教科书发展全程的整体性框架，从整体上厘清百年教科书发展的基本脉络和核心问题，展现近二百年来中国教科书走过的艰难曲折历程，就成了当代教科书研究者的重要任务，也成了教科书研究的重要切入维度。

通过对教科书发展进行历史回顾和现实反思，为教科书研究提供基础的史料，探寻教科书发展的轨迹与特点，寻求对当下教科书建设的经验与借鉴，这是历史学维度研究的主要目标。该维度是历史研究和教育研究的交叉地带，受到来自不同领域研究者的共同关注。口述史、生活史研究也渐渐进入教科书研究领域。[②]英国学者Goodson从生活史的视角分析了英国学校中地理、生物与环境学习三门课的历史，及其是如何在学校的正式课程中获得位置的，并揭示了在这一过程中三门课的科目群体的演变与冲突。[③]台湾学者周淑卿、章五奇在《以研究为本的教科书发展——台湾板桥模式的启示》中运用口述史的方法，探讨1972年

---

① 如石鸥的《百年中国教科书论》《百年中国教科书忆》《中国近现代教科书史》《新中国60年教科书图文史》《民国教科书研究》等；王建军的《中国近代教科书发展研究》；吴小鸥的《启蒙之光——浙江知识分子与中国近现代教科书发展》；毕苑的《建造常识：教科书与中国近代文化转型》等。

② 王攀峰. 教科书研究方法的现状、问题与建议［J］课程·教材·教法，2017（1）：37-38.

③ 贺晓星. 课程研究的生活史视角［J］. 南京师范大学学报（社会科学版），2001（4）：83-88.

台湾课程实验计划板桥模式的教材发展历程、教材特性以及板桥模式的影响，并提出了重建教科书研究机制的建议。①

历史学的维度要求在详尽原始资料的基础上，将教科书的研究置于中国社会的宏观历史背景中，对中国教科书给予动态的、开放的、系统的、历史性的梳理，展开实事求是的分析与评价。教科书研究的资料或素材，既可以完全来自历史上有关教科书的内部（从文字到标点、插图，从内容到形式），也可以吸取更广大范围的历史文献资料来充实自己的研究。

从历史学的维度来看，要研究教科书如何发展、如何传播、怎么产生社会影响、怎么影响人们对于社会的态度、怎么记录并反映历史变动等一系列问题。我们既要从思想史、教育史、知识传播史的角度研究教科书，也要研究教科书编撰者和出版机构、书商之间的关系，研究他们出版教科书的动机，研究出版后有多少版本等。

这一维度的教科书研究，比较适合揭示教科书从编写、出版、到发行等使用全过程的真相，并借此认识历史本来面目，描述已经永不可能返回的过去；也比较适合系统梳理出教科书内容主题及其变化的轨迹，以此反映特定时代的文化思想变革的轨迹。但是，过去并不是坐等在那里让我们去议论的，我们以往的一些教科书发展史的研究，尽管以这样那样的方式在不同的程度上触摸到了教科书的历史，但看得出这些研究常常面临着尴尬的局面：研究者们只了解当时的教育思潮、教育制度革新等宏大事件，当数学、语文等各科教科书及其编撰者呈现在他们面前时，却无法真正体会其间的知识学意义、社会的影响和时代的变化。或者干脆说，他们只能够就教科书发展泛泛地谈论教育思潮、教育制度革新等宏大事件及其影响，却无法用实实在在的教科书文本来印证或细化这些事件与影响。这是传统的宏大叙述所面临的尴尬局面。如今的研究就是需要通过教科书文本这一实物去寻找历史上文化、知识、教育的真相，深入地进入历史现场，走进特定时期的知识世界，揭示已经被过滤或被遗忘的教育历史真相。在这一意义上，教科书历史维度的研究，可以帮助人们了解整个社会及文化、思想与知识的变迁。

第二，教育学的维度。除了历史的维度外，还要特别强调在现实中研究教科

---

① 周淑卿，章五奇. 以研究为本的教科书发展：台湾板桥模式的启示［C］//石鸥. 教科书评论2015. 北京：首都师范大学出版社，2016：105–121.

书，研究现实中的教科书。教科书研究的目的之一就是要改进教科书编写，就是要为师生提供高质量的教科书，就是要提升教师与学生使用教科书的水平。所以，研究现实的文本就是研究者们应尽的职责。现实文本的研究主要在教育学的维度展开。

当今的教科书研究有自己的局限：一方面教科书展示了一种充满可能性的文本空间，其中有大量话题。某些话题非常重要和敏感，只要研究者能深入到具体文本中去，就可以获得不一样的收获；另一方面，对教科书的研究又过于依赖某些文本话题——比如今天的传统文化、爱国主义等，从而影响或限制了对这些话题的载体——教科书文本本身的研究。在政治意义上，教科书从来没有真正离开过研究者的视野；在教育学意义上，教科书却又很少真正进入研究者的视野。教科书所承载的话题，在阿普尔等学者那里，已有很成功的研究，但对教科书文本本身的研究则明显不够。

教育学维度应该是教科书研究最具针对性的维度。国内外研究者把教育学和心理学作为教科书研究的理论起点和基础视域，以此出发，探讨教科书内容的选择和设计、教科书知识的传授，发现教师教授教科书与学生学习教科书的规律，揭示教科书的基本特征和理论，其方法包括理论思辨和实证统计等。

教育学维度的研究要求注重教科书为教学服务的属性，处理好重视教科书文本之研究与关注教科书的教与学的进行性证据的关系，开展包括教科书内容的选择、文字的可读性，以及内容的组织与呈现形式、教科书的编辑设计、教师与学生对教科书的使用等方面的研究。内容的选择除了各相应学科外，还涉及社会学与心理学、教育学视角，也涉及社会的主流价值观，受制于意识形态，因此主要应从完整性、科学性、难易程度、可读性等方面进行研究。而教科书的可读性研究则主要运用心理学、语言学和教育学的相关理论和方法，分析教科书的文字叙述是否顺畅并易于领会，用字遣词是否妥当、是否针对主题、把握重点，语意是否清楚等。在教科书的编辑设计分析上，人们主要在封面设计、编辑大意、目次内容、图片及表格数量、印刷、纸质等方面进行分析研究。对于教科书的封面的分析主要看封面是否主题明确，是否突出全书的内容与特色，构图是否简洁明了，附加说明是否得当。编辑大意主要说明教科书编辑的依据、教学目标、教材编选原则及教科书的编辑理念与精神等。教科书的插图分析主要探讨插图的种类是否丰富，插图是否与文字内容相配合，是否与学生的认知特点相适应，是否是教学所必需等。

教育学的维度强调在现实中研究教科书，研究教科书在现实中的使用情况，通过使用看教科书质量。教科书研究者不应停留在把教科书置于教室之外而进行静止研究的阶段。在特别为教科书而建构的教室里、教学中进行教科书研究很有必要。可以说，教科书文本研究的风险，就是容易忽略构成教科书实现的最基础的要素——教学。

在教育学的维度上，杜威的研究比较突出。20世纪初，杜威明确提出“教材心理学化”的主张，认为不应该把教科书当作某种固定的和现成的东西，教科书要与学生的生活经验结合起来，知识的组织应该遵循学生发展的次序。20世纪70年代，施瓦布依据其“实践性课程”，提出教科书具有较大的灵活性和变通性，是根据不同学习情境和学生的需要、兴趣进行取舍的学科内容。奥斯伯恩（Osborn）、琼斯（Jones）和斯代因（Stein）提出，教科书设计应建立在图式理论、元认知理论、教学设计和学习策略研究的基础之上，教科书的文本结构、连贯性、整体性、对象适合性和图示设计等因素会影响学生对内容的理解。[①]心理学研究发现，教科书编写中添加一些与主要内容无关但有趣的内容不利于学生学习；图片的使用要注意突出事物的关键特征，文字与图片的搭配多采用组织性和解释性的搭配的文字与图片；教科书中的问题要添加在教学内容之后；等等。

我国学者曾天山探讨了教科书的教学论基础，倡导按照教学论原理去研制教科书，处理好教科书与教学论其他各要素，诸如教学目标、教学模式、教学环节、教学评价之间的关系。[②]也有研究者认为，教科书的本质是教学活动文本，树立“教学活动文本”的教科书本质观有助于树立学生主体性的观念、转变教师教学方式和提高教学质量。[③]

第三，社会学的维度。这是一个比较传统、比较成熟且成果比较丰富的研究维度。国内外学者从社会学的视角对教科书制度和文本中体现的意识形态问

---

① OSBORN J H，JONES B F，STEIN M. The case for improving textbooks［J］. Educational leadership，1985（7）：9.

② 曾天山. 教材论［M］. 南昌：江西教育出版社，1997.

③ 孙智昌. 教科书的本质：教学活动文本［J］. 课程·教材·教法，2013（10）：16-28.

题、性别问题、多元文化问题、阶级压迫问题、种族问题、城乡问题都进行了分析，探讨了谁来选择教科书的内容、什么知识可以编入教科书、怎样的理念可以指导教科书设计等问题，具体方法包括理论探讨、比较研究、价值分析、内容分析等。

国外学者对教科书的社会学研究起步较早，欧美国家、日本的许多学者在此领域中建树颇丰，如伯恩斯坦、阿普尔、安杨、凯利、亚当斯、斯利特、格兰特等。20世纪70年代，以伯恩斯坦等为代表的英国学者创立了“课程社会学”，主张用社会学的理论与观点分析课程与教科书。伯恩斯坦提出了“精致编码”和“局限编码”的概念，并以此解释不同社会阶层子女在学校学习成功或失败的原因。以阿普尔、吉鲁、安杨等为代表的美国学者探讨了教科书知识的选择和传递、教科书中文化与权力的关系、教科书中蕴含的意识形态等问题。阿普尔认为教科书是一种“正式知识”，它体现了“谁的知识被社会认可”，并决定着“用谁的文化去教育孩子”的问题。他主张，通过对教科书选择性文化的探讨，从深层次上揭示知识与权力之间的复杂关系；通过对教科书中种族、阶层、性别和残疾等问题的分析，揭示教科书中隐含的意识形态和价值观念。①

我国台湾地区学者自20世纪80年代起涉及这方面的研究，如陈伯璋、欧用生、黄政杰、詹栋梁等。欧用生指出，分析教科书是阐明课程意识形态间的关系的重要途径，从教科书中能看出哪些团体的观点被呈现出来；分析教科书能显示哪些团体被正当化、合法化、合理化，哪些团体拥有权力；如果团体没有被政治、经济制度赋予权力，教科书就没有叙述他们的观点、活动或表示他们的需求。大陆学者对教科书的社会学分析研究起步较晚，大约在20世纪90年代。近年来，受国外研究的影响，学界在这方面已经产生了系列成果，比较早涉足教科书社会学分析的研究者主要有史静寰、吴康宁、刘云彬、吴永军、付建明、赵长林、刘丽群、方成智、李祖祥等。他们提出教科书总是反映某种意识形态，为它所控制。教科书内容的选择是统治阶级意识形态影响课程的过程，其间伴随着价值冲突、各种意识形态的对立和矛盾。史静寰等一批学者对教科书的性别意识形态进行了社会学的分析。总体上，社会学维度的研究相对比较热门，都探讨了教

---

① 阿普尔，克丽斯蒂安-史密斯. 教科书政治学［M］.上海：华东师大出版社，2005.

科书的内容选择标准问题，说明了哪些知识与经验可能成为教科书的文本，这些文本又是经过怎样的程序、用怎样的方式进入教科书的，由谁来决定进入教科书的知识，以什么标准选择进入教科书的知识，以及知识进入教科书的各种力量的博弈过程。

第四，政治学的维度。政治学的维度和社会学的维度高度关联。当今的教科书社会学维度的研究也可以看成是教科书政治学维度的研究。政治学更注重社会学中的政治特性，更关注意识形态分析。意识形态分析注意的是特定教科书或隐或显的政治内容，当然更会注意教科书本身作为一种政治或意识形态实体的问题（教科书是高度表现社会政治的、极具影响力的文本）。意识形态研究企图澄清并诠释某套教科书是如何表现社会中的特定人群、主流文化以及它的政治倾向和态度的。政治学维度的研究也注重探讨教科书本身在创造、强化、灌输一套政治态度中所扮演的角色，以及扮演得如何、为什么如此等问题。

以政治学的眼光，教科书是社会权力关系的再生产系统。小小的教科书涵盖了深层的政治、权力、文化的因素，它承担了对权力、革命、意识形态经典化、合理合法化的功能，教科书讲述革命、变革、民族、英雄的起源神话，宣传领袖传奇和执政党的终极承诺，教科书研制者决定将什么内容编入文本之中、将什么排除在文本“正式知识”（formal knowledge）之外，以此宣示什么是“正确”的观点与知识，什么是要摒弃的观点与知识，同时证明社会现实的合理性、主流文化的正确性，实现塑造年轻人的思想与行为的目的。从这一角度看，不论是否公开或明显涉及政治内容，实际上任何教科书都是（无论是巧妙的还是生硬灌输的）政治教科书。因而，评价一本或一套教科书，也可以从强化、再现或淡化、远离强势意识形态的程度来进行判断。“文化大革命”期间的教科书在这个维度上是极具经典意义且绝无仅有的研究范本。

第五，文化学的维度。伴随着文化研究的兴起，国内外学者从文化学的视角分析了教科书的知识构成和内容选择问题，展示教科书与社会文化变迁的关系，探讨了教科书内容选择的文化特性和价值原则，具体方法包括话语分析、叙事分析、文化比较法、文化历史分析、文化结构分析、文化心理分析。对教科书进行文化构成分析，有利于从文化角度对其进行反省，有利于最大限度地发挥教科书的文化传承与文化创新的功能。

英国学者劳顿提出了文化分析课程理论，他认为教科书的内容必须与文化中最重要的、最有价值的部分联系起来，教科书的文化选择实质上就是对文化的“化约”，就是从整体上认同和维护主流文化形态，并使之具有霸权性和法理性，与此同时，排斥和否定其他文化形态。[①]美国班克斯针对主流文化中心的课程所带来的消极影响，提出了多元文化课程理论，主张社会学科教科书（如语言文学、历史等教科书）应反映多元文化教育的课程内容，还提出了在教科书中整合种族和多元文化内容的四种途径。[②]笔者从教科书的发展历程，探讨了教科书在文化传承与创新中的意义与作用，认为教科书对于优秀传统文化的传承、外来文化的引入和创新，都是不可替代的载体与工具。[③]

教科书是文化的重要载体，教科书将文化进行有目的、有意识的传承和嬗变，又通过选择、重组与引进而实现对文化的改造和创新，这种选择与重组、改造与创新既包括了对原有文化要素及传统的选择与认同，又包含了新的认识和判断，从而导致了整个文化系统发生不同程度的变化。因此，教科书研究必须放在历史文化发展的长河之中，放在大的文化背景之中，充分关注文化的传统与变革、继承与发展、本土文化与多元文化的辩证关系，从而揭示每一个时代教科书变革的文化基础和文化依据，探索它在文化传承与创新中的运作机制。

第六，文献学与版本学的维度。这是个值得重视的问题，尤其是早期教科书，比如清末和民国时期的教科书发展。那个时代的许多教科书常编成不同的版本，被不同地方翻印，有些教科书甚至被鼓励翻印，这个过程使得教科书发生了或多或少的变化。文献学与版本学维度的研究既能够为其他研究者、使用者提供方便，留下可靠的参考依据，也能够发现教科书发展的重要线索，发现具有通用意义的教科书在翻印过程中如何巧妙地适应地方需要。[④]

可以预测，具有跨学科性质的多维度的教科书研究将成为未来教育科学知识增长的最令人注目的领域之一。

---

① 郝德永.课程与文化：一个后现代的检视［M］.北京：教育科学出版社，2002：5.

② 王鉴，何喜刚.詹姆斯·A.班克斯的多元文化课程理论［J］.比较教育研究，2000（1）：130-132.

③ 石鸥.弦诵之声：百年中国教科书的文化使命［M］.长沙：湖南教育出版社，2019.

④ 石鸥.最不该忽视的研究：关于教科书研究的几点思考［J］.湖南师范大学教育科学学报，2007（5）：5-9.

三、教科书研究的基本原则

教科书研究中需要遵循的准则与要求很多，如满足政治性要求的原则、符合科学性要求的原则、促进学生身心发展的原则等，前文多有分析，这里不再赘述。此处突出一个准则与要求，也是最重要的必须遵循的基本原则，那就是重视教科书文本的原则，即教科书研究特别是微观意义的教科书研究，一定要重文本、重书，除非有特殊的情况（比如宏观制度研究或仅仅研究教科书发行机制，其实严格来说，这些也不能例外，因为教科书发行必然涉及教科书的分量、价格、内容的容量和难度等），所有研究都要做到不见文本不下笔，至少是不见文本慎动笔。这就像不看电影则不写影评，不读小说则不做文学批评，不看绘画作品则不写艺术评论一样。

对教科书研究而言，这是一种不可或缺也是最开放的（研究者需要有开放的心胸，而且获得的研究结果也应该是开放的）原则。认真阅读，细心品味，沉浸其中。细读（close reading）相当于长时间、持续不断的心智投入，注意文本所有方面——为什么要这么选材，为什么要这么表达，为什么要对学生提这种要求；注意文本所有细节——插图、标题、标点、客体、问题、栏目等。不能只看精彩部分，要看整个教科书文本。

这意味着，在研究分析教科书时，第一任务或原始资料是教科书文本，而非某种理论、某种批评机制（它们可能构成第二手资料，可能是很有用的第二手资料）。教科书值得挖掘，在挖掘中探寻策略与方法。通过挖掘，研究者必须掌握这种文本的整体，必须知道这种教科书属于何种类型的教科书，以何种话语为主要表述方式；如果研究者手上的是公认的好教科书，那么好教科书有什么特征？表述上有什么特别？要研究教科书的主要话语体系，找出其表达模式，探寻其选材依据；要从特定文本找出这一类型的文本的构成法则。

以往有关教科书的研究，往往对文本关注不够。为了阐明教科书的意义和背景，研究很容易脱离具体文本，研究者成了社会学家和道德批评家，或成了历史学家，而很少是教育学家，更少是课程教学论专家，更不用说是某种特定文本（教科书）的批评家了。有些纯道德或纯史学意义的教科书研究，恰好表现出教育学上的短板，这很难说是出色的“教科书”——教和学的用书这一特殊文本的研究。比如几年前国内翻译出版的由美国学者劳拉·赫茵等人编写的《审查历史》（社会科学文献出版社，2012）一书，是相当有深度的对教科书内容及其内容的审查制度所反映的国家意识形态的研究力作，但很遗憾的是它对教科书文本本身的研究是不够的。

当然，我们可以要求不见文本不下笔，但我们仍然没有办法保证见了文本就能够笔下生花。教科书文本的多义性、歧义性往往会带来不同的认识。每种教科书都具有引发多种研究或诠释的可能性，但教科书不同于其他文本，教科书有框架、有限度，这就是在多数国家它必须体现的课程标准或教学大纲、考试指导。因此，教科书确实具有引发多种研究或诠释的可能性，不过这个可能性的设限将会由教科书文本本身（以及延伸开来的课程标准教学大纲）决定，即教科书本身提供多种解释，但不提供任何一种特殊的、无限的解释。它既生发了多种解释的可能，也冻结了某些特殊解释的可能。教科书作为保证机制，可以使研究者不妄言，确保研究的可能性限定在一定范围内。诠释与研究密不可分，甚至可以说诠释就是一种研究，但诠释不等于主观上的过度解读。

第三节　教科书研究的常见方法

教科书研究涉及许多方面，但大量研究最终指向提升教科书质量。发达国家对教科书的质量分析大约始于20世纪70年代。研究者针对教科书文本质量及其评价采用了多种方法，逐步形成了有别于一般课程研究的相对独立的教科书研究方法。在1992年出版的《历史与社会研究——教科书分析方法论》一书中，威布瑞那的《教科书分析方法论》（*Methodologies of Textbook Analysis*），对把握教科书分析方法具有重要参考价值。[①]国际著名教科书研究专家让·梅克（Jaan Mikk）于2000年出版的《教科书：研究与编写》（*Textbook: Research and Writing*）是另一部涉及教科书研究方法的重要著述。在这本400多页的著

① WEINBRENNER P. Methodologies of textbook analysis [M] //BOURDILLON H. History and social studies—methodologies of textbook analysis. Amsterdam：Swets and Zeiflinger，1992：77.

作中，作者的论述涵盖教科书使用、评价和分析的方方面面。美国教育家罗伯特（Robert Stradling）2001年出版的《20世纪欧洲史教学》（*Teaching 20th—Century European History*）中，对教科书分析方法提出了有价值的观点和看法。

教科书研究的方法很多，根据不同的预期目标，需要有不同的研究方法，而且教科书的类型也很多，有些类型差别很大，比如数字教科书和纸质教科书，比如数理教科书、文史教科书和艺术体育教科书，这都需要根据不同类型的教科书调整不同的研究方法。广泛来说，教科书研究从类型上看，有宏观研究与微观研究，有静态研究与动态研究，有定量（量化）研究与定性（质性）研究，以及不同取向的研究之分。

宏观研究涉及总体教科书的制度研究、管理研究、地位研究、国别比较研究、发展史的研究以及功能研究、价值研究等。微观研究涉及具体教科书的内容研究，形式研究，插图研究，难度、容量研究，作业、练习和学生活动研究，版式设计研究等。

一般认为，静态研究包括教科书的内容属性和物理属性的研究，动态研究包括教科书的教学属性和编审出版属性的研究。①静态研究的内容属性和物理属性研究，主要涉及教科书的文本内容、文本结构特色，以及版式设计、装帧插图等，动态研究涉及教科书的实验研究、使用研究以及不断修订完善的过程研究等。对于实施中的教科书的动态研究，既要关注教科书作为课程实施的文本“主角”的适切性以及教科书提供的“服务”满足师生“需要”的程度，也要关注教科书“使用者”——教师的能力和水平。这是确保教科书使用效果的基本途径。

《联合国教科文组织教科书研究和修订指南》是以这样一句话开始该书对教科书研究法的讨论的——“几乎所有有关文本诠释的方法论问题，都是始于质化和量化两大研究范式的辩论。”②作为一种特殊文本的教科书，其相关研究无法回避也必须首先解决的就是质化与量化这两大研究范式之争。毕竟众所周知，这两者从研究理念、价值取向到具体的研究程序和工具上都有较大的分歧。量化研

---

① 张燕华，郑国民. 教科书属性分类的理论框架及运用［J］. 课程·教材·教法，2013（4）：20–25.

② PINGEL F. UNESCO guide–book on textbook research and textbook revision［M］. Paris：UNESCO，2010.

究很显然涉及使用统计分析、量化模型等方法研究教科书，这类方法被使用得比较多。该方法可用于计算文本的频度，如可以计算特定词语或名字、地方、日期在文本中出现的频度，还可用于特定主题、事件或话题、人物所占的篇幅、出现的次数等统计。分析大样本时定量方法非常实用。我国台湾的教科书实证研究中就有高达六成的研究采取内容分析法，而另有三成则采取调查研究法。[①]这两者都是典型的量化取向的教科书研究法，各有特点和局限，也各有其适用的工具。

质性研究（也称定性研究）是相对量化研究而言的，在对教科书分析的深度上占优势，但广度上则不如量化研究。质性研究是以研究者本人为研究工具，在自然情境下采用多种资料收集方法对社会现象进行整体探究，使用归纳法形成理论，通过与研究对象互动，对其行为和意义建构获得解释性理解的一种活动。质性研究涉及口述史、访谈研究、观察法、文献法、历史研究、扎根理论方法、叙事分析、行动研究等。质性研究主要包括确定研究问题及研究对象，进入研究现场、收集资料、整理和分析资料、撰写研究报告、评价研究结果等基本步骤。[②]

品格尔（F. Pingel）在《联合国教科文组织教科书研究和修订指南》中探讨了教科书研究的多种方法和技巧，指出教科书研究应综合运用定量研究与定性研究的方法，其中，教科书定量研究中常用的有频次分析和空间分析，教科书定性研究中常用的有解释学分析（用于揭示教科书中隐藏的意义和信息）、语言分析（内容涉及对那些含义有争议以及跨文化的词和术语进行检查）、跨文化分析（根据双边或多边研究中其他教科书的相关表述来识别是否存在偏见）、谈话分析以及应然性分析法（综合了定性和定量方法的新方法，可用于分析课文和插图两方面的表现方法）等。[③] 尼古斯（Jason Nicholls）认为教科书研究方法非常缺乏，有待深入研究，只有开发出清晰的系统研究框架和研究工具才能确保教科书研究的深化发展，他在品格尔研究的基础上，提出教科书质性研究方法还包括历

① 陈为霞. 量化方法在教科书研究中运用的现状分析及问题反思［D］. 长春：东北师范大学，2009.

② 孔凡哲，张怡. 教科书研究方法与质量保障研究［M］. 长春：东北师范大学出版社，2015：17.

③ PINGEL F. UNESCO guide-book on textbook research and textbook revision ［M］. 2nd revised and updated edition. Paris： UNESCO，2010：67-72.

史传记分析、视觉分析、问题分析、批判性分析、结构性分析、符号分析等。①

不同取向的研究主要包含三大取向：一是过程取向研究。这和教科书产生、使用等整体发展历程有关，包括立项、研制、审查、市场、使用、评价等。二是产品取向研究。教科书是一种产品，被视为教学媒介和视觉沟通工具，常用的方法是内容分析法。三是接受取向研究。此类研究可以说是学校和教学分析的一部分，教科书被视为独立的影响师生教学的社会化因素。此类研究目的在了解公众对某类教科书的反应和阐释。②也有关注文本内容、文本使用、文本生产三大取向的研究。③

教科书类型差别大，有文科课程类的教科书，也有自然科学课程类的教科书，它们之间对方法的要求差别很大，如数学建模法可能对数学教科书等很有帮助，而基于知识社会学的内容分析法可能用于社会科学类教科书比较恰当，当然，这些方法都是可以突破的，可以有更大的研究空间，比如知识社会学研究也同样可以运用于理科教科书的研究。这里简单介绍几种目前比较通用的教科书研究方法。

一、内容分析法

内容分析法（content analysis）是一种对传播信息内容进行系统、客观和量化描述的研究方法（所以有学者认为，内容分析法是一种量化的研究）。它适用于对一切可以记录、保存并且有价值的文献进行的研究，如今被广泛运用于新闻传播、图书情报、政治军事、社会学、心理学等社会科学各领域中，取得了显著的成效。作为一种定性与定量相结合的文献研究方法，它是文献计量学及其他情报学研究方法的合理补充。教科书内容分析法是对教科书文本内容进行客观、系统分析，有时是量化分析的一种科学研究方法（比如，对事先通过理论论证而设定的词汇或其他语意单位出现频率进行次数计算）。通过对教科书文本（符号、

---

① NICHOLLS J. Methods in school textbook research［EB/OL］［2019–11–12］. http：//www. ex.ac.uk/historyresource/journal6/nichollsrev.pdf.

② PETER W. Methodologies of textbook analysis［C］//BOURDILLION H. History and social studies- methodologies of textbook analysis. Amsterdam： Swets& Zeitlinger，1992:21–34.

③ JOHNSEN E B. Textbooks in the Kaleidoscope：a critical survey of literature and research on education texts［M］. Oslo：Scandinavian University Press，1993：21，23.

话语等）的分析，来挖掘教科书文本意义及其蕴含的意识形态和价值取向，揭示教科书文本与社会环境的关系，了解教科书内容的难度、深度与广度。与之相似的方法还有文本分析、话语分析、符号分析等，它们是分析教科书文本内容的常用方法。早在1952年，美国传播学家伯纳德·贝雷尔森就将内容分析法定义为“一种对具有明确特性的传播内容进行客观、系统和定量的描述的研究技术”。①美国学者丹尼（Dane）将内容分析法界定为“对与理论有关的讯息作系统和客观推论的一种研究方法”。②他强调，内容分析最好用于考验假设，因此和其他研究方法一样，它也需用于推论与理论有关的事件的意义。我国台湾地区学者欧用生对内容分析法的定义是“透过量化的技巧以及质的分析，以客观及系统的态度，对文件内容进行研究与分析，借以推论产生该项文件内容的环境背景及其意义的一种研究方法”。③

内容分析法的典型特征是非介入性，即强调在不影响研究对象的情况下对教育资料进行分析，主要适用于对静态的教科书文本的内容特质进行描述性的分析。④

教科书内容分析研究，依据文本内容大致可分为三类：第一类是以某一教育概念为主轴，对相关学科的教科书内容进行分析；第二类是对单一学科教科书的内容进行分析；第三类是对单一学科教科书内容中某一重要主题进行分析。也可以从教科书内容的深度、难度与广度，以及内容的容量、教科书与课程标准的吻合度等视角进行内容分析。我国学者在对教科书内容意识形态方面的研究中大多采用内容分析法。⑤

内容分析法的优势较为明显，一方面它的研究对象为既有的教科书文本资料，较易获取；另一方面它可借助计算机等工具来处理大量的文本资料，因此既适合用来了解教科书中某主题的纵向变迁趋势，也可用来横向比较不同版本教科书在某一方面的差异，甚至可通过内容分析建立指标来反映社会现象。事实上，

---

① 卜卫. 试论内容分析方法［J］. 国际新闻界，1997（4）：56-60，69.

② 欧用生. 开放社会的教育改革［M］. 台北：心理出版社，1992：150.

③ 欧用生. 开放社会的教育改革［M］. 台北：心理出版社，1992：150.

④ 周佩仪. 我国教科书的研究分析：1979—2004［J］. 课程与教学季刊，2005，8（4）：11-91.

⑤ 陈月茹. 中小学教科书改革研究［M］. 北京：教育科学出版社，2009：8.

不少使用内容分析法的教科书研究都采取比较研究的设计，即在分析和呈现教科书文本的相关内容特性的基础上，对来源不同的教科书进行比较，从而凸显不同时代、不同地区、不同文化、不同国别、不同利益团体的教育信念和价值观，以及教育思潮的兴起与衰落。

综合看来，要实现内容分析法的目标，必须在掌握大量事实资料的基础上，仔细研读，分门别类，推理比较，由特殊到一般，必要时对分析结果的有效性和可信度进行验证，从而归纳总结出一定的规律或预测未来发展趋势。一般而言，内容分析可分为这样几个独立的阶段进行：提出研究问题或假设；确定研究范围；抽样；选择分析单元；建立分析的类目；建立量化系统；进行内容编码；分析数据资料；解释结论；信度和效度检验。①

传统的内容分析法易导致对教科书内容的过度化约和断章取义的现象。因为量化的内容分析必须选择分析单位，而且它必须是完整的和不连续的，所以一般都是词汇、句子、段落等。然而它们在不同的语境文脉中可能表达不同的意思，因此难免有断章取义之嫌。②

二、比较研究法

比较研究法是教科书研究中非常普遍的一种研究方法，即选择具有可比性的同类事物进行对比、分析，进而得出存在哪些差异、差异是由哪些因素导致的等结论的研究方法。教科书中的比较研究法就是对不同地域、不同版本、不同时间的教科书文本或教科书制度开展对比、分析研究，以求获得有价值的认识和判断的方法。比较研究法的维度非常多样，其中，所占比重最大的是针对不同地域、不同国家、不同版本教科书文本进行比较研究。也可以比较不同版本的教科书其内容难度、深度、广度和容量上的差异，进而作出有关教科书文本质量的判断或者提出改进教科书文本的难度、深度、广度的意见或建议。③还可以从教科书编写体例、素材选取、呈现特点以及练习、活动设计等维度进行比较研究。

---

① 邱均平，邹菲.关于内容分析法的研究［J］.中国图书馆学报，2004（2）：14–19.

② 张倩，黄毅英.教科书研究之方法论建构［J］.课程·教材·教法，2016（8）：44–47.

③ 孔凡哲，张怡.教科书研究方法与质量保障研究［M］.长春：东北师范大学出版社，2015：27–28.

三、实验研究法

实验研究法即选择具有可比性的同类事物，采用实验的方法进行对比、分析，进而确定哪些因素导致差异的方法。该方法的核心是通过教育实验研究来改进和分析教科书的质量、教科书的使用效果等问题。教科书的实验研究法主要应用于教科书正式出版前或大规模使用前，旨在帮助教科书编撰；它也应用于教科书出版后在学校小范围使用期间，旨在帮助教师与学生使用教科书，获得某些结论性认识。实验研究法得出的结论较其他研究方法在信度和效度方面更有优势，因此是一种非常重要的教科书研究方法。采用实验研究法一般具有三个目的：第一，及时发现教科书的不足，在正式大规模使用前进行修正和改良；第二，比较不同版本教科书的优劣与适应性，确定教科书对本学校是否适用，为采用某种教科书提供依据；第三，发现教科书的某些特征，为教师使用教科书提供方便。

美国学者让·梅克等人在此基础上开发了教科书实验评价法，运用单组实验或对照实验的方法发现教科书中存在的问题，并对教科书的有效性和适切性作出合理评价。①实际上，课程实验和教学实验，在多数情况下都具体化为教科书的实验，比如，我国的集中识字实验、分散识字实验、注音识字提前读写实验、语文教材教法实验、数学教材教法实验等也都是教科书实验。②

在教科书研究领域，实验研究法的周期一般比较长，一般少则需要几个月，多则需要数年，这样会耗费大量的人力、财力，因此个体研究者操作起来有较大难度。③

四、调查研究法

教科书的调查研究多属于课程实施领域，是一种动态研究，大多是对教科书实施状况的调查，比如教科书的难度、容量，教科书的作业和活动设计，教师和学生对教科书的满意度等。不同于内容分析法，调查研究法的对象并非教科书

---

① MIKK J. Experimental evaluation of textbook and multimedia [M] // Staffan Selander, Marita Tholey. New educational media and textbooks. Stockholm: Stockholm Institute of Education Press, 2002.

② 王攀峰. 教科书研究方法的现状、问题与建议 [J]. 课程·教材·教法，2017，37 (1)：34–41.

③ 陈月茹. 中小学教科书改革研究 [M]. 北京：教育科学出版社，2009：8.

文本，而是与教科书生产、发展过程以及教科书某些内容相关的利益群体，其中最为常见的是教师与学生。这类研究通常聚焦于特定利益群体对教科书内容的理解、使用、评价以及意见等。例如，为了解人教版初中生物教材的使用情况，人民教育出版社生物自然室就曾设计问卷调查表（包括学生用表和教师用表），在全国17个省（自治区、直辖市）的中学进行问卷调查。调查内容包括对生物课程结构和功能的评价、教学内容的分量、学生学习生物课程是否有负担、复习题的难易、对生物教学改革的建议等。①

调查研究法的工具主要是依据研究问题所编制的问卷。可以说，问卷设计得好还是坏，是否根据研究目的建立了分级清晰、逻辑严密的问卷指标体系，很大程度上决定了调查研究的质量高低。调查研究时样本的代表性、样本的数量成为影响研究信度和效度的关键，而时间、人力、物力是影响调查研究能否顺利开展的重要因素。最后，对问卷调查数据的解释也需要格外留意，其中尤其需要谨慎的是进行因果关系的推断。一般来讲，问卷调查数据显示的都仅仅是相关关系，而不是因果关系。②

目前很多教科书的评价研究都是采取这种调查研究法，一来这种方法经济方便，二来其结果相对容易进行标准化处理。然而这种方法最大的限制和挑战也在于此，毕竟问卷调查是很难把握受访者对题目理解的差异的，因此标准化的量尺是否真的能反映实际情况，提供一个有效的教科书评价结果，需要研究者格外注意。正因为如此，很多研究者都提倡采用问卷调查法时最好辅以质性取向的研究法，如访谈法等，而不宜将其作为单一的研究法使用，特别是在对比较重要的问题进行判断时。

五、话语分析法

话语分析（discourse analysis）法，作为一种跨学科的研究方法，其兴起是随着20世纪西方人文社会科学的“语言学”转向运动开始的，目前在教科书研究领域已发展为重要的质性研究方法之一。选择这种方法的研究者认为教科书的本

---

① 张倩，黄毅英. 教科书研究之方法论建构［J］. 课程·教材·教法，2016（8）：44-47.

② 张倩，黄毅英. 教科书研究之方法论建构［J］. 课程·教材·教法，2016（8）：44-47.。

质是一种表述话语的文本，[①]而所谓的“话语”（discourse），就是在特定社会与历史条件下所产生的一套相关陈述。话语分析法从知识论的层次确立了一种对我们所处于的（或所观察的）生活世界批判怀疑的态度，认为知识是社会建构的，而“话语”之所以值得探究，是因为其作为一种社会实践或文化实践，反映了其所产生的生活世界中的复杂的权力博弈，是特定的历史文化背景留下的轨迹，也是人们互动、沟通和交往的前提。因此，在话语分析法的认识论立场中，教科书作为“话语”，也反映着一定的社会结构，承载着相应的权力关系，同时也操纵、影响着社会实践。

采用话语分析法的研究者，不满足于传统的量化的教科书内容分析，认为这种文本分析停留在描述教科书内容的特征上，是一种“点”的探究，而其他研究虽开始关注教科书的意义是如何在社会互动过程中产生的，但未能揭示意义由何而来，即意义所产生的整体社会文化脉络，包括深层的社会结构和社会控制机制等。传统的描述性的内容分析，告诉了我们教科书“是什么”“有什么”（what），甚至展示了教科书的意义是“如何产生”（how）的，话语分析则尝试探索“为什么”（why）我们的教科书会是这样的。

话语分析的理论渊源较为庞杂，涉及社会学、语言学和其他社会科学，因此学者从不同的理论基础出发，形成了不同的研究风格，[②]但就操作而言，一般可分为以下步骤进行：系统说明研究问题；选择待分析的文本；转录详细的文本（如需要）；以批判的精神阅读并深思文本；根据需要调整研究问题，对文本进行编码；根据编码进行分析，以形成假设；检测信度与效度，其策略包括分析歧义案例、检验参与者的理解的一致性，分析前后的一致性；撰写分析结果。[③]

当然，步骤的完整和有序并不能保证一项好的教科书话语分析研究的产生。教科书话语分析法的最大的挑战还在于研究者能否持一种批判精神去解读，能否悬置自己的假设与预判，留意话语中的缺漏处、断裂处、矛盾处并不断思考：为

---

① RICOEUR P. Hermeneutics and the human sciences：essays on language，action and interpretation［M］. Cambridge：Cambridge University Press，1981.

② TITSCHER S，MAYLER M，WODAK R，et al. Methods of text and discourse analysis［M］. London：Sage，2000.

③ BAUER M W，GASKELL G. Qualitative researching with text，image and sound：a practical handbook for social research［M］. London：Sage，2000.

何我在文本中发现了某些观点，却找不到其他的观点？文本的何种特质令我得到这样的理解？文本中的话语运用了怎样的策略和技巧来凸显某些观点而忽略其他观点？为什么会这样处理？这些不同的观点代表哪些社会团体及其利益？①

话语分析法在教科书由量到质的转型中扮演着重要的角色。正如国际著名教科书研究组织乔治·埃克特研究所（Georg Eckert Institute）所呼吁的，如今的教科书已经很少公开宣称负面刻板印象和偏见，因此学者应该采取更精密的研究方法与策略来研究教科书，分析其文本中潜在的假设，检视那些尚未明言的事物。②我国教科书研究应该更多地引入和运用话语分析法，把对教科书的批评建立在实证研究的基础上。

除了这几个比较多见的教科书研究方法外，还有多种方法都可以或者说都已经应用于教科书研究中了，比如民族志（ethnography）研究法，该方法也称族志学研究法，源于自然主义探究传统，是研究者为解决实证主义的局限而发展出来的一种社会研究方法。③当人们关心的不仅仅是教科书本身，而是渴望了解教科书何以在一定的社会情境中通过各种社会互动而能够被生产、发展和使用，此时民族志研究法就是最为适切的方法之一。著名的教科书社会学研究者阿普尔指出："针对教科书这种课程产品，我们迫切需要对其撰写、销售到使用进行长期的、具有理论和政治基础的民族志研究。"④可见这种方法是具有重要意义的。

应该指出的是，教科书文本的性质决定了对它的研究往往是跨学科的、多种方法结合的，所以，教科书研究，要注意方法之间的互补性和有效性。教科书是一个整体，我们运用不同方法进行研究时，一方面要从具体理论模式出发对其加以把握，另一方面也应看到教科书作为一个有机体，需要各种方法互相补充、互相协调，这样我们才有可能了解教科书的价值特征之所在。

---

① 张倩，黄毅英. 教科书研究之方法论建构［J］. 课程·教材·教法，2016（8）：44-47.

② ECKERT G. Institute textbook research［EB/OL］.［2019-7-20］. http：//www.gei.de/english/index1.shtml.

③ PUNCH K F. Introduction to social research：quantitative and qualitative approaches［M］. London：Sage，2005.

④ APPLE M W. The Politics of the textbook［M］. New York：Routledge，1991.

后记

教科书是一种能够使还不能识字、刚开始识字、正逐步识更多的字的学生理解、感兴趣并被感染、被引导的文本。教科书研究则是关于这种文本的学问。一想到这样的任务，就知道它有多么的难；但一想到这样的任务，也常常让人莫名地兴奋起来。是啊，还有什么比做这件事更有价值呢？

在我国，对教科书的重视可以看成是一种现象，一大特色，同时也是基础教育比较扎实的体现。教师重视，学生重视，家长重视，教研员重视，考试命题人员重视，社会媒体、公众舆论都重视，甚至各级官员也重视，有时候重视到过于敏感的地步。教科书一有风吹草动，就会惊醒或惹恼很多热心人士。在这一意义上，教科书在学校中、在师生和家长心目中几乎具有至高无上的地位。

教科书这一至高无上的地位，在一定程度上可以解释中国基础教育的成就。但它也产生了令人不安的后果：它呈现出来的世界在人们眼里已经不再有丝毫值得怀疑或去动摇它的可能了，它们都是真实的、自然的、天经地义的。教科书到底在教什么？随着教科书日渐神化这一事实，问题似乎没有必要了。人们不再谈论教科书本身，只关注教科书上的内容以及对内容的掌握。我们谁也不会去怀疑教科书上的东西，根本不会意识到教科书所提供的特殊视角，甚至连“教科书内容究竟是如何影响我们的”这个问题也被丢到九霄云外了。“教科书也可以质疑”简直是一个奇怪的话题，就像有人质疑自己的耳朵、眼睛一样，就像人们问“耳朵和眼睛究竟如何影响我们的”一样。

其实，教科书是可以质疑的。部分答案就在本书中。

本书花不少篇幅讨论教科书内容。因为随着许多内容进入教科书受到越来越严格的检验，我们可能很快就会面临着一个几乎不可能的决定：要努力保护哪些内容进入教科书？一方面，因为按华勒斯坦等人的观点，任何被主动排斥，或从未进入课程的知识都很容易被遗忘。[①]另一方面，让学生在不重要的信息上获得高分是没有什么意义的。所以，如何确定教科书内容是教科书研究中最重要的问题。

本书也特别关注教科书的内容设计或教学设计。依据某些人的标准，一本塞满政治领袖的讲话的教科书显然比任何教科书都更好。然而从教科书研究的角度来看，这样做是荒唐的，将两个不同领域的标准混淆起来就会一无所获。教科书内容无论如何正确，如果没有恰当的形式与活动设计，如果学生反感、教师反感，都只是一纸空文而已。

本书打破了西方教科书研究的话语范式，是站在中国教科书发展历史的背景下来研究教科书的，而且默认的是研究中国的教科书，处处有中国教科书研制的影子，有中国教科书发展史的观照，在中国具体国情下对教科书的一系列问题进行广泛、深入和细致的探讨，研究带有浓厚的中国话语特征，凸显教科书研究的中国特色，力求形成一套扎根中国历史和文化的教科书研究话语体系，构建符合中国国情的教科书理论框架。

我希望提供一种教科书理论的结构框架，这是教科书学的主体框架，即使这一结构框架最终证明并非如我所希望的那样完备，如果读者能够承认结构中的部分节点，如果有朝一日正式建立起来的教科书学没有完全颠覆这一框架，我也就很满意了。

确实，教科书可以被质疑，也应该被质疑。即便如此，我也仍然看重教科书，热爱教科书研究，甚至偏爱教科书研究。是呀，没有爱，没有偏爱，哪有面对孩子的教科书？这是我的话。印象中被《金融时报》描述为“英国最伟大的现任历史学家”的霍华德（Michael Howard）教授有更简洁的表述：

---

① 华勒斯坦. 学科·知识·权力［M］. 北京：生活·读书·新知三联书店，1999：34.

“没有偏爱，就没有书籍”。这是我的研究动力。

除此之外，近年来，我的研究更有一种也许可称之为情感意义的动力，这是爱的力量。有些人，在某个特定的时间，生命就会有一次蜕变。我相信，我蜕变了。因为爱的到来，我明白了应该怎样优雅地生活，明白了应该怎样去迎接爱、拥抱爱。是呀，夜空下人月相依，书桌前彼此凝视、心境相融将是一种什么样的动力？跟书在一起，跟爱在一起，我非常喜欢，喜欢我自己。

此书是国家出版基金项目，也是国家社科课题“百年中小学语文课本与文学作品社会接受的关系研究”（17BZW168）的阶段性成果。感谢为此书的面世而付出的所有人。感谢广东教育出版社的陶己社长、李朝明副社长、程煜副社长、卞晓琰副总编辑，感谢王际兵先生和林蔺女士，还有我身边的学生们：石玉、李新、张文、张学鹏、王润、周美云、张美静、关成刚……这一群围着老课本转的年轻人，都是我的研究伙伴和人生朋友，给我的研究以帮助和启迪，也给我的人生点赞喝彩，谢谢你们！

石 鸥

2019 年 11 月